第十一届全国知识产权优秀调查研究报告暨优秀软课题成果征集活动评选委员会名单

主　任：甘绍宁
副主任：贺　化
委　员：（按姓氏笔画为序排列）

卜　方	王岚涛	王培章	白光清
朱　宇	刘　云	刘月娥	刘海波
李志军	李明德	李胜军	吴汉东
宋河发	宋建华	张志成	陈　燕
郑慧芬	单晓光	胡文辉	郭民生
龚亚麟	葛　树	韩秀成	雷筱云

优秀知识产权调查研究报告集 XI

YOUXIU ZHISHI CHANQUAN DIAOCHA YANJIU BAOGAOJI (XI)

国家知识产权局办公室政策研究处 编

知识产权出版社
全国百佳图书出版单位
——北京——

图书在版编目（CIP）数据

优秀知识产权调查研究报告集.Ⅺ/国家知识产权局办公室政策研究处编.—北京：知识产权出版社，2021.10
ISBN 978-7-5130-7748-4

Ⅰ.①优… Ⅱ.①国… Ⅲ.①知识产权—调查报告—中国 Ⅳ.①D923.404

中国版本图书馆 CIP 数据核字（2021）第 198154 号

内容提要

本书是国家知识产权局主办的第十一届全国知识产权优秀调查研究报告暨优秀软课题研究成果征集活动评选出的部分获奖作品集，共收录 19 篇知识产权相关的调查研究报告和软课题研究成果。报告作者来自国务院相关部委、地方知识产权局、高校和科研院所等单位，内容涉及知识产权的政策、法律、成果转化、国际交流等各方面，理论密切联系实际，对我国知识产权事业的发展状况、面临的热点问题以及关键技术领域的专利状况等进行了较为深入的研究。

责任编辑：王祝兰	责任校对：王　岩
执行编辑：周　也	责任印制：刘译文
封面设计：杨杨工作室·张冀	

优秀知识产权调查研究报告集（Ⅺ）
国家知识产权局办公室政策研究处　编

出版发行：	知识产权出版社有限责任公司	网　址：	http://www.ipph.cn	
社　　址：	北京市海淀区气象路 50 号院	邮　编：	100081	
责编电话：	010-82000860 转 8555	责编邮箱：	525041347@qq.com	
发行电话：	010-82000860 转 8101/8102	发行传真：	010-82000893/82005070/82000270	
印　　刷：	天津嘉恒印务有限公司	经　销：	各大网上书店、新华书店及相关专业书店	
开　　本：	880mm×1230mm　1/32	印　张：	10.5	
版　　次：	2021 年 10 月第 1 版	印　次：	2021 年 10 月第 1 次印刷	
字　　数：	310 千字	定　价：	80.00 元	

ISBN 978-7-5130-7748-4

出版权专有　侵权必究
如有印装质量问题，本社负责调换。

序

2021年，是中国共产党成立一百周年。一百年来，我们党团结带领人民艰辛探索、持续奋斗，如期实现第一个百年奋斗目标，全面建成小康社会，正在意气风发地向着第二个百年奋斗目标迈进。

在党的坚强领导下，广大知识产权工作者潜心研究、扎实工作，深入实施知识产权战略，推动我国知识产权事业取得了历史性成就，走出了一条中国特色知识产权发展之路。2020年11月30日，习近平总书记主持召开中央政治局第二十五次集体学习并发表重要讲话，深刻阐明了知识产权事业改革发展的一系列方向性、原则性、根本性重大理论和实践问题，精辟论述了知识产权保护的"五大关系""两个转变"，作出了六个方面的重要指示，为新时代全面加强知识产权保护提供了根本遵循和行动指南，也为知识产权调查研究工作指明了努力方向，提出了新的课题。

当前，我们正在按照习近平总书记重要指示和党中央、国务院决策部署，启动实施知识产权强国建设纲要和"十四五"规划，更好地将知识产权工作融入党和国家事业发展大局，为贯彻新发展理念、构建新发展格局、推动高质量发展提供更加有力的支撑。

"时代课题是理论创新的驱动力。"希望广大知识产权工作者坚持以习近平新时代中国特色社会主义思想为指导，研究新情况、探索新路径、解决新问题，深入宣传阐释习近平总书记关于知识产权的重要论述，深刻总结知识产权事业发展的基本规律和实践经验，大力培养知识产权研究型和实务型人才，为建设知识产权强国提供决策参考和智力支撑。

申长雨

2021年9月

前　　言

由国家知识产权局主办的"第十一届全国知识产权优秀调查研究报告暨优秀软课题研究成果征集活动"于2020年底结束。本届活动共收到报送作品200余篇。经过评选委员会认真评审，共评出优秀作品45篇，其中一等奖10篇、二等奖15篇、三等奖20篇。

本次征集到的作品涵盖专利、商标、著作权、商业秘密等多个类别，内容涉及知识产权法律制度、战略规划、区域发展、审查政策、企业实务、统计分析等多个方面，具有较好的参考价值。为更好地宣传、推广优秀成果，我们将部分获奖作品汇编成册，供社会各界参考。受篇幅所限，书中对原作进行了精简。希望本书能够为广大知识产权工作者及相关研究人员带来一些启发，提供有益参考。

参与本书编审工作的有衡付广、马宁、潘轶、尹鹏、贾中杰、时鹏、杨钟超、王浚丞、韩红等。因工作水平有限，书中难免有疏漏之处，敬请广大读者批评指正。本书选编过程中得到了各位原作者及其所在部门单位的大力支持，在此一并表示感谢！

编者

2021年9月

目 录

国防目的专利使用特殊规则相关问题研究 ……… 丛　聪 等（1）
国家知识产权战略实施十年评估报告 …………… 龚亚麟 等（13）
"十四五"知识产权规划总体思路研究 ………… 葛　树 等（24）
对标世界一流专利审查机构的制度经验与
　　改革路径 ……………………………………… 毛　昊 等（37）
知识产权强国建设纲要重要性、必要性和
　　可行性论证 …………………………………… 韩秀成 等（60）
科创板上市企业知识产权问题实证研究报告 …… 徐棣枫 等（71）
　　——基于205份科创板拟上市企业招股说明书的分析
高校职务科技成果混合所有制改革的动力
　　机制与政策选择 ……………………………………… 刘　鑫（85）
北斗卫星导航系统专利风险和机遇 …………… 周胜生 等（101）
优化人工智能产业营商环境软硬件及垂直应用
　　领域专利政策支撑分析 …………………… 邱绎雯 等（119）
外观设计和著作权冲突调研报告 ……………… 林广海 等（152）
修法背景下商业秘密刑事司法实证研究 … 姜淑珍　刘丽娜（164）
赋予科研人员职务科技成果所有权或长期
　　使用权调研分析报告 ……………………… 唐素琴 等（172）
2019年中国知识产权发展状况评价报告 ……… 龚亚麟 等（189）
2019年全国知识产权服务业统计调查报告 …… 雷筱云 等（206）
"十四五"时期深化知识产权领域"放管服"
　　改革的政策分析 …………………………… 葛　树 等（222）
省域治理现代化背景下浙江省健全知识产权

I

保护机制研究 ………………………………… 陈振华 等（233）
注重消费者立场的知识产权文化政策优化研究 … 刘 华 等（254）
知识产权助推四川新经济高质量发展的
　　路径与对策建议研究 ……………………… 佘赛男 等（270）
中药制药装备产业专利分析研究 ……………… 邹文俊 等（297）

国防目的专利使用特殊规则相关问题研究*

丛 聪　栾 硕　肖霁轩　苏 林　温振宁
梁骄阳　王 然　蒋 辉　董素沫　梁 康

一、我国为国防目的使用专利的现实状况

（一）我国为国防目的使用专利实际情况调研

当前我国为国防目的使用专利技术处于一种艰难的境地。一方面，部分装备承制单位在武器装备建设和科研生产中未经权利人同意使用其知识产权，忽视权利人知识产权权益的情况较为普遍。有些装备承制单位科研人员认识到直接使用他人知识产权可能不妥，但受其利用国防领域信息封闭、取证困难特点的限制，使用时既不告知权利人，也不向其支付使用费。久而久之，此类行为将会损害权利人基本权益，给技术创新造成事实上的消极影响。另一方面，存在少数知识产权权利人在国防利益面前过度主张其知识产权，给武器装备采购以及国防和军队建设造成直接不利影响。这部分权利人主要来自国防系统内，从事相关研究工作，因此能够发现"侵权"行为。他们发现自己的专利技术或其他知识产权被他人使用，不但不考虑以国家利益为重，还基于对专利权"未经许可不得实施"的认识要求军方和装备科研生产单位承担侵权责任。

事实上，如果不经专利权人许可，直接在国防和军队建设中使用专利，的确属于《中华人民共和国专利法》第 11 条规定的侵权违法行为；而如果使用每项专利技术都需要得到专利权人许可，则时间成本和管理成本都很高，将影响国防和军队建设的质量和效率，不但会阻碍国家得到所需国防物资，更会影响武器装备建设和

---

* 本文获第十一届全国知识产权优秀调查研究报告暨优秀软课题研究成果评选一等奖。

国防科研生产，与国防利益不相适应。

（二）现实情况对武器装备建设产生的阻碍和影响

一方面，政府和军队主管部门对于专利技术向国防建设的转移处于"无权、无责、无为"状态，认为国防和军队建设活动中使用专利技术是专利权人与被许可方之间的事情，应当通过市场机制完成，使得我国大量的专利技术难以在国防建设中得到普遍运用。即使是那些国家为国防目的投资而产生的专利技术，其完成单位也往往以保护知识产权为由，拒绝政府和军队主管部门授权给其他国防工程和项目使用，使得大量专利技术也只能在其专利权人单位内部应用，产生的效益十分有限。

另一方面，在武器装备采购竞争中，一些企业以自己拥有某些必须使用的专利技术为由，排斥竞争对手，使得竞争无法开展。而当参加竞争的多个企业各自拥有一部分必须使用的专利技术时，更使得政府和军队主管部门难以选择中标企业，也难以形成可以集成各家专利技术的武器装备设计方案，还可能产生重复研制的现象，导致国防利益得不到很好维护，创新利益也得不到很好体现。

再者，有别于"保护专利权"的一般规则，世界主要国家专门针对国防领域，在其法律中明确了"政府及其授权的机构为国防目的，有权不经专利权人许可使用其专利"的特殊规则（以下简称"特殊规则"）。在相应国家中，为国防目的不经专利权人许可而使用专利技术的行为是得到政府鼓励、受到法律保护的行为，是有益于国家和公共利益的。然而在我国，对于同样的行为，人们依据我国专利法却往往会判断为侵犯专利权的非法行为，应当予以禁止并要求承担侵权责任，造成了在国防建设使用专利技术问题上的是非对错、合法还是非法的观念混淆。这样超出国际惯例的普遍做法，产生了不利于我国国防建设、不利于专利制度实现其目的和宗旨的不良后果，还极易导致专利权人在国防事务中滥用专利权，产生一些完全不应出现的专利纠纷。

（三）提出国防目的专利使用特殊规则的时代意义

一是维护国防利益、提高装备建设的有效手段。如果要求为国防目的使用专利也遵循商业领域"保护专利权"的一般规则，就可能出现专利权人为追求自身利益，要求国家支付高额使用费，甚至禁止使用其专利的情况，形成私人利益与公共利益的冲突和对抗，导致权利人在国防事务中滥用私权。某些专利技术不能被应用于国防和军队建设，将使某些具体国防目的（如提高某型武器装备性能）难以实现，从而使国防利益受到实际损害。有了特殊规则，可以有效避免上述情况发生。

二是在军民融合工作中建立长效机制的重要举措。近年来，随着科技创新发展战略的深入实施，民口科技领域的优秀团队大量涌现，民口科技创新在很多方面，特别是突破和应用最新科技成果方面，已经成为我国创新高地。特殊规则从法律上赋予了国家为国防和军队建设目的，使用、配置专利技术的权力。即在国防和军队建设中，可以不受专利权人的制约，合法、广泛、经常、便捷地采用专利技术，使承担军品科研生产任务的单位和人员不再背负"侵犯专利权"的法律责任，将国防和军队建设建立在整个国家的创新资源和技术基础之上。建立国防目的专利使用规则，就是在科技领域建立"民参军""军转军"的长效技术转化机制，常态化、高效地吸收民口科技成果和优势资源为军所用，促进形成全要素、多领域、高效益的军民深度融合发展格局。

三是落实创新驱动发展战略的具体体现。建立国防目的专利使用规则，是从法规制度层面确立利用国家科技成果驱动国防和军队建设创新发展的重要内容。在现行专利制度下，国防和军队建设使用专利技术存在转化效率低、谈判成本高、法律风险高等问题，很多国防科研生产单位以规避专利侵权风险为借口搞重复研制，无端增加了国防经费投入。建立国防目的专利使用规则，鼓励国防科研生产单位使用满足需要的现有技术，促进国家先进技术经常、大量、及时、长期地向国防领域转移，能够有效保障国防和军队现代化建设，使国防和军队建设创新驱动发展战略建立在国家创新驱动发展战略的大基础、大平台上，从中汲取养分，找到供给。

二、国外处理国防目的使用专利问题的通行做法

（一）国外对于国防目的使用专利的立法现状

《美国法典》第 28 编第 1498 条规定："如果由美国政府或为了美国政府，在未经专利权人许可的情况下使用美国专利，那么专利所有人的权利救济应当向联邦索赔法院起诉，只能请求合理补偿，不得请求停止侵权。"美国《联邦采办条例》第 27.104 条第（c）款规定："一般来讲，政府鼓励在履行合同中应用发明，并通过适当的合同条款，准许和同意这一应用，即使这些发明由美国专利保护，而且侵犯专利权也需要给予适当的赔偿。"

《俄罗斯联邦民法典》第 7 编"知识产权"第 72 章"专利权"第 1360 条规定："为国防和安全利益，俄罗斯政府有权无需经过专利持有人同意而批准使用发明、实用新型或者工业设计，但须在最短期限内就此通知专利持有人并向其支付适当的补偿。"

《德国专利法》第 13 条"联邦政府使用"规定："（1）专利权不得对抗联邦政府为公共福利而颁发的专利实施令，也不得对抗最高联邦主管部门或者其下属机构根据其指令为国家安全而实施该专利。……（3）在本条第（1）款所述情形下，专利权人有权要求国家给予合理补偿。因补偿数额引起的纠纷由普通法院受理。"

（二）国外为国防目的使用专利通行做法总结

无论是发达国家还是发展中国家，无论是经常处于战争中的国家还是长期处于和平环境的国家，都在商业领域实行保护专利权规则的同时，还普遍对于为国防目的使用专利实行特殊的规则。这一规则区别于专利权"未经许可禁止实施"的一般规则。概括来说，为了国家安全利益或国防利益，政府（军队）或者承包商根据与政府（军队）签订的合同，使用他人专利方法或制造、使用和销售他人专利产品，都被视为为国防目的的使用专利，可以不经过专利权人许可，但应当通知专利权人并给予相应补偿。

各国的具体做法略有差别，但本质上殊途同归，即政府有权为国防目的不经专利权人许可使用专利，但应对专利权人给予补偿；

或者反过来说，专利权人有权对于政府为国防目的使用专利的行为请求给予补偿，但无权禁止政府使用，即不能行使其专利权。在本质上属于国防目的的专利使用规则的存在排除了专利权在国防领域的垄断实施权，使得专利权人在国防领域只能"专享其利"，而不能"专享其技"。

三、国防目的专利使用特殊规则及配套制度体系研究设计

（一）条款拟制前期相关调查

立法本身是一种科学化活动。科学化的立法最重要的就是符合实际和国情，符合国家建设和发展的需要。为了开展深入的调查研究，听取不同利益主体的意见，对立法修法工作保持稳妥、慎重的态度，2017年5月以来，课题组随同中央军委装备发展部通过走访、座谈会等形式，向社会各界广泛征求了意见。征求意见的对象主要包括军兵种装备部门、军工科研院所、民营企业以及知名知识产权学者等。

在调研中，各方面代表均对修法意见表示支持，并表示专利法的立法设计初衷就是维持专利权人权利保护与维护公共利益之间的平衡，一方面要尊重知识产权保护，另一方面也要维护国家利益。对于特殊规则，各方面代表在导向、目的、价值取向上都是非常认同的。

（二）设计总体原则

一是对专利权进行必要限制。将国防事务明确排除于专利权效力范围之外，进一步明确专利权的界限，定纷止争，避免专利权在国防事务中的滥用，并使我国对专利权的保护和限制水平与国际惯例相当。

二是不损害专利权人的根本利益。特殊规则明确限定政府和军队主管部门批准使用专利是"为国防目的"，限于在国防事务中，并不及于商业领域，使用专利形成的产品和服务仅用于国防，而不是拿到市场上向普通消费者销售。因而它并未缩减专利权人原有的市场份额，也没有与专利权人形成商业竞争。

三是简化程序，体系融合，防止滥用。制度运行以装备采购合同为主要载体，对专利使用进行授权，在合同审批程序中完成国防目的专利使用的授权审批，保障国防和军队建设活动中专利技术的合法规范、持续有效供应。同时将配套制度设计和程序设计融入《军队装备条例》《中国人民解放军装备采购条例》《中国人民解放军装备采购通用合同样本》等配套规章制度中，在国防科研计价和军品定价制度中落实知识产权使用费。

（三）条款具体内容

经过广泛深入的研究与调查，我们提出国防目的使用专利的规则条款，内容可表述为："国家为国防和安全利益，可以不经专利权人许可，按规定程序使用专利或者书面授权指定的单位使用专利，但应当及时告知专利权人，并给予合理补偿。"

（四）条款适用范围

国防目的专利使用规则中所提到的专利都是由私人投资产生的，即单位、个人利用自有资金投资产生的，与国家财政性资金投资产生的专利权无关。换句话说，国防目的专利使用规则讨论的专利权，专指政府（军队）无财产性权利的知识产权。

（五）配套制度构想

国防目的专利使用规则的运行，根植于国防和军队建设任务，主要依托武器装备采购任务（包括招投标和合同履行），其配套制度的建立也有机融合于装备采购制度。考虑到国防目的专利使用规则涉及方方面面的利益，必须配套相关措施，科学限定授权主体、使用主体、使用目的、使用范围，明确授权程序、告知程序、费用补偿等问题，防止使用范围的不当扩大和费用补偿的不到位。

1. 相关主体职责

由中央军委装备发展部负责国防目的使用专利的授权备案、纠纷仲裁等，并对军兵种装备部行使国防目的专利使用规则进行监督检查。其中，国防知识产权管理机构具体承担专利使用授权的备案，对军兵种相关工作进行监督检查，装备采购仲裁委员会负责纠纷仲裁。

2. 申请授权程序

国防目的专利使用采取"申请—授权"制。关于申请，主要以合同和申请书为载体。对于一揽子申请，可在装备科研、订购、维修保障等合同签订前，要求装备承制单位提供第三方专利使用的申请清单，作为合同附件纳入合同草案中。对于合同履行过程中临时使用的专利技术，可以申请书的形式进行单独申请，说明申请使用的目的、使用范围、必要性等。合同和申请书中，应当明确要求申请单位或个人不得在申请使用的目的范围外使用专利。关于授权，单独提出或附于不同形式合同的申请书，对应不同的授权途径。

（1）申请主体

承担国防科研生产和装备建设任务的单位或者个人，可以提出国防目的专利使用申请。

（2）授权主体

军兵种装备部及军队大单位同级机构。

（3）申请程序

① 接受军队委托承担国防和军队建设任务的单位，提出申请的形式包括如下两种：

一揽子申请：以《××合同国防目的专利使用清单》的形式，作为装备采购合同的附件，向合同相对方提出申请；《××合同国防目的专利使用清单》中应当明确专利使用的具体内容、范围、时限、使用费等。

单独申请：如遇有装备采购合同履行过程中须使用专利的情形，以《××合同国防目的专利使用申请书》的形式，向合同相对方提出申请，经授权使用后在《××合同国防目的专利使用清单》中追加。

② 军队系统内承担国防和军队建设指令性计划任务的单位，以《国防目的专利使用申请书》的形式，向任务下达部门提出书面申请。

（4）授权程序

作为合同附件的申请，若附于与军兵种装备部直接订立的合同，合同订立即为授权；若附于非直接与军兵种装备部订立的合同，经军兵种装备部书面确认后即为授权。以申请书形式提出的申请，经军兵种装备部书面确认后即为授权。

(5) 授权的合同标准条款

以合同授权为例，申请授权的载体为装备采购合同。应当在合同中明确："装备承制单位为履行本合同须使用本合同附件《××合同国防目的专利使用清单》中所列出的专利，装备采购部门授权并同意其使用。"

(6) 授权使用的范围

国防目的专利使用的范围限制包括目的限制和任务限制，即严格限定在为国防安全利益（目的限制），在承担国防和军队建设任务（主要是武器装备科研生产和维修保障任务）中使用（任务限制）。实际操作中，主要依据合同任务确定，即属于完成军方采购合同任务的在范围内，反之则在范围外。

为确保在授权范围内使用专利，申请主体应当在《××合同国防目的专利使用清单》《××合同国防目的专利使用申请书》或《国防目的专利使用申请书》中书面承诺：不超出授权范围使用专利技术。

(7) 授权使用的例外

需要特别说明的是，对使用专利的授权应坚持商业项目例外原则。即国防和军队建设任务中，通过购买和使用市售通用产品和服务可以满足任务要求的情形，不得适用该授权。

3. 备案程序

(1) 备案主体

备案主体为中央军委装备发展部，具体工作可由国防知识产权管理机构负责执行。

(2) 备案内容

《××合同国防目的专利使用清单》《××合同国防目的专利使用申请书》和《国防目的专利使用申请书》中所列出的专利。

(3) 备案审查

中央军委装备发展部应当主动对军兵种装备部的授权备案进行审查。该审查可以是抽查性的。一是经审查发现授权不作为的，或者授权不当的，应当向军兵种装备部提出纠正。原授权决定错误的，纠正措施一经提出，原授权决定立即失效。应授权而未授权的，纠正措施一经提出，即视为授权。二是以专利授权备案为基础，对专利超范围使用、专利费用补偿的落实等进行监督。备案审查由国防知识产权管理机构具体执行。

4. 使用程序

（1）使用主体

承担国防科研生产和武器装备建设任务，并按程序获得授权的单位或个人为使用主体（谁申请，谁使用）。

（2）使用范围

使用主体应当在合同授权的范围内使用专利。具体授权范围在合同条款中予以约定。

5. 告知程序

（1）告知内容

包括专利基本信息、授权使用的部门、使用单位、生产产品的数量、专利被利用的方式等。

（2）告知主体

国防知识产权管理机构。

（3）告知程序

告知一般在《专利公报》上公布。特殊情况下，授权单位也可以单独告知专利权人。

（4）未告知的救济

专利权人得知其专利技术被国防使用，但未收到告知的，可向国防知识产权管理机构提出异议，请求确认专利授权及使用情况，请求支付补偿费。

（5）告知的例外

涉及国家安全或公共利益而不宜告知专利权人专利使用情况的，经中央军委装备发展部批准，由国防知识产权管理机构作出不告知或不完全告知专利权人专利使用情况的决定。但是，不告知并不影响军兵种装备部及其承包商支付补偿费的义务。

6. 费用补偿程序

（1）补偿主体

装备承制单位进行补偿，相关费用纳入成本。

(2) 补偿程序

装备承制单位开列专利使用清单，初步评估专利补偿费；装备采购部门及审价部门按照评估标准对专利补偿费进行审价；经装备采购部门确认，由装备承制单位向专利权人支付补偿金。军兵种装备部应当督促装备承制单位及时补偿专利权人，具体工作可由军事代表机构承担。

(3) 异议处理程序

专利权人对补偿费存有异议的，可以向装备采购仲裁委员会提起仲裁请求。

(4) 补偿费用的合同标准条款

关于专利费用补偿的合同条款，应明确："装备承制单位使用专利所产生的费用，由装备承制单位向专利权人先行支付。专利使用费计入项目成本。"

7. 防止相关义务不履行的程序

在《军队装备条例》中明确军兵种装备部应当积极作为，积极开展授权使用、费用补偿等工作，向中央军委装备发展部备案，积极履行告知义务。中央军委装备发展部作为管理全军知识产权工作的主管部门，应当对国防目的专利使用规则的执行进行监督检查，督促相关单位积极执行规则。

8. 防止适用范围不当扩大的审查程序

(1) 装备承制单位滥用规则的情形

① 授权部门主动审查

军兵种装备部对专利的使用情况进行主动审查。发现欺骗、隐瞒行为的，依法作出相应处理。

② 中央军委装备发展部全面审查

中央军委装备发展部国防知识产权管理机构对专利的使用情况进行全面审查。发现超范围使用的情况，依法责令停止侵权，进行相应处罚，或移送军兵种装备部处理。

③ 超出授权范围使用的责任

超出授权范围的专利侵权责任按照民事侵权纠纷处理。装备采购部门发现使用单位超出合同授权使用的范围使用专利，可以告知专利权人。专利权人向国家司法机关提起侵权诉讼的，装备采购部门可以给予专利权人必要协助。

故意超范围使用且有隐瞒欺骗行为的，可以对其进行行政处罚，并将该行为纳入装备采购履约绩效评价体系中。使用单位因超出授权范围使用专利而违反装备采购合同约定的，装备采购部门还可以依据合同约定追究使用单位的责任。

（2）军兵种装备部错误授权的情形

中央军委装备发展部国防知识产权管理机构应当对军兵种装备部的授权予以审查，并作出决定。军兵种装备部有异议的，由装备采购仲裁委员会最终裁决。

9. 异议审查与裁决程序

随着社会主义市场经济制度不断完善，全面依法治国、全面依法治军法制化进程不断推进，武器装备采购领域也将建立装备采购仲裁委员会，依法裁决装备采购活动中的各类纠纷。因此，考虑将国防目的专利使用的救济程序纳入装备采购仲裁的范畴，为专利权人建立权威、可信、公正的权利救济。

装备采购仲裁委员会对国防目的使用专利中的纠纷案件进行仲裁时，应坚持以下原则：

（1）应该在国家仲裁制度的大框架内依法设立。

（2）国防目的专利使用纠纷不允许采用协议仲裁。国防目的使用专利涉及军方机关和装备承制单位，有的当事人因害怕矛盾问题暴露在主管机关面前，很可能不愿向装备采购仲裁委员会提起仲裁，不愿签署仲裁协议。为引导当事人采用仲裁解决矛盾纠纷，避免当事人刻意隐瞒问题，不采用协议仲裁。

（3）采取一裁终局制度。裁决作出后，当事人就同一纠纷再申请仲裁或者向人民法院起诉的，装备采购仲裁委员会或者人民法院不予受理。

（4）专业的知识产权仲裁员进行仲裁。关于国防目的专利使用的仲裁，专业性强，法律关系复杂，必须由具备专业知识、能力和条件的人员担任仲裁员。

（5）不公开仲裁。国防目的专利使用往往涉及国家和军事秘密，仲裁不宜公开进行，而应当在符合保密规定的场所进行审理。

（6）审理期限为 6 个月。由于国防目的专利使用主体、内容、权益具有特殊性，因此此类纠纷较为复杂，审理时间不宜过短；同时，为保障装备建设的正常秩序，也不宜久拖不决。因此，建议将国防目的专利使用的审理期限确定为 6 个月。

国家知识产权战略实施十年评估报告[*]

龚亚麟　张志成　邢怀滨　刘　洋　梁心新　谢　准
韦稼霖　闫　冬　邓益志　刘文鹏　刘伟升　郭　嘉
张有立　魏　然　崔海瑛　盛　莉　邓仪友　姬　翔

2008年6月，国务院发布《国家知识产权战略纲要》（以下简称《纲要》），标志着国家知识产权战略（以下简称"战略"）正式实施。在战略实施十年之际，国务院知识产权战略实施工作部际联席会议（以下简称"联席会议"）组织开展评估，旨在总结战略实施的成效和经验，诊断存在的问题，分析新形势和新要求，提出未来发展的建议。

本次评估的结论主要包括以下六个方面。

一、战略目标总体实现情况

战略实施十年来，随着我国经济社会发展，知识产权事业呈现与时俱进的蓬勃发展态势。我国各类知识产权数量大幅增加，迅速成为世界知识产权大国；知识产权保护力度不断加强，正在形成"严保护、大保护、快保护、同保护"的保护格局；知识产权运用成效显著，一批核心知识产权有力支撑了产业向高端迈进，知识产权交易、质押融资等日益活跃；知识产权管理和服务持续改善，体制改革取得突破性进展；知识产权对外合作进一步扩大深化，国际影响力显著提高；全社会知识产权意识明显增强，尊重和保护知识产权的良好社会环境日渐形成。综合判断，《纲要》提出的到2020年"把我国建设成为知识产权创造、运用、保护和管理水平较高的国家"这一目标已基本实现，我国具备了向知识产权强国迈进的坚实基础。

---

[*] 本文获第十一届全国知识产权优秀调查研究报告暨优秀软课题研究成果评选一等奖。

二、战略实施主要成效

（一）知识产权拥有量大幅增长，我国已经成为名副其实的知识产权大国

随着战略的实施，企业、高校和科研机构等创新主体的知识产权意识普遍提高，我国各类知识产权的申请量和拥有量大幅增长。2007~2017年，我国发明专利年申请量从24.5万件增长至138.2万件，连续7年位居世界第一，其中国内申请量从15.3万件增长至124.6万件；国内有效发明专利拥有量从9.6万件增长至141.4万件，位居世界第三；每万人发明专利拥有量从0.6件增长至9.8件；PCT专利年申请受理量从0.54万件增长至5.07万件，跃居世界第二位；商标年申请量从70.8万件增长至574.8万件，连续16年位居世界第一；有效注册商标总量从235.3万件增长至1492万件，我国申请人的马德里商标累计有效注册量从7135件增长至2.5万件；著作权年登记量从15.9万件增长至274.8万件；植物新品种、集成电路布图设计、地理标志等的登记数量大幅增长。

知识产权质量稳步提高，核心专利、知名品牌、精品版权、优良植物新品种等持续增加。在国民经济支柱性产业、战略性新兴产业等领域逐步形成一批高价值核心知识产权，"天宫""蛟龙""天眼""悟空""墨子""大飞机"等重大科技成果集合专利、商标、软件著作权、技术秘密等知识产权，有力支撑了创新型国家建设。

（二）知识产权运用成效显著，有力促进了经济社会发展

随着战略的实施，我国知识产权运用蓬勃开展，新运用模式不断出现，运用效益快速提升，有力促进了产业转型升级和民生发展，为供给侧结构性改革、创新驱动发展战略实施、精准扶贫等提供了有力支撑。

在高铁、信息通信、新能源等多个国民经济支柱产业和战略新兴产业领域，逐步形成了一批高价值核心知识产权。这些知识产权投入运用，有力支撑了创新型国家建设。高铁领域一批核心自主知识产权为"复兴号"大规模产业化提供了强有力的支撑保障，全国

高铁里程已经占全世界总里程60%以上；在5G关键技术领域，形成了一批发明专利，国内主体参与5G国际标准制定的力度与广度不断加大；电动汽车、新能源汽车的产销量和保有量均占全世界50%以上；特高压输电技术已形成国际标准14项。

知识产权在推进品牌经济发展、助力特色农业和精准扶贫方面发挥了重要作用。通过支持企业实施商标品牌战略、推进产业和区域品牌建设、开展商标品牌创新创业基地建设等工作，积极发挥商标品牌引领作用，我国涌现出一批具有国际竞争力的知名品牌和驰名商标。通过农业品牌创建和农产品"三品一标"认证体系建设，促进了农业产业结构调整和现代特色农业发展。各地积极利用地理标志带动产业和区域品牌培育。贵州等中西部地区省份通过地理标志保护和运用，在精准扶贫方面取得积极成效。

知识产权促进了文化繁荣。2007～2017年，国家出版基金共遴选资助3300多个优秀出版项目，其中2300多个项目已推出成果，近500项成果获得精神文明建设"五个一工程"奖、中国出版政府奖等国家级奖项。网络核心版权产业行业规模增长率保持在30%以上，十年来增长超过30倍，2017年达到6365亿元。国产电影、电视剧数量和质量均显著提升，2017年全国制作完成并获得发行许可的电视剧共314部，电视剧整体品质稳步提升；2017年全国电影总票房超559亿元，是2007年的16.8倍。深入实施"丝绸之路影视桥"等重点工程，"一带一路"沿线国家版权贸易量近6000种。一批文化品牌成功进入海外文化市场，一批濒临失传的中华传统技艺得到了传承，一批文化产品走出内涵式发展道路。

新的知识产权运用模式不断涌现。一些企业的知识产权运用开始从战术层面向战略层面、从单一实施向综合运用转变，在知识产权制度运用上已经可以和跨国企业看齐。相关部门支持开展专利和商标区域布局、产业布局与海外布局工作。相关部门实施专利导航工程，引导组建百余家产业知识产权联盟；知识产权收储、运营、质押、保险、托管、股权投资等新业态方兴未艾。2014年以来，财政部、国家知识产权局联合推动构建"平台、机构、资本、产业"四位一体的知识产权运营服务体系，先后实施了国家知识产权运营公共服务平台建设、运营机构培育、重点产业知识产权运营基金和质押融资风险补偿基金等项目，分两批支持16个重点城市建设知识产权运营公共服务平台。专利、商标、著作权质押融资发展迅速，规模突破千亿元，有效解决了一批轻资产中小企业的融资难问题。2013~2017年专利质押融资总额达到2057亿元，年均增长33%。商标质押融资金额由2008年的51.19亿元增长至2017年的370亿元。自2011年《著作权质权登记办法》实施以来至2017年底，著作权质权登记总数为3224件，质押融资总额达到200亿元。

（三）知识产权保护不断加强，营商环境持续改善

2008年以来，全国人大对《中华人民共和国专利法》《中华人民共和国商标法》《中华人民共和国著作权法》《中华人民共和国反不正当竞争法》《中华人民共和国促进科技成果转化法》等进行修订，国务院对《中华人民共和国专利法实施细则》《中华人民共和国商标法实施条例》《中华人民共和国著作权法实施条例》《计算机软件保护条例》《信息网络传播权保护条例》和《中华人民共和国植物新品种保护条例》等进行修订。我国基本建立起了符合国际通行规则、门类较为齐全的知识产权法律制度，全国知识产权保护正在形成"严保护、大保护、快保护、同保护"的格局。

为加强对打击侵权假冒工作的组织领导，2011年国务院设立全国打击侵犯知识产权和制售假冒伪劣商品工作领导小组及办公室。该领导小组成员单位包括行政执法部门、刑事司法部门及相关行业管理部门等近30个单位。自成立以来，该领导小组每年定期召开会议，组织开展重点领域、重点地区专项整治，大力推动行政执法与刑事司法衔接，加强跨区域、跨国境交流协作，增强了工作合力。

知识产权司法保护能力和水平日益提高。深化知识产权审判制度改革创新，充分发挥司法保护知识产权的主导作用。全国法院新收知识产权一审案件量由2007年的2.2万件增长至2017年的20多万件，年均增长18%以上；知识产权审判体系建设取得突破性进展，至2018年9月已成立3家知识产权法院和16家知识产权法庭，知识产权民事、行政、刑事审判"三合一"在全国法院全面推

开，审理了一批具有重大影响的案件，审判标准日趋统一，判赔数额明显提高。

知识产权行政保护更加快捷、高效、有力。2013～2017年，全国共办理专利侵权假冒案件19.2万件和商标侵权假冒案件17.3万件，有力地维护了权利人的合法权益。各部门和各地方联合开展打击侵权假冒、软件正版化、打击网络侵权盗版等多项重点专项工作，显著改善了创新创业和营商环境。2017年全国知识产权保护中心和知识产权快速维权中心达到31家，知识产权举报投诉与维权援助服务网络基本覆盖全国，知识产权维权、调解机制进一步完善。

我国知识产权保护取得的成绩得到了国际国内社会的广泛认可。国内调查显示，我国知识产权保护社会满意度得分从2012年的63.69分增长至2017年的76.69分。本次评估的国际咨询报告显示，国外受访者中，有98%认为我国知识产权保护力度增强，71%认为我国知识产权侵权现象在减少，64%认为外国企业和机构在中国保护知识产权的意愿明显提升。越来越多的外国企业认可中国的知识产权法治环境，认可中国的司法解决疑难知识产权纠纷的能力，从而更多地选择在中国解决知识产权纠纷。

（四）知识产权管理体制改革不断深化，取得突破性进展

战略实施以来，我国知识产权管理体制改革不断推进，取得了突破性进展。上海浦东、深圳等率先开展知识产权管理体制创新探索。2016年，国务院办公厅发布《知识产权综合管理改革试点总体方案》，启动知识产权综合管理改革试点工作，厦门、青岛、深圳、长沙、苏州、上海徐汇区等6个地方纳入首批试点。同时，国家全面创新改革试验区、自由贸易试验区也积极推进知识产权管理体制改革。2018年3月，中共中央印发了《深化党和国家机构改革方案》，将国家知识产权局的职责、原国家工商行政管理总局的商标管理职责、原国家质量监督检验检疫总局的原产地地理标志管理职责整合，重新组建国家知识产权局，由国家市场监督管理总局管理；将原国家新闻出版广电总局的新闻出版管理职责划入中央宣传部，中央宣传部对外加挂国家新闻出版署（国家版权局）牌子。改

革后，我国的知识产权管理体制更加集中高效。

（五）全社会知识产权意识明显提高，基础环境进一步夯实

战略实施以来，全社会知识产权意识明显提高，尊重知识产权的文化风尚日趋向好。调查显示，超过六成的公众认同知识产权的重要性，社会公众对知识产权战略的认知率由2008年的3.7%提升至2017年的85.3%。知识产权普及型教育在中小学广泛开展。

知识产权人才队伍日益壮大，专业人才总量超过15万人。知识产权学科建设不断扩大，截至2018年3月，全国已有76所高校设置知识产权本科专业，38所高校设立知识产权学院（系）。

知识产权服务体系更加健全。我国主营业务为知识产权服务的机构数量超过2.6万家，年营业收入超过1000亿元，年均增长30%以上。新型知识产权服务机构不断出现，服务内容由传统的代理申请和诉讼，拓展到知识产权战略咨询、信息检索、价值评估、金融保险、海外维权援助等领域。专利、商标、版权、植物新品种、地理标志等公共服务平台建设初见成效。

（六）知识产权对外合作不断扩大和深化，国际影响力显著提高

我国知识产权对外合作与交流机制、重要双边机制不断完善。我国已与全球63个国家、地区和国际组织签订了多双边合作协议和谅解备忘录，与50个世界知识产权组织（World Intellectual Property Organization，WIPO）成员国建立正式合作关系；积极推进建立"一带一路"沿线国家/地区知识产权机构合作机制；签署并批准加入了《视听表演北京条约》；签署了《关于为盲人、视力障碍者或其他印刷品阅读障碍者获得已出版作品提供便利的马拉喀什条约》；先后与28个国家和地区的专利审查机构签订了"专利审查高速路"（Patent Prosecution Highway，PPH）协议，我国有效发明专利已可在柬埔寨登记生效，并实现老挝等国家认可我国审查结果。

我国企业参与国际标准制定和海外知识产权布局取得积极进

展。2007~2016年，我国参与制定的国际标准累计达1705项，其中主导制定并发布的ISO/IEC国际标准达301项。我国制定的《企业知识产权管理规范》（国家标准）已由WIPO向全球推荐。越来越多的中国企业开始进行海外知识产权布局。

我国在国际知识产权领域的话语权和影响力快速提高，正从国际知识产权规则的追随者向建设者转变。

（七）知识产权战略实施成效日益获得国际社会认可

我国知识产权战略实施十年取得的成就，得到了WIPO和国际社会的普遍认可，越来越多的政府部门、企业和智库对我国知识产权事业发展给予客观和积极评价。在由WIPO等联合发布的《2018年全球创新指数报告》中，中国名列第17位，首次进入世界最具创新性的前20个经济体之列。时任WIPO总干事弗朗西斯·高锐表示，"中国正逐步成为全球创新和品牌方面的一个引领者"。美国有关知识产权人士和媒体表示，中国正在朝着全球知识产权保护和执法领导者角色迅速逼近。欧洲有关业内人士也表示，中国政府对知识产权高度重视，此举将推动中国未来成为全球创新的引领者。日本发布的《2017年知识产权推进计划》指出，中国成为知识产权强国指日可待。

本次评估专门组织国际咨询环节，通过在世界范围发放问卷、深度访谈等调研形式，客观汇集国际人士观点。调查访谈结果进一步印证了国际社会对中国知识产权事业发展的认可。超八成的国外受访者认为我国知识产权总体发展水平明显提升。外国创新主体来华登记/申请、商业化知识产权的意愿明显增强。66%的国外受访者认为我国知识产权质量与发达国家相比，差距正在缩小，在某些领域已经具有优势。我国创新环境显著改善，98%的国外受访者认为我国知识产权保护力度明显或有所增强。法律法规建设完善、司法保护力度加强、行政保护力度加强被认为是使创新者受益最多的举措。97%的受访者认为我国知识产权领域的国际影响力显著或有所提高。

WIPO专家组认为，中国的知识产权战略符合中国的发展方向，与创新体系的发展协同并进，执行统一有力，过去十年取得了举世瞩目的成就，可作为发展中国家实施知识产权战略的典范。

三、战略实施的主要经验

一是尊重知识产权的客观发展规律。《纲要》制定进行了广泛研究论证，根据我国具体国情和国际知识产权发展趋势，从创造、运用、保护、管理、服务等方面进行了全面系统的规划和部署。《纲要》出台时机把握准确，指导方针明确，战略要素齐备，可操作性较强。

二是强化战略实施的统筹协调和系统推进。成立联席会议，加强战略实施的统筹协调，各地方也成立战略实施组织协调机制，从中央到地方统一部署开展行动。持续制订战略实施年度推进计划，开展年度监测和阶段性评估，根据形势发展变化对战略及时进行调整完善。

三是正确发挥市场和政府作用，充分调动地方自主探索的积极性和主动性。深入落实"放管服"改革要求，不断强化企业在知识产权创造运用中的主体地位，通过不断完善知识产权政策体系，激发企业的创新活力。通过推进知识产权综合管理改革试点和知识产权强省、强市、强企试点示范，鼓励各地方因地制宜探索知识产权发展新举措。

四是发挥中国特色社会主义制度优势，符合我国实际国情。建立司法保护与行政执法相结合、日常监管与专项行动相结合等具有中国特色、符合中国国情的工作机制。充分发挥中国特色社会主义集中力量办大事的制度优势，开展重点专项工作，着力解决了重点难点问题。

四、战略实施中仍然存在的突出问题

一是高质量知识产权偏少，激励政策需要优化调整。高质量知识产权远远不足，关键技术领域核心知识产权缺乏，产业安全存在隐患。我国居民和单位在海外申请和获得知识产权授权的比例较低。

二是知识产权保护法律体系不完善，侵权处罚力度低。缺少知识产权基础性法律，单行法之间缺乏协调一致。知识产权侵权判赔力度偏低，多采用额度较低的法定赔偿判赔，缺乏惩罚性措施，与欧美等发达国家和地区相比仍存在较大差距。

三是创新主体的知识产权管理运用能力仍然不足。绝大多数创新主体在知识产权管理机构设置、专职人员配备等方面存在短板，缺少对知识产权的系统部署，知识产权转化运用比例偏低。

四是知识产权服务与基础环境存在短板。知识产权公共服务平台存在重复建设、缺乏后期持续投入等问题。知识产权服务与市场需求仍有差距，服务行业不正当竞争现象依然存在，市场秩序有待进一步规范，知识产权服务标准体系建设尚不能满足社会需要。知识产权人才培养不敷需求，尤其是高端型、复合型、国际化人才紧缺。

五是知识产权国际事务应对能力亟待提高。参与知识产权国际合作的主动性和话语权有待进一步加强。我国企业进入国际市场的步伐日益加快，亟须进一步加强构建区域性国际协商对话机制，拓展和深化知识产权事务国际合作，提高知识产权国际争端解决能力。

五、分析研判新要求与新形势

党的十九大对知识产权事业发展提出了新的更高要求，新的形势变化对知识产权事业发展提出了新的挑战。

一是建设社会主义现代化强国，要求发挥知识产权强国的重要支撑作用。激励经济竞争力提高、维护国家经济安全、实现全面依法治国，必须更加严格地保护知识产权，更加有效地发挥知识产权制度激励创新的基本保障作用。面对建设社会主义现代化强国任务，着力解决高质量知识产权偏少、保护不够严格、国际应对能力不足等知识产权领域存在的突出矛盾和问题，需要系统谋划我国知识产权事业未来发展方略，聚焦目标、明确路径、部署任务，全面引领中国特色、世界水平的知识产权强国建设。

二是新一轮科技革命与新兴业态快速发展，要求知识产权制度进行战略性调整。新一轮科技革命加速兴起，人工智能、大数据、生命科学等领域正在酝酿重大原创性突破，颠覆性创新正在催生新模式、新业态，对现有知识产权制度形成重大挑战。及时响应时代需求，从国家层面推动知识产权制度进行战略性调整，有利于逐步构筑我国知识产权发展优势，抢抓新一轮科技革命和产业变革重大机遇，抢占创新发展制高点。

三是实现经济高质量发展，要求进一步强化知识产权保护和运用。随着我国产业结构升级和创新能力提高，市场主体对知识产权严格保护的需求更加强烈，对高质量知识产权供给的需求更加迫切。规划新时代知识产权事业发展路径，进一步完善知识产权保护制度，全面提高知识产权保护效果和运用效益，是推动发展方式转变、经济结构优化、增长动力转换，提升我国经济竞争力、实现经济高质量发展的迫切需要。

四是实现全面深化改革总目标，要求建立知识产权现代化治理体系。知识产权制度是社会主义市场经济的基本制度，是"让一切劳动、知识、技术、管理、资本的活力竞相迸发，让一切创造社会财富的源泉充分涌流"的重要条件。实现全面深化改革总目标，推进国家治理体系和治理能力现代化，迫切需要重新调整知识产权领域的市场和政府定位，充分发挥市场配置资源的决定性作用，更好发挥政府作用，建立起知识产权现代化治理体系。

六、知识产权强国建设的建议

根据战略实施的经验、存在问题和新形势、新要求，提出如下建议。

一是尽快制定面向2035年的知识产权强国战略纲要。《纲要》实施于2020年到期。为及时谋划适应新时代发展需要的知识产权领域重大改革和战略举措，形成与《纲要》梯次接续的战略布局，建议尽快启动面向2035年的知识产权强国战略纲要制定工作，加快推动我国跻身知识产权强国行列。

二是完善知识产权法律体系。建议适时考虑制定知识产权基本法，将知识产权单行法中的共同部分进行统一规定，统领协调各单行法的实施。在时机成熟时研究制定知识产权法典，为知识产权强国建设提供基础法律制度保障。

三是加大知识产权保护力度及平衡机制建设。建议提高知识产权侵权赔偿额度，对故意侵权行为实施惩罚性赔偿，加大行政执法调查取证力度。设立全国性的知识产权高级法院，专门受理知识产权法院二审案件。在严格保护知识产权的同时，注重保障社会公众的利益平衡，防止知识产权信息的封闭和知识产权滥用。

四是多措并举促进高质量知识产权创造与运用。建议完善知识产权激励政策。严格知识产权审批授权，大幅缩短审查周期。消除知识产权转化运用的制度障碍，改进国有无形资产管理办法，加快推进国防知识产权军民融合工作。推动知识产权资本化运营，建立知识产权信息披露制度。

五是深化改革和优化强化知识产权治理。建议鼓励地方因地制宜改革地方知识产权管理体系，建设多元治理体系，进一步简政放权。大力培育社会化服务力量，加强知识产权智库建设。建立国家重大经济科技活动知识产权评议制度，全面推行知识产权管理规范国家标准。

六是加强专业人才队伍、服务能力和文化建设。建议探索开展知识产权人才分类管理体制，在高等教育中实施知识产权人才培养专项工程。整合建立统一开放、便捷高效的知识产权信息公共服务平台。推进知识产权服务行业标准化建设。大力培育知识产权文化，加强知识产权宣传和普及教育力度。

七是采取更加主动的国际化发展策略。建议更加深入地参与知识产权领域国际规则制定。全面拓展知识产权领域国际合作，加强与"一带一路"沿线国家知识产权合作，积极搭建知识产权治理地区性平台。研究在主要国家使领馆加强力量配备。积极引导企业进行知识产权国际布局。完善知识产权海外维权援助体系。

"十四五"知识产权规划总体思路研究[*]

葛 树　陈 燕　刘菊芳　谢小勇　杨国鑫
孙 玮　刘 磊　张健佳　王丽丽

知识产权"十四五"规划是自 2021 年起的 5 年我国知识产权事业发展的战略指引，是推动中国特色知识产权强国建设的重要基础，是深入实施创新驱动发展战略的重要支撑。编制好"十四五"知识产权规划，要以党中央、国务院改革部署为遵循，以国家知识产权局职能要求为依据，以创新主体和市场主体需求为导向，厘清政府职能边界，明晰当前知识产权发展现状，把发展机遇研判准，把困难挑战分析透，并坚持与国际通行经贸规则对接，提出发展愿景，规划政府任务。在编制过程中还要处理好政府与市场、整体与局部、长期与短期、数量与价值、分散与集中、市场与监管、国家化与国际化等七种关系。

一、知识产权"十四五"规划的功能定位

（一）党中央、国务院对知识产权工作的要求与部署

党中央、国务院将知识产权保护作为治国理政的重要内容，从全局高度阐明了知识产权保护的重要意义，并对知识产权保护工作作出系列部署，出台《关于强化知识产权保护的意见》等知识产权领域重要文件。围绕知识产权工作，党中央、国务院提出严格知识产权保护、中外知识产权同等保护、推动知识产权有效保护与运用、运用知识产权构建一流营商环境等具体要求，并在具体业务层面围绕法律制度建设、管理体制改革、行政保护、司法保护、意识提升等提出一系列明确要求。

---

[*] 本文获第十一届全国知识产权优秀调查研究报告暨优秀软课题研究成果评选一等奖。

(二) 机构改革为知识产权事业发展明确新体制机制

党的十九届三中全会作出重新组建国家知识产权局的决定，是党中央对知识产权管理体制作出的重要顶层设计，明确了国家知识产权局负责知识产权相关战略、制度、政策的拟订和组织实施、保护知识产权、促进知识产权运用、知识产权审查注册登记和行政裁决、建立知识产权公共服务体系、统筹协调涉外知识产权事宜等六项基本职能，并要求推进提质增效、简政放权、放管结合、优化服务，加快政府职能转变。

二、知识产权"十四五"规划的实施环境与趋势预判

"十三五"时期，我国成为名副其实的知识产权大国，但仍然存在创新能力滞后于知识产权发展新需求、区域发展不均衡、知识产权保护维度不够全面、知识产权转化运用效率仍有较大提升空间、在全球知识产权规则博弈中主动性仍然欠缺、公共服务综合实力有待提高、知识产权中高端人才缺口较大等突出问题。

"十四五"时期，国际环境更加复杂，西方发达国家仍将主导知识产权国际格局，知识产权国际规则变革将呈现知识产权制度层级化、知识产权规则区域化、知识产权运用多元化特点，知识产权贸易纠纷将更加频繁，知识产权突破技术壁垒将成为经济发展的基本任务，"全球制造"和"全球生产"将成为大趋势，贸易体系和规则也将重塑。国内方面，知识产权日渐成为创新驱动的刚需、经济转型的基石、国际贸易的标配、经济增长的支点、产业升级的关键和国际合作的焦点。

三、"十四五"时期知识产权事业发展思路和基本方略

(一) "十四五"时期知识产权事业发展的历史使命

站在新的历史起点，我们要准确把握党和国家事业发展的新目标，认真贯彻党中央、国务院对知识产权工作的决策部署，谋划好知识产权事业的未来发展，打好深入实施知识产权强国建设的工作基础，加大知识产权对经济社会高质量发展的支撑力度，履行好新

时代中国应承担的知识产权国际责任。

（二）"十四五"时期知识产权事业发展路径

1. 解决知识产权工作突出短板

（1）需要进一步健全知识产权法律法规。目前面临的问题，一是制度建设的广泛性和系统性还不够；二是知识产权政策措施的针对性有待提高；三是知识产权制度配套研究和配套措施亟待加强；四是还要保持政策和法律的连贯性和一致性。

（2）需要处理好对外贸易中的知识产权纠纷。具体而言，就是如何处理好与以美国为代表的发达国家之间的知识产权纷争，以及如何处理好与"一带一路"沿线国家因为"走出去"战略而引发的知识产权纷争。既要更大力度加强知识产权保护国际合作，又要维护好我国企业合法权益。

（3）需要进一步打造良好的创新及营商环境。要维护公平正义，真正让创新者获益。改善、解决创新成果收益分配不公的问题，突破制度瓶颈。建设社会诚信体系。建立科技管理和知识产权导向的科技创新激励机制与运行机制。充分利用知识产权制度的法律保障机制和利益协调机制。知识产权保护更加严格，实现创新环境的优化。

（4）需要加强知识产权文化建设。现阶段，在普及知识产权法律常识、树立知识产权观念或意识方面，仍然是"同志仍需努力"的状态。需要进一步加强对国民知识产权意识或观念的培养，尊重知识产权从小抓起、从娃娃抓起。加强对企业的创新意识的培养。

（5）需要发挥知识产权对国家安全的保障作用。知识产权对外转让，要坚持总体国家安全观，依据现有法律法规和工作机制，对单位或者个人将其境内知识产权转让给外国企业、个人或者其他组织的，严格审查范围、审查内容、审查机制，加强对涉及国家安全的知识产权对外转让行为的严格管理。要着眼于知识产权的国家安全问题，考虑重大工程、重大项目背后的安全隐患。各部门各领域在引进设备、引进专利技术时，还没有足够重视对知识产权安全性方面的评估和考量。

（6）需要加大对知识产权新问题的研究应对。随着生活水平的提升，社会文化消费占比增大，成为非常重要的经济增长点。例如文化新经济，对外而言容易产生更多输出机会，对内也是提高民生的自然需求。研究、预判文化新经济等方面的知识产权问题具有重要意义。

2. 调整知识产权工作着力点和发展方向

（1）工作体系的大调整。知识产权市场监管是知识产权工作的一个组成部分，同时也是市场监管工作的一个组成部分。知识产权规划和市场监管规划二者有所交叉，但是相互之间具有独立的价值。

（2）工作范围的大调整。要树立大知识产权意识，要综合协调运用所有的知识产权。知识产权的新客体很多，要形成知识产权综合管理、综合保护、综合服务的体系。例如，电子商务、体育赛事转播等方面，都要求对知识产权工作范围进行大调整。

（3）服务方向的大调整。要聚焦大战略、大环境，将服务方向由促进创新驱动和产业发展拓展到营商环境构建等重点领域，实现知识产权大促进、大服务。

（4）管理重点的大调整。知识产权管理侧重点原来注重"量"，现在"量""质"并重，既要注重培养高价值的知识产权，也要注重知识产权工作与产业发展水平、技术创新层次的匹配和契合。

（5）促进产业的大调整。原来主要是推动知识产权的产业化，现在要更加注重打造高质量的产业链，建设一张网、全链条的知识产权运营体系，打通知识产权与金融、保险、产业、市场、大数据、平台贯穿一体的全链条，向综合运用转变。知识产权要跟相关的工具结合起来，跟产业、市场发展结合起来。

（6）保护维度的大调整。知识产权保护原来注重的是纠纷发生时最后的行政执法和司法保护。这种保护实际上是有局限的保护，是后端保护，是被动式保护。现在不仅要注重后端保护，还要注重前端保护，即创新端、运用端、维权端全链条知识产权保护，包括多样化解决机制、知识产权分析评议等。要构建金字塔形的保护体系，由司法审判、刑事司法、行政执法、快速维权、仲裁调解、行业自律和社会公众诚信体系等形成金字塔结构，实现严保护、大保护、快保护、同保护，构建优势互补、有机衔接、快捷高效的知识产权保护模式。

（三）"十四五"时期知识产权事业发展思路、遵循原则和发展目标

1. 发展思路

（1）更加注重顶层设计，实现强国建设的新常态

要加强知识产权改革发展的顶层设计，由追踪型向超前谋划型调整，在知识产权重大理论、重要规则、重点问题上开展分析和研究。要根据世情、国情的新变化，适时提出建设知识产权强国的奋斗目标，探索建设知识产权强国的新路径。

（2）更加注重提质增效，实现创造运用的新常态

要坚持知识产权"数量布局、质量取胜"理念，尽快占领创新制高点和产业链高端，支撑创新驱动发展。要按照建设知识产权强国的要求，在巩固知识产权大国地位的基础上，继续加大研发投入，科学配置创新资源，围绕产业升级和新经济增长点的培育，集合企业、高校、科研院所研发优势资源和专利审查资源，集中研发一批基础和核心技术专利。要更加重视知识产权的产业化，在注重发挥市场在配置知识产权、金融资本、产业需求等资源的作用的基础上，推动知识产权运用和产业化。同时要发挥好政府在政策制定、资源整合、平台搭建、信息服务等方面的作用。

（3）更加注重市场监管，实现执法保护的新常态

知识产权保护是一项长期、艰巨、复杂的任务，是不可能一蹴而就的。加强知识产权保护有赖于政府、企业和社会公众对知识产权保护的正确认识，有赖于良好社会舆论和氛围的形成，有赖于知识产权法制、体制、机制的完善，有赖于政府的坚定决心和行之有效的执行，更有赖于知识产权保护长效机制的形成，从而实现知识产权保护的常态化、机制化。通过严格的知识产权保护所形成的良好市场经济秩序，能够让创新主体和市场主体依法、安心开展创新活动和市场竞争，有利于大众创业、万众创新。实现知识产权保护

常态化是知识产权保护的理想归宿。实行没有"专项行动"的常态化知识产权保护之时，将是我国知识产权保护实现标本兼治之时。

（4）更加注重公共服务，实现共同治理的新常态

知识产权行政管理部门向服务型政府转变是部门改革的方向，在经济新常态下需继续坚持。要完善知识产权公共服务，努力提升治理能力，充分发挥知识产权制度的经济调节和市场监管功能，营造公平公正、开放透明的法治和市场环境，积极推动形成各方面共同参与的知识产权治理体系。

（5）更加注重联动协调，实现宏观管理的新常态

一是要加强纵向联动。要加强国家知识产权局与地方知识产权局的互动，构建从国家知识产权局到省、到市、到企业的知识产权宏观管理工作体系。要围绕京津冀协同发展、长江经济带建设重大决策部署，从知识产权资源合作向创新发展互动合作转变，从松散型合作向机制化合作转变，形成知识产权区域合作的新常态。二是要加强横向协调。要充分发挥好联席会议机制的作用，加强部际沟通、协调与合作，提升知识产权宏观管理效能，推进知识产权战略行动计划更好地实施。三是要按照分工做好知识产权国际事务的统筹协调。要主动融入国家外交大局，积极参与知识产权国际事务，加强与国际组织和世界各国的交流合作，提高中国知识产权的国际话语权。

2. 遵循原则

知识产权"十四五"规划的基本原则是知识产权强国指导思想的具体体现，是贯穿于知识产权"十四五"规划始终、用以指导知识产权"十四五"规划实践活动的基本准绳。制定实施"十四五"规划，要坚持以下原则。一是要坚持知识产权法治原则。这既是落实"全面推进依法治国"在知识产权领域的体现，也是深化知识产权领域改革、推动知识产权事业发展的要求。二是要坚持知识产权市场化原则。知识产权市场化是实现知识产权经济效益、激励知识产权创新的必要途径，关键要处理好政府与市场和社会的关系。三是要坚持知识产权协同原则。知识产权"十四五"规划必须体现知识产权与经济社会和科技的协同发展，应当与国家发展阶段相适

应,与国家经济社会发展战略密切配合,与国家经济、科技、文化、贸易等各方面工作紧密衔接,保证国家发展战略目标的实现。

3. 发展目标

(1) 总体目标

结合中央部署、知识产权规划安排、知识产权事业发展现状以及面临的机遇与挑战等综合考虑,确定知识产权"十四五"规划的总体目标:到2025年,知识产权规划纲要近期目标如期实现,归属清晰、权责明确、保护严格、流转顺畅的现代知识产权制度逐步健全;优质高效、全面统筹、资源配置科学的知识产权创造运用系统稳步运行;统一开放、完善高效、规范有序的知识产权公共服务体系完成构建;职责明晰、职能科学、制度完善、统一高效的知识产权管理体制机制基本建立;知识产权成为经济转型升级的新引擎、优化资源配置的新动力、创新驱动发展的新支撑、深化开放合作的新途径。

(2) 关键指标

"十四五"时期知识产权事业关键指标发展目标如表1所示。

表1 "十四五"时期知识产权事业发展关键指标发展目标

指标	2020年	2025年	属性
知识产权保护社会满意度/分	80	85	预期性
高价值发明专利授权量/万件	10	20	预期性
年度知识产权质押融资金额/亿元	1000	2000	预期性
知识产权服务业营业收入年均增长率/%	25	30	预期性
知识产权使用费出口额/亿美元	20	30	预期性
知识产权密集型产业增加值占GDP比重/%	60	65	预期性

四、"十四五"时期知识产权重大项目、重大工程和重大政策

(一) 开启知识产权强国建设

1. 实施知识产权强国建设的重点任务

一是持续推动知识产权申请注册便利化改革。推进商标注册、

专利代办窗口便利化改革。二是进一步简化职务发明人权益确立的管理程序。三是提升知识产权审查质量和效率。提升知识产权审查系统与服务平台的智能化水平，实现新一代信息技术与审查模式创新和审查业务流程优化的结合。四是提高知识产权信息服务能力和水平。建立全覆盖、多层次、跨领域的知识产权信息公共服务体系。五是培育高价值知识产权产业集群，推进知识产权试点示范园区和产业知识产权联盟建设。六是完善知识产权运营服务体系。加快推进平台、机构、资本、产业和人才"五位一体"的运营服务体系建设。

2. 推进知识产权强国建设的重点工程

一是深入推进知识产权强省建设，开展知识产权强省建设试点省考核评估工作，研究制定分类建设知识产权强省工作指引。二是深入推进知识产权强市建设，在国家重点发展区域布局建设一批创新活力足、质量效益好、可持续发展能力强的知识产权强市。三是实施知识产权人才培育工程。面向不同阶段的学生加强知识产权教育，对知识产权执法人员等相关的政府公职人员和市场主体加强知识产权培训。

（二）严格知识产权保护

1. 完善知识产权"严保护"的关键政策

一是完善知识产权保护法规。在依法治国的框架下通过修订知识产权领域法律，在各层次法律上做到知识产权保护有法可依、有法必依。二是填补知识产权立法空白，适度扩展新型知识产权保护客体。三是规制知识产权规则滥用，处理好权利人和社会公众之间的利益平衡。

2. 完成知识产权"严保护"的重点任务

一是构建公正严格的司法体系，加强知识产权审判领域改革创新。二是强化便捷高效行政执法，推动行政保护向专业化、技能化、协作化转变。三是加大侵权行为惩戒力度，落实第四次《专利法》修正所引入的惩罚性赔偿的法律理念。四是统筹严格保护协调机制，构建由司法审判、刑事司法、行政执法、快速维权、仲裁调解、行业自律和社会公众诚信体系等形成的金字塔结构的保护体系。五是营造尊重知识产权的氛围。

3. 实施知识产权"严保护"的重大工程

一是知识产权纠纷多元解决工程。建立健全知识产权维权援助和举报投诉机制、知识产权仲裁纠纷解决机制、知识产权纠纷快速调解机制和知识产权侵权判定咨询机制。二是知识产权海关监管创新工程。完善海关知识产权备案监控体系，修订《知识产权海关保护条例》，完善知识产权海关保护立法。三是知识产权保护意识和意愿提升工程。进一步做好知识产权基础知识、知识产权保护最新成果、知识产权质量与运用效益提升政策和举措等的宣传工作。

（三）提升知识产权价值

1. 提升知识产权价值的关键政策

一是完善知识产权激励机制。完善各类考核、认定、评价政策，加大知识产权质量指标评价权重，突出知识产权质量导向。二是加强权益分配机制改革，出台职务发明条例，修订国有资产管理法规，进一步去除国有企事业单位科技成果转化的隐性阻碍。

2. 提升知识产权价值的重点任务

一是提升知识产权创造能力。优化知识产权财政、税收、金融政策，制定以知识产权为导向的产业政策，加强政策的协调配合。二是发展产业知识产权联盟，在产业关键领域推动相关高校、科研院所和上下游企业组建产业知识产权联盟。三是促进知识产权与标准融合。推动专利与标准融合，制定重点领域国际标准化战略，支持标准产业联盟建设。

3. 提升知识产权价值的重大工程

一是知识产权效益提升工程。完善企业主导、多方参与的知识产权协同运用体系。二是知识产权运营体系建设工程。建立覆盖重点区域和重点产业，定位清晰、领域齐全、能力突出、竞争有序的知识产权运营体系。三是专利导航产业发展工程。建立运行高效、支撑有力的专利导航产业发展工作机制。

（四）强化知识产权公共服务

1. 知识产权公共服务的关键政策

一是制订知识产权公共服务权力清单。出台相关规定，明确知识产权主体、客体、程序以及政府、市场和第三方机构的权利与义务，明确知识产权管理主体的权力清单。二是深化知识产权公共服务体系建设。深化知识产权管理体制改革，建立、完善知识产权权力清单和责任清单制度。三是推进企事业单位公共管理建设。推动企业、高校、科研院所知识产权管理体制改革，设立知识产权总部，促进知识产权统筹管理。

2. 知识产权公共服务的重点任务

一是提升知识产权公共服务能力。建立健全面向国内外的数据公开平台，构建多元化、社会化的公共服务供给体系。二是提高知识产权服务规模质量。培育多元化知识产权金融服务市场，培育优质的国家级知识产权服务品牌机构。三是加大知识产权信息商业利用，放开知识产权信息增值服务市场，满足社会多层次需求。四是完善国内外知识产权信息采集。五是提高知识产权信息利用便利程度。六是推动政府与社会组织主体的合作。大力培育和发展知识产权中介机构或行业协会，实现其与政府的有机协作。

3. 知识产权公共服务的重大工程

一是知识产权产业统计体系建设工程。逐步建立知识产权密集型产业统计制度，完善知识产权服务业统计制度。二是中小企业知识产权服务工程。加大知识产权保护宣传与基础救济服务，增加中小企业专项支持。三是知识产权公共服务体系建设工程。加强知识产权公共服务平台建设，推动各类知识产权公共服务平台实现基础信息共享。四是知识产权综合能力提升工程。壮大专业化知识产权保护人才队伍，提高专业化知识产权保护人才素质，完善知识产权保护人才发展机制，推动国际合作方面的知识产权人才培养。

（五）加强知识产权监管

1. 加强知识产权监管的关键政策

一是构建知识产权运营负面清单。修订反垄断相关法律，明确界定知识产权滥用，对知识产权运营进行负面清单模式管理。二是增加知识产权滥诉行为成本。平衡知识产权各方风险，合理分担诉讼成本。

2. 加强知识产权监管的重点任务

一是加强知识产权监管体制建设。建立专门的应对知识产权滥用导致的不正当竞争行为的机构，培养组建专门的知识产权领域反垄断人才团队。二是强化知识产权市场宏观调控。激发市场活力和社会创造力，增加公共产品有效供给，支持实体经济做强。三是转变知识产权公共管理职能。提升政府监管意识，落实知识产权监管责任；完善制度建设，创新监管方式；鼓励社会监督，强化行业自律。四是推动行政保护职能转型升级。

3. 加强知识产权监管的重大工程

一是国际知识产权动态监测工程。建立区域化与国际化的知识产权监管协同机制。二是知识产权事中事后监管工程。加强对代理行业和服务业的事中事后监管，将专项整治与日常监管有机结合。三是知识产权营商环境监管工程。加强知识产权信用体系建设，推进知识产权守信激励和联合惩戒制度。

（六）支撑经济社会发展

1. 支撑经济社会发展的关键政策

一是完善知识产权交易新模式和相关制度。建立区域化、国际化的统一知识产权交易平台，鼓励新模式的交易形态。二是推行知识产权转让许可所得利润税收减免，并在适当节点进行政策效果评估。三是开放知识产权交易中介的市场准入。四是鼓励企业进行防御性的知识产权采购，通过与对方的技术形成一定的交叉获取新的知识产权财产。

2. 支撑经济社会发展的重点项目

一是加快知识产权中介服务机构发展。构建围绕知识产权中介机构的交易体系，对知识产权中介服务机构给予信息服务等领域的扶持。二是推动知识产权密集型产业发展。制定实施知识产权密集型产业发展规划，完善促进知识产权密集型产业发展的政策措施，着力培育知识产权密集型产品、企业、集聚区。三是加大知识产权与产业激励机制融合。四是开展重大经济活动知识产权评议。

3. 支撑经济社会发展的重大工程

一是提升知识产权国际影响力工程。提高知识产权国际规则制定的话语权,强化对外贸易领域的知识产权保护,构筑全方位知识产权国际合作格局,发展知识产权公共外交。二是加强企业海外知识产权保护工程。完善知识产权海外维权及预警机制,加快推进海外知识产权纠纷应对平台建设。三是建立以知识产权为指标的评价体系。完善经济发展的评价体系,将知识产权纳入国民经济核算。

五、知识产权"十四五"规划的实施保障

(一)加强组织实施

一是在实施路径上坚持"点线面结合"。重点突破知识产权强省、强市、强企三个关键点,切实加强知识产权创造、运用、保护、管理、服务工作链,全面推动知识产权规划在国家和地方层面深入实施,发挥知识产权对创新驱动发展,促进经济转型升级、提质增效的支撑作用。二是在实施方式上坚持"局省市联动"。充分发挥国家知识产权局和地方的积极性,凝聚各方力量,形成知识产权"十四五"规划全国"一盘棋"。三是在工作格局上坚持"国内外统筹",把握知识产权变革新动向,制定实施知识产权国际化发展战略,努力提升知识产权国际规则制定的话语权和影响力。

(二)加强政策支撑

加强财政、金融、税收政策支持。中央财政通过相关部门的部门预算渠道安排资金支持知识产权规划实施工作;鼓励引导金融资本、社会资本投向知识产权等领域,构建多元化投入机制;落实知识产权税收优惠政策。

(三)加强人才支撑

一是设立知识产权"十四五"规划战略咨询委员会,支持多层次、多领域、多形态的中国特色新型智库建设,为知识产权"十四五"规划提供强大智力支持。二是建设知识产权人才体系。完善知

识产权专业人才评价制度,加强高层次知识产权人才引进和培养,建立面向社会的知识产权人才库。

(四)加强考核评估

加强对知识产权规划实施状况的监测评估,对各项任务落实情况组织开展监督检查,将重要情况及时报告国务院。国家知识产权局要会同联席会议各成员单位及相关部门加强对地方规划实施工作的监督指导。完善知识产权规划实施评价指标体系,将综合运用法律、行政、经济、技术、社会治理手段强化知识产权保护情况纳入各级政府绩效考核范围。

对标世界一流专利审查机构的制度经验与改革路径*

毛昊 陈曦 张小凤 党建伟 刘夏

一、引言

中国专利制度伴随改革开放而生,实现了从制度引进到适应国情、植根本土的重要转变,有力地促进了国家由计划经济向社会主义市场经济的转型。经过30余年的努力,中国建立起同世界接轨的专利审查系统,专利法律和审查标准逐步健全,专利制度功能不断完善,实现了专利制度史上最快的数量积累。党的十八大以来,党中央、国务院将知识产权制度的重要作用提升到前所未有的高度。习近平总书记强调,"设立知识产权制度的目的是保护和激励创新",加强知识产权保护"是完善产权保护制度最重要的内容,也是提高中国经济竞争力最大的激励"。围绕知识产权治理,习近平总书记指出,要"提高知识产权审查质量和审查效率","探索支撑创新发展的知识产权运行机制,推动形成权界清晰、分工合理、责权一致、运转高效的体制机制"。习近平总书记关于知识产权工作的重要论述,赋予知识产权制度新的时代内涵,确立了知识产权审查工作建设的改革目标。为更好适应中国经济高质量发展,支撑国家经济结构转型升级,本文拟就世界一流专利审查机构的制度经验展开系统分析,以全球视野洞察专利审查制度发展趋势,为中国专利审查现代化治理模式提供改革建议。

二、现代专利审查机构的功能定位

作为能够有效激励创新的基本制度,专利制度通过赋予发明人

---

* 本文获第十一届全国知识产权优秀调查研究报告暨优秀软课题研究成果评选一等奖。

最优期限的市场垄断权，激励发明人尽早公开其技术，促进研发投入及技术溢出。如图 1 所示，专利制度由专利确权❶、保护和运用体系共同构成。其中，确权是专利制度的核心，也是专利保护和运用的基础。❷ 专利审查机构承担检索、审查、授权、复审、无效等专利确权职能。一方面，审查机构通过审查能力提升与流程优化，提供权利要求范围准确合理，符合法律规定的新颖性、创造性、实用性等要求的授权专利；另一方面，审查机构与国家司法、科技、经济、产业、金融、贸易等部门协作，促进专利技术交易与知识溢出，保障专利融资和诉讼体系高效运转，实现专利制度与国民经济、国家创新体系的有效融合。

总体上，审查机构以保障高质量专利确权为核心目标，继而影响专利保护和运用体系的功能运转。尽管社会对质量评价方法尚存争议，但专利质量能够影响专利制度创新激励作用却获得了广泛共识。高质量的专利能够有效促进市场交易及后续研发投入❸，低质量的专利则影响市场对技术的价值判断，削弱企业的融资信号功能❹。专利质量的不确定性可能引发专利诉讼，加大研发风险，进而增加社会的创新成本。❺

然而，专利审查并不能完全保障专利的高质量。细节过于烦琐的审查，意味着审查效率的降低和专利权实施的延迟，会导致审查资源和审查质量不均衡。以专利确权功能作为内核载体，专利审查机构需要理性审视审查过程中的各类行为，加强对专利审查员的过程管理，注重检索、审查、授权、复审以及无效等审查过程管理的均衡性与流程解耦，借助专利异议、无效和诉讼程序弥补实质性审查不足，探讨专利类型、专利费用、保护范围、申请通道的科学调控与制度设计，实现审查质量与审查效率的平衡。

---

❶ 本文中"确权"是广义上的确权，包含授权在内。

❷❹ HALL B H, HARHOFF D. Recent research on the economics of patents [J]. Annual review of economics, 2012, 4 (1)：541-565.

❸ HALL B H, GRAHAM S, HARHOFF D, et al. Prospects for improving US patent quality via postgrant opposition [J]. Innovation policy and the economy, 2004, 4 (1)：115-143.

❺ COHEN L, GURUN U G, KOMINERS S D. The growing problem of patent trolling [J]. Science, 2016, 352 (6285)：521-522.

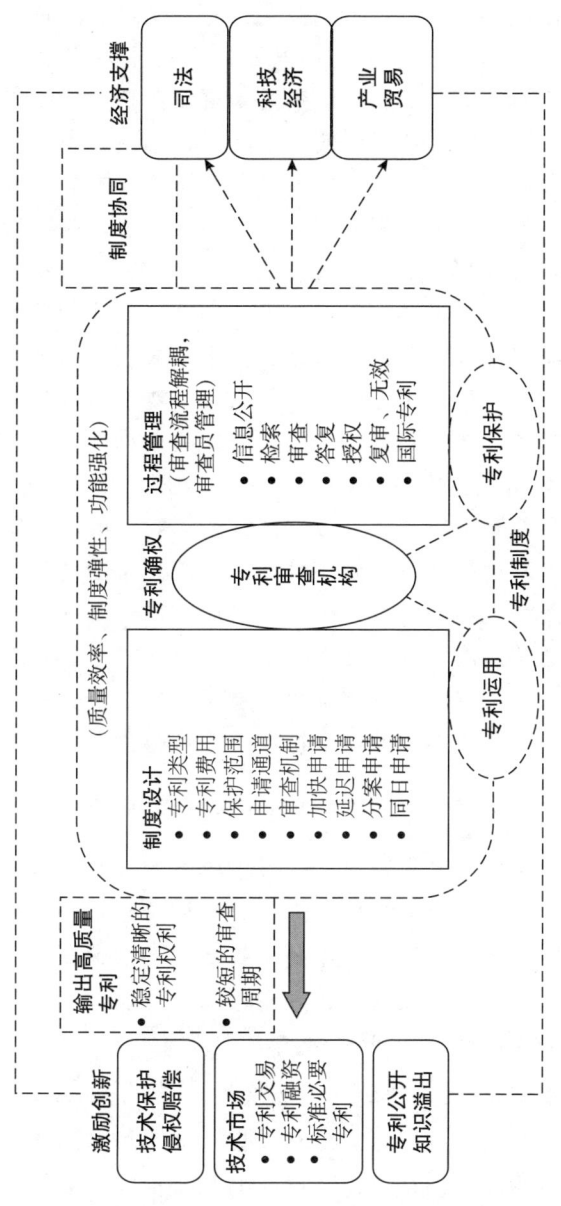

图 1 专利审查机构的功能定位

随着专利制度与新兴技术的发展，专利审查机构对创新激励和经济支撑的作用机理更趋复杂。首先，专利交易和融资发展增加了专利的市场属性，使技术发明者以外的市场主体亦成为制度参与者，策略性专利申请、专利诉讼等活动更加活跃，催生出可能违背专利制度设立初衷的创新阻碍效应。其次，不同技术产业对专利制度的需求的异质性增强，新兴技术与产业对现有专利审查与保护机制产生了制度变革诉求。例如，在专利确权方面，基因检测等生物技术、软件互联网相关新兴技术要求拓展专利客体保护范围，但其可专利性备受争议；半导体相关技术兼具创新的连续性与复杂性特征，单个产品多包含成百上千的专利技术，权利要求范围确定难度较高。在专利保护和运用方面，制药以及生物技术较长的研发与产品周期，决定了其快速确权及长保护周期的制度需求；而半导体以及软件互联网相关技术的专利保护周期较短，但由于其技术复杂性，单个产品的专利权高度分散，被宣告无效和侵权风险较高。

因此，专利确权体系的制度设计，既服务于专利审查的质量和效率，也需要满足不同技术、产业的发展需求。微观层面，专利费用、申请通道等制度设计直接影响着专利申请需求以及专利保护的周期与强度；宏观层面，专利确权与技术发展、产业布局、商业模式、贸易促进以及资本、就业市场形成了日益紧密的联系。

三、中国专利审查的制度发展障碍

近年来，中国专利审查机构积极借鉴欧美经验，设立专利质量控制机构，缩短专利审查周期，强化质量评价，积极调整专利保护适用范围和审查流程，实现了专利审查效率的快速提升。然而，伴随着新一轮科技和产业变革加速，专利的审查制度、政策体系与创新经济发展的不协调渐趋显现。

（一）专利数量增长的市场机制未能有效确立

从经济学角度看，只有当专利权带来的市场垄断或预期交易收益高于申请费用以及因技术披露产生的利益损失，创新主体才会提出专利申请。专利申请数量应保持与创新活动相适应的增长，反映国家/地区创新水平与技术产业结构基本面。但是，近年来国内外学者对中国专利行为的研究指出：受国家创新追赶战略和各级政府补贴与考核政策影响，专利申请数量快速增长，而创新能力却并未达到与之匹配的提升；过快增长的专利数量造成了审查机构案件积压与资源紧张，导致审查质量难以把控。❶

（二）审查制度对低质量专利的净化仍不充分

低质量专利表现为技术创新性、文本规范性和专利保护范围的不足，是各国或地区专利审查机构共同面对的难题。专利审查员需要在低质量申请中耗费更多时间进行检索、答复与决策，继而影响到审查机构的成本和效率。❷ 现阶段，中国专利申请的创新质量及撰写质量与知识产权发达国家尚有较大距离。❸ 许多专利申请不缴纳审查费用，或者授权后权利过早失效，说明中国存在专利审查制度未能有效调节申请数量增长、现行国情体系下专利制度成本机制弱化等问题。在政策鼓励和申请人自利性策略行为等因素共同作用下，中国对低质量专利的过滤远非充分。❹ 产业应用价值较低的专利申请不仅会造成社会资源浪费，也会干扰第三方对创新能力的判断，影响到后续的创新投入与政策制定。

（三）专利审查运行与科学管理存在改进空间

过去 30 年间，中国专利审查的质量和效率稳定提升，专利申请数量、申请人特征、技术领域分布持续变化。然而，受到外部宏观政策制约，专利审查机构实施制度科学调控的能力略显不足。尽管中国专利审查机构认识到申请数量激增和结构不均衡等问题，但

---

❶ 龙小宁，王俊. 中国专利激增的动因及其质量效应 [J]. 世界经济，2015（6）：115-142.

❷ ZHEN L, WRIGHT B D. Why weak patents? Testing the examiner ignorance hypothesis [J]. Journal of public economics, 2017, 148: 43-56.

❸ 刘洋，温珂，郭剑. 基于过程管理的中国专利质量影响因素分析 [J]. 科研管理，2012（12）：104-109.

❹ DANG J W, MOTOHASHI K. Patent statistics: A good indicator for innovation in China? Patent subsidy program impacts on patent quality [J]. China economic review, 2015, 35: 137-155.

制度调控的理论储备不足，在化解申请数量过度增长、质量降低、诉讼过快增长等问题时缺少成熟经验，尚未从专利制度的法律修改、流程优化、功能强化、审查披露及政策执行上作出富于弹性的持续调整，未能实现专利审查对创新资源在主体和空间中的合理分配，未能有效建立科学评估系统和决策机制。

（四）专利审查机构的国民经济作用亟待强化

随着中国专利数量不断积累，中国专利制度的总目标聚焦于保护与运用能力的增强，力图通过技术交易市场构建和更趋严格的保护制度实现对创新的有效激励。这也为审查机构与国家司法、科技、经济、产业、金融、贸易体系的多方协同提出了新议题。事实上，部门的组织设计和执行效率同国家专利审查制度运行之间始终保持着双向作用。例如，在司法方面，目前中国传统制造产业正在出现借助专利多次发起的低赔偿额、低诉讼摩擦、高胜诉率的专利诉讼，表现出潜在的滥用趋向。为此，《专利法》第四次修正显著提升了专利侵权赔偿标准，构建起知识产权惩罚性赔偿制度。低质量专利极有可能成为投机工具，使国家司法体系持续陷入低诉讼成本与低判赔金额的尴尬境地。例如，在金融方面，低质量专利阻碍了优质资本介入，放大了资本投机性，形成了短期套利对专利技术产业化和长期研发的挤出。中国的专利审查机构应为资本市场提供足够的高质量供给，使优质资本投向具备稳健信号作用的专利。概言之，专利审查机构不仅承担着审查职能，同时也通过审查标准、保护客体等制度性调节，改变专利的产业、区域和主体布局，促进技术研发与市场创新有效连接，满足司法保护和产业经济贸易等制度体系中的改革诉求。专利制度参与部门和主体范围的多样性，对审查机制设计的科学性和系统性提出了更高要求。

四、世界一流专利审查机构的制度经验

在全球评价体系中，欧洲专利局（EPO）、美国专利商标局（USPTO）和日本特许厅（JPO）具备学界公认的一流水平，其以稳定的专利授权体系为核心，在国家或地区经济增长过程中发挥出

极大的创新激励作用，显示出强大的科学管理和制度调控能力，深刻影响着国际专利审查规则制定与制度价值理念，为中国专利审查机构的深化改革提供了可资借鉴的重要参考。❶

（一）机构绩效提升兼顾专利审查的质量与效率

专利具有法律、技术、经济多维属性，过度严格的审查不一定确保综合质量提升，反而会增加时间等行政成本。因此，对专利审查机构的考核，需要聚焦授权结果的一致性与稳定性，同时兼顾专利审查质量和效率的提升。

第一，专利审查效率强调对审查周期的细化测度。专利审查周期与积压案件是评定审查效率的基本指标，但影响审查周期的因素较为复杂，包括审查员的审查能力、专利申请文本复杂程度和撰写质量、申请人答复策略等诸多因素。因此，美国专利商标局和欧洲专利局均注重对专利审查周期测量的精细化处理：一方面，关注影响专利审查周期的因素，减少文献质量差异和申请人答复时间的干扰，建立更趋细化的周期考核标准；另一方面，强调专利审查周期的稳定及可预见性，尽可能缩小专利审查周期方差，使得申请人能够对审查周期作出更为合理的预判。

第二，专利审查质量强调审查结果的一致性与稳定性。专利审查结果的稳定性有助于提升创新主体对审查结果的预期，促进理性的申请与交易决策。为此，一流审查机构普遍重视对审查员个体特征、主观偏好、组织模式以及激励政策的监测，注重对审查结果的影响分析，实施对应的流程与组织架构调整。一是审查员管理方面。对美国专利商标局审查员授权行为的研究表明：和通常所认定的审查员经验越丰富，审查质量越高相反，美国专利商标局资深审查员检索量少、授权率高，更可能对欧洲专利局的驳回申请给予授权决定。❷ 二是组织模式管理方面。欧洲专利局采取了三人小组的

---

❶ 韩秀成，李牧. 关于建设知识产权强国若干问题的思考［J］. 管理世界，2016（5）：1-8.

❷ LEMLEY M A, SAMPAT B. Examiner characteristics and patent office outcomes［J］. Review of economics and statistics，2012，94（3）：817-827.

审查机制，如果审查决定不一致，将由资深审查员复审，以保证结果的稳定。美国专利商标局成立了专门的质量小组，对专利审查决定进行抽样分析，完成对审查结果正确度、专利申请驳回原因描述清晰度的评估。此外，为有效应对跨技术领域挑战，美国专利商标局除鼓励申请人提交更多在先文献以提升审查效率❶，亦考虑单一技术背景审查员在跨技术领域文献检索和可专利性判断上的偏离，强调对综合技术背景审查人员的招聘。

第三，专利审查质量与效率的同步改善注重文献数据库与检索技术改进。在文献数据库方面，欧洲专利局投入大量技术和人力资源，扩充和维护其专利与技术文献数据资源。从2009年起，欧洲专利局鼓励审查员参阅技术标准草案、标准会议记录等文档，更好地检索先前技术出版物，对新兴技术的新颖性和创造性作出更为准确的判断。美国专利商标局不仅加强了与技术标准制定机构的合作，同时开展与开源社区、高校和科研院所的数据资源共享，及时更新与扩充对新兴技术相关文献的收录。在检索技能方面，欧洲专利局认为在先文献检索是提升专利授权质量的重要手段。❷ 对此，其强调提供详尽的检索报告，不仅涵盖相关专利及技术文献，同时对XY文献进行标注。除此之外，最新研究表明：与审查高质量撰写文档相比，审查低质量专利申请更加耗费审查员的检索精力。❸因此，使用人工智能技术替代审查员进行技术分类和在线文献检索，成为美国专利商标局等审查机构的重点工作方向。根据世界知识产权组织（WIPO）的调查，在对比文献检索、分配专利分类号、图像识别等方面，人工智能具有广泛应用前景。随着人工智能水平

---

❶ LANGINIER C, MARCOUL P. The search of prior art and the revelation of information by patent applicants [J]. Review of industrial organization, 2016, 49 (3): 399-427.

❷ LAZARIDIS G, VAN POTTELSBERGHE DE LA POTTERIE B. The rigour of EPO's patentability criteria: An insight into the "induced withdrawals" [J]. World patent information, 2007, 29 (4): 317-326.

❸ ZHEN L, WRIGHT B D. Why weak patents? Testing the examiner ignorance hypothesis [J]. Journal of public economics, 2017, 148: 43-56.

进一步提升，审查机构可借助深度学习等技术，实现授权前景自动判断，使专利审查质量与效率的同步改善成为可能。

（二）过程优化以低质量专利过滤和流程解耦为核心

近年来，以过滤低质量专利和审查流程解耦为核心，一流审查机构在常规专利审查流程、专利审查特殊通道以及授权后异议程序等方面，不断对流程进行增设与优化。尽管主要专利审查机构间依然略有差异（见表1），但部分程序设计已在世界范围内得到了政策制定者、学术界和产业界的一致认可。

表1 中国专利审查机构与世界一流专利审查机构在审查程序上的共性与差异

	审查程序	欧洲专利局	美国专利商标局	日本特许厅	中国国家知识产权局
常规审查程序	形式审查	有	有	有	有
	检索报告和初步审查意见书	有	无	无	无
	提出实质审查	有	无	有	有
	延迟审查程序	有	有	有	无
特殊审查程序	审查加速通道	有	多种类型	有	有
	分案、延续申请	有部分	都有	有部分	有部分
授权后异议程序	限制性条件	授权公告后9个月内任何人可提复审	授权公告后9个月内任何人可提复审，之后只能多方复审	授权公告后6个月内任何人，之后利益相关方	无限制
	诉讼机构	可直接改变异议判决	可直接改变行政决定	可直接改变行政决定	驳回，重审
	法院无效诉讼	成员国法院	地方法院	东京、大阪地方法院	无

首先，在常规审查程序设置中，提供检索报告、实质审查申请、延迟实审申请等程序设计，鼓励低质量专利主动撤回，提升审

查效率。有研究者认为：实施审查之前，提供详尽的检索报告，能够使申请人对授权概率进行精准判断，终止授权概率较低的专利申请；初审结束后，申请人需要在一定期限内提出实质审查请求；"延迟申请"提供给申请人更多时间判断专利的商业价值，可促进主动终止低价值申请。❶ 统计表明，实施延迟审查制度后，德国每年只有约 2/3 的专利申请进入实质审查程序，1/5 的专利申请在延迟审查最后一年被放弃❷。除常规审查流程外，一流专利审查机构提供了多类型审查通道，以满足申请人的不同需求：一是基于双边或多边协议存在的专利审查高速路（PPH）以及单独的优先审查程序；二是通过分案和延续程序，减少专利申请的权利要求数目，以方便对专利申请进行分类、检索，降低专利审查难度。

其次，对授权后异议程序的构建是一流专利审查机构的改革共识。2012 年美国发明法案（AIA）授权后再审条款生效后以及 2015 年日本特许厅授权后异议程序改革后，美国专利商标局、欧洲专利局、日本特许厅的授权后异议程序趋于一致。在授权后的数月内，任何第三方均可以提交技术相关文献，对已授权专利提出无效复查请求。事实上，行政异议制度较之司法机构的无效诉讼制度而言，能够提供有效纠错途径：一方面，专利诉讼成本高昂，如果原告愿意付出较高时间和经济成本进行诉讼，通常只会选择高价值专利进入司法无效程序，对大量的低质量专利的纠纷会选择庭外和解，并不会通过司法程序进行无效或者对权利要求的纠错；另一方面，为避免之后的侵权纠纷，当竞争对手认为授权专利的权利范围界定过于模糊，容易产生侵权纠纷时，会主动提交相关专利文献，帮助审查员在专利授权早期宣告创新性不足的授权专利无效，或限制权利要求范围。经验证据显示：欧洲专利局年报中每年会有约 3.7% 的授权专利卷入异议程序，其中 28% 被判完全无效，40% 修

---

❶ LAZARIDIS G, VAN POTTELSBERGHE DE LA POTTERIE B. The rigour of EPO's patentability criteria: an insight into the "induced withdrawals" [J]. World patent information, 2007, 29 (4): 317-326.

❷ HARHOFF D. Deferred patent examination [Z]. München: Ludwig-Maximilians-Universität München, 2011.

订（缩小）权利要求保护范围。有研究者对比了涉及欧洲专利局的异议程序与美国专利商标局改革前的无效诉讼程序的授权专利，发现欧洲专利局异议程序更有效地实现了高价值专利早期二次确权，增强了专利的市场稳定性。❶ 以上研究也为前述美国 2012 年和日本 2015 年改革中强化行政异议制度提供了理论支持。

最后，专利审查程序请求应具灵活性并动态调整。虽然中国专利审查机构和世界一流审查机构类似，也设置了加速审查、分案申请和授权后无效等程序，但在具体设定中，欧、美、日专利机构的设置更为灵活，能够依据专利制度的被使用情况对相关流程作出及时调整。

（1）程序请求的灵活性。美国专利商标局对优先审查程序的设立相对宽松：只要满足条件的申请人缴纳一定审查费用，即可提出加速审查请求。根据不同实务需求和客观因素，美国专利商标局亦在尝试建立诸如绿色科技等试点加速项目。除去分案申请等机制，美国专利商标局在审查过程中为申请人设置的各种修改程序均非常灵活。例如，在授权后无效程序方面，美国专利商标局设计了单方再审、授权后再审、双方再审等多重渠道，给予了更多在专利授权后的修改机会，有效避免了救济渠道的单一性，体现了以权利人为中心的流程弹性。

（2）审查流程解耦问题。一流审查机构关注到非实质问题可能中断或延误实质审查进程，需要注重减少形式问题与实质问题的相互依赖。专利审查制度遵循着"早期公开、延迟审查"的原则，一般需等待专利申请满 18 个月公开后，申请人提出实质审查请求，进入实质审查程序（目前中国的主要做法）。此类程序设计实现了申请人利益与公众利益的平衡，但也面临着两类风险：一是专利申请文本公开后，无论能否取得授权，都意味着对申请人的技术秘密和研发动向已被强制披露；二是专利申请等待公开与实质审查程序

---

❶ STUART J H G, HARHOFF D. Separating patent wheat from chaff: would the US benefit from adopting patent post-grant review? [J]. Research policy, 2014, 43 (9): 1649-1659.

申联造成了审查积压,延长了授权期限。因此,美国专利商标局、欧洲专利局和日本特许厅均将等待专利申请公开与实质审查程序并行,既缩短了授权周期、保障了社会公开专利信息的整体质量,同时也降低了部分专利申请人因专利申请被驳回而造成的技术披露风险。

(3)审查流程的动态性调整。专利制度的战略目标需要结合制度施行所产生的问题予以动态调整。例如,欧洲专利局在1990年增加了分案申请,希望降低单件专利申请的权利数量要求。然而,后续研究发现,单件专利申请的权利要求数量虽有所降低,但导致了专利申请数量的上涨,因而审查工作量没有减少。因此,2014年欧洲专利局取消了分案制度。❶ 又如,日本在2003年将专利异议流程改为无效审查流程,尽管该流程能够提供严格的审查,但整体使用率较低,未能发挥针对低质量专利的纠错作用。随着侵权诉讼数量激增以及市场对专利质量的质疑,2015年4月,日本引入新的授权后异议制度,规定专利授权公开之日起6个月内任何人均可对授权专利权提出异议。依据日本特许厅年报信息,2003~2015年日本无效审查流程的年受理数量在200~300件,2016年实施新的异议程序后,年受理数量上升到1000余件。

(三)充分利用市场机制进行专利制度调控

专利制度蕴含的制度性功能调整包括专利费用、专利保护期限、专利审查标准等内容,构成了国家专利确权制度的基础,影响着专利制度的制度功能与制度使用。

第一,专利收费机制设计。专利收费蕴含在申请、审查、授权、维持过程中,包括专利初审费用、检索报告申请费、实质审查费用、授权决定后的复审请求费,以及获得授权后的登记费和定期缴纳的专利年费等。较低的专利收费减轻了企业负担,但导致专利申请案件激增、审查周期延长和专利质量下降。经济学家认为,合理的费用机制能够实现有效的制度调节。一是调整申请行为。专利审查费用的计费方式和权利要求数量捆绑,可以限制单件申请中过

---

❶ HARHOFF D. Patent quality and examination in Europe [J]. American economic review: papers & proceedings, 2016, 106 (5): 193-197.

多的权利要求，减少审查工作量。二是过滤低质量专利。有研究者发现，提高专利实质审查费用，可以激励审查员增加 XY 文献检索，提升专利申请人自动放弃低质量专利申请的比例，从而降低后续专利审查的工作量。❶ 此外，为了鼓励申请人主动撤回低质量专利申请，欧洲专利局对于申请撤回给予一定比例的申请费退还，并将审查费用与提出实质审查请求的时间挂钩，以激励申请人尽快明确实质审查需求，减少策略性申请行为。

第二，专利保护期限与审查标准调整。专利保护期限与审查标准是实现专利制度调控的有效手段。对审查标准的动态调整能够强化对优势产业的支持。以日本调整实用新型专利制度为例，日本 1905 年创设实用新型制度，直到 20 世纪 80 年代前的大部分时间内，实用新型数量一直超过发明，并在日本进入高收入国家后的 1986 年达到了 20.4 万件的峰值。此后，日本政府决定彻底摆脱对实用新型制度的使用依赖，主动将针对实用新型的低标准实质审查制度改为登记制度，同时将保护期限由 10 年缩短至 6 年，引发了日本实用新型申请量的断崖式下跌。然而，2000 年后，日本发现，原本针对玩具等快周期产品的 6 年保护期限与全产业平均 8 年的产品周期不相匹配，专利保护期限经常在专利侵权纠纷过程中即已届满，不利于专利权行使。制度使用者对延长保护期限提出了要求。对此，2004 年日本再次提升了实用新型保护标准，规定实用新型申请自申请日起 3 年内还可转化为发明申请，并将实用新型保护期限重新延长至 10 年。此举满足了日本国家产业目标与制度使用者需求之间的匹配与协调。

五、世界一流专利审查机构的外部协同

专利制度由确权、保护和运用三方面构成。审查机构是专利确权体系的核心，通过向市场输送高质量专利，维持专利制度在国民

---

❶ LAZARIDIS G, VAN POTTELSBERGHE DE LA POTTERIE B. The rigour of EPO's patentability criteria: an insight into the "induced withdrawals" [J]. World patent information，2007，29（4）：317-326.

经济和社会发展体系中的运行。在此方面,世界一流专利审查机构提供了有益经验。

(一) 审查机构与司法机构的协同

高质量专利权是专利保护的基础,专利保护的增强又反作用于专利的申请动机与价值实现。专利审查机构与司法机构的协同作用表现为以下四点。

第一,专利权实现需要高效的司法保障体系,而司法体系改革也决定着后续的专利维权成本与申请趋势。例如,1982年美国联邦上诉法院的成立降低了专利侵权的诉讼成本,提升了专利诉讼的判案效率,随之美国迎来了专利数量的快速增长。❶ 为此,美国专利商标局迅速调整对应的审查资源以及组织模式,以确保专利审查工作的稳定性。与之对应,为提升欧洲专利制度影响力,欧洲学术界、产业界都在积极推进统一专利法院(Unified Patent Court, UPC),以提升欧洲专利诉讼案件审理效率,降低维权成本,进一步激励发明人在欧洲专利局提出专利申请。

第二,特定领域的专利诉讼案件激增体现了对审查标准的修订诉求,典型案例中对专利有效性的司法裁判也是审查标准修订的重要依据。法经济学家Meurer在1989年指出,当专利权界定足够清晰时,专利权人和使用者具备充分的信息,能够对专利有效性和侵权程度进行预测,双方也因此倾向使用许可方式解决纠纷、避免高昂诉讼成本。相反,当专利权界定存在高度不确定性时,调解协议往往难以达成,致使大量专利诉讼占用了司法资源,大幅度提升了社会创新的成本。从域外实践经验看,20世纪90年代,为了鼓励美国软件行业发展,美国逐步放开对软件相关技术的可专利性标准,导致在随后的侵权诉讼案件中,大量案件涉及软件相关专利。❷

---

❶ HALL B H, GRAHAM S, HARHOFF D, et al. Prospects for improving US patent quality via postgrant opposition [J]. Innovation policy and the economy, 2004, 4 (1): 115-143.

❷ GRAHAM S, VISHNUBHAKAT S. Of smart phone wars and software patents [J]. Journal of economic perspectives, 2013, 27 (1): 67-86.

对此，美国专利商标局的研究团队对涉诉专利的申请、审查以及司法裁判数据进行了全面整合，深入探讨出现审查员错误授权以及专利有效性争议的原因，实施对应的举措。另外，依据 Bilski 案、Alice 案等重要司法判决，美国专利商标局对专利审查标准进行了及时修订，使软件相关技术的可专利范围进一步清晰，并通过研讨、培训、内部抽查与小组审查等形式，加强审查员对软件相关专利审查标准调整的执行力度，将专利法规定不再保护或者新增保护的内容第一时间反映在审查结果之中。

第三，"专利丛林"的争议解决需要专利审查机构与司法机构共同应对。市场实践中，生物技术、半导体等领域的"专利丛林"已经成为创新者的障碍。尽管专利审查机构试图减轻"专利丛林"问题，但是仅仅依靠审查流程的效果较为有限。基于欧洲专利局数据的研究发现：在"专利丛林"密集的领域，由于担心"搭便车"行为，单个企业对授权专利主动提起异议的积极性很低；市场主体仍倾向使用交叉许可、和解协议、专利池和标准专利跨越"专利丛林"，而这些策略的实施在很大程度上受到反垄断法的影响。❶ 专利审查机构需要对司法机构在反垄断法的修订、解释和应用上提供支持，并对互补专利认定及强制许可适用等关键问题提出建议。

第四，对专利有效性异议的审理需要专利审查机构与司法机构建立权责分明、紧密衔接的联动机制。从近年来美国和日本的改革发展趋势看：一方面，专利审查机构提供相对高效率的复审，对有争议专利进行权利范围的二次确认，避免低质量专利引发策略性诉讼；另一方面，司法机构需要明确专利相关案件的职责和作用机制，就专利行政裁判上诉案件给予准确的法律判断，对专利行政确权程序显示出充分尊重，与专利行政确权程序融合增效，强化利益双方对行政确权程序的使用，增强行政确权程序的低质量专利纠错能力。

---

❶ SHAPIRO C. Antitrust limits to patent settlements [J]. RAND journal of economics，2003：391-411.

(二) 审查机构与科技、经济、产业政策的协同

一流专利审查机构在提供高质量授权专利的同时,也不断强化与科技、经济、产业政策的协同,强化专利制度在创新激励和经济发展中的支撑作用。

一是激励中小企业以及绿色、医药技术的专利申请。为降低技术市场准入门槛,促进市场竞争,保护绿色、医药技术领域的公众利益,各专利审查机构需要对特殊创新群体和特定技术领域的专利申请提供支持。一般而言,为中小企业提供专利申请费用补贴是最为直接的激励手段。但是,美国专利商标局研究发现,对美国大部分高技术中小企业而言,更为有效的激励方式是提供海外专利申请撰写培训等法律及技术支持,协助其进行海外维权。在此方面,美国专利商标局充分利用大学资源,联合美国数十所大学的法学院实施"法学院实习认证计划",鼓励学生参与专利、商标等的审查业务培训,为美国中小企业提供申请书撰写、修改等辅导工作。此外,对绿色、医疗技术等密切关系公众利益的专利申请,在一流审查机构中,欧洲专利局聚焦绿色能源等相关技术分类并重点提升专利审查的质量与效率,美国专利商标局与欧洲专利局推动绿色技术、医疗技术加速审查通道建设,美国专利商标局实施药品专利链接等新的制度实验。

二是推动专利交易、质押等运营活动。专利价值不仅表现为一定期限的垄断权,亦可以通过专利交易、质押等商业活动实现研发回报。对此,专利审查机构可以通过确权和价值评估的方式,为市场提供指导服务。例如,基于对技术可专利性的深入理解,以欧洲专利局为代表的专利审查机构一直保持与技术标准制定组织的密切联系,对标准技术专利的有效性提供更全面的意见判断。日本特许厅于2018年发布了《标准必要专利授权谈判指南》,说明技术使用者在与专利权人谈判标准必要专利授权时应该注意的重点以及许可费计算方式,并尝试增设针对标准技术专利有效性的复查服务,提升重要专利权的稳定性。又如,由于专利价值难于评估,以及专利权利的不确定性导致较高的交易成本与风险,因此专利质押融资规

模的全球发展受限。对此，美国专利商标局和欧洲专利局着眼于减少权利范围的模糊性，加强对中小型科技企业专利的快速确权工作；日本特许厅向中小企业派出专利价值评估专家并负担评估费用，帮助金融机构和中小企业提升专利价值认知能力。

三是积极应对非专利实施主体的产业影响。经济学家发现，美国的专利制度存在频繁使用软件或商业方法专利发起诉讼的情况❶，已影响到美国创新。对此，美国专利审查机构采用双岗审查，提升了软件和商业方法的授权标准，减少因专利权利边界模糊而对后续市场和司法实践的负面影响。与此同时，美国也在关注发起诉讼的专利来源，减少高校向非专利实施主体频繁授予专利独占许可的发生。在此方面，欧洲也在积极观察专利聚合在市场垄断、许可费升高和低质量专利混杂于专利组合中的有关问题。欧洲专利局认为：专利聚合有助于形成高效的专利市场，但也可能引发不正当竞争；应当加强专利技术价值评估，对专利聚合者潜在的不当行为进行个案处置，并同竞争政策部门联合制定指导意见，规范专利行为的产业影响。

（三）专利审查政策的国际协调

专利审查制度依存于全球贸易、市场经济和产权制度体系，各国专利审查机构需对专利制度一体化、经济增长风险、新技术发展以及开源社区等商业模式变革作出动态反馈。为提升专利审查效率、降低全球专利的保护成本，世界一流审查机构积极提供审查信息化技术及检索审查服务，推进国际审查标准及审查流程的协调进程，努力争取实质性审查内容与本国或本地区的专利审查标准趋同，成为各种规则制定的主导者和新专利制度模式的探索者。过去五年内，欧洲专利局向多个国家提供检索系统，为其成员国以及美国等多个国家提供 PCT 国际检索等服务，以此输出其质量控制标准。近年来，其大力推动以欧洲专利分类体系（ECLA）为基础的联合专利分类体系（CPC），并意图将该分类规则与 EPOQUE 系统

---

❶ GRAHAM S, VISHNUBHAKAT S. Of smart phone wars and software patents[J]. Journal of economic perspectives, 2013, 27 (1): 67-86.

捆绑输出给相关国家。美国专利商标局与日本特许厅在世界范围共同发起建立了PPH，在PCT平台下与英国知识产权局共同提出"PCT 2020提案"，推动PCT国际阶段与国家阶段整合、PCT与PPH融合，以及将PCT纳入其正在推动的全球案卷系统等议题。日本特许厅作为PPH理念的最初提出者和机制推动者，探索了全球范围内的专利加快审查模式，也针对亚非等国家和地区提供信息化系统、培训等技术和服务方面的支持和援助等。

六、中国构建世界一流专利审查机构的改革举措

党的十八大以来，习近平总书记多次就知识产权在国家经济和社会发展中的功能定位以及知识产权审查工作的质量和效率作出重要指示。目前，中国正在开启知识产权强国战略（2021~2035年）制订工作，专利审查机构迎来了转型发展的重大机遇，亟待完成战略目标与治理理念的转变（见表2）。

表2 中国专利审查制度的阶段特征与战略目标

阶段		《国家知识产权战略纲要》实施阶段（2008~2020年）	知识产权强国战略实施阶段（2021~2035年）
核心理念		知识产权大国 专利申请、授权数量的快速增长	知识产权强国 全面提升专利质量与制度功能
主要问题与转型目标	专利数量	创新激励政策驱动申请占比过高 客观存在专利泡沫和非正常专利	真实反映创新活动基本面 市场驱动专利申请
	专利质量	大量低质量专利申请 授权专利法律有效性不稳定 授权专利市场价值不确定	尽早识别、过滤低质量专利申请 授权专利有效性稳定 形成科学的专利价值评估体系
	内部管理	数量增长与周期管理的量化考核 以企业减负为主导的低收费标准	科学的专利质量与效率同步改善机制 行政管理科学化、弹性化、智能化
	外部协同	与国家科技创新体系融合 知识产权保护体系缺乏协同 金融市场信号作用不强 国际贸易频出知识产权争端 外部政策影响审查机构运行绩效	与国家市场监管体系融合 知识产权大保护网构建 提升专利融资与市场信号功能 输出中国审查机构价值理念 审查机构主动平衡外部政策影响

回顾《国家知识产权战略纲要》(2008~2020年)的历史进程,中国知识产权创造、运用、保护、管理取得了令世界瞩目的巨大成绩,但以数量增长为核心、缺乏弹性的管理体制也成为中国专利制度转型发展的障碍。为适应中国经济从高速增长转向高质量发展,中国专利审查机构亟待实现从追求数量增长到注重质量提升、从强化政策驱动到实现市场导向、从行政考核激励到制度科学调控、从单一审查业务到部门协同发展的调整,实现向现代化科学治理模式的转变。

(一) 保持创新政策和专利审查制度体系的协同发展

随着中国专利申请和授权数量增长,专利交易以及以标准必要专利为核心的技术标准的作用将进一步增强,专利侵权争议更趋复杂,需要加强专利审查机构与司法、科技、经济、产业、金融、贸易等部门的合作。对此,中国专利审查机构需要改进粗放增长模式所积累的市场惯性,谨慎选择短期的、受政策较大影响的指标;恢复专利年费制度对专利数量的价格杠杆功能,制定专利资助政策,降低批量雷同、批量拼凑、明显缺乏实用性、文件撰写水平显著较低的低质量专利申请数量,引导中国专利申请数量合理增长;建立更为科学全面的专利审查机构考核评价体系,提升专利授权结果稳定性,合理引导技术市场预期,全面纳入审查(周期、成本、效率)和检索(充分性、全面性、准确性)层面的相关指标,增加对"同族专利审查的引用对比文献(授权通知书、驳回通知书)重合率"等的国际对比,对专利审查行政效率作出科学判断与动态调整。

(二) 实现专利审查质量与效率的同步改善

增强专利审查工作制度调控的科学性,强化调控过程的经济学解释,推动专利审查机构治理能力现代化。一是进一步优化审查员队伍的学科背景,增强对于专利审查员行为绩效的科学分析,研究审查员知识结构、经验对审查质量的影响,加强人工智能技术在专利审查工作中的应用。二是增设快速审查、延迟审查的特殊申请通道类型,满足不同技术领域对专利审查周期的不同需求。三是充分发挥不同阶段专利费用的调控功能，增加低质量专利的申请成本，以促使低质量专利申请自动撤回为目标，降低审查机构案件积压数量，提升中国整体专利申请质量。四是加强对专利无效判定、专利侵权诉讼的监测，系统分析重大案件对后续专利申请的影响机理，提升对专利申请增长趋势、技术分布、审查难点的预判能力，实现对审查资源的科学分配。五是建立有效应对新兴技术和技术融合发展趋势的审查单元，建立融合与交叉技术审查部门，建立与标准相关的审查处室，强化复杂技术领域中的制度应对功能。

（三）注重专利审查政策的国际协调与合作

从未来发展趋势看，美、日、欧在专利审查的流程标准、制度功能、组织变革等方面表现出强大的主导能力，呈现协调"共振"的演化趋向。对于中国专利审查机构而言：一方面，要及早对依附于自由贸易和市场经济体系的专利制度和审查工作体系作出科学研判，积极应对美、日、欧主导的世界专利制度演化趋向，主动适应世界一流审查机构主导的专利审查与国际规则变化；另一方面，要在控制专利申请和授权数量过快增长、保持专利审查质量和效率平衡发展、实现智能化审查检索与科学审查管理、实现对发展中国家专利制度体系建设援助等方面强化与世界一流审查机构的合作。同时，中国专利审查机构也要积极应对国际社会对中国崛起速度和方式的担忧与质疑，积极争取中国专利审查制度的价值理念输出，实现专利增长方式、质量结构、成本效率的根本性转变，为中国专利审查机构发展赢得更多战略空间。

（四）关注专利审查制度改革的国情条件和适用范围

本文选取了美国专利商标局、欧洲专利局和日本特许厅作为专利审查机构调整与改革的对标机构。但是，由于各国或地区专利审查所面对的战略目标、机构职能与专利申请需求有所不同，因此在诸多流程与制度设计上各审查机构也存在显著差异。例如，中国实用新型与发明专利同日申请机制，是现实国情下的重要挑战，但鲜有完全对应的制度参考，其未来制度优化需首先考虑实用新型制度改革，基于中国国情实施有效的制度探讨。又如，在无效制度使用方面,尽管日本特许厅近期改革了专利无效制度,建立了司法无效程序,欧洲专利局无效程序显示出充分的低质量专利过滤、高质量专利二次确权等信号作用,但无论是在审查、上诉等执行机构职能方面,还是在无效制度的市场需求、潜在使用者特征等方面,中国专利确权体系均与域外存在差异,完全移植域外的制度设计可能导致制度失效,引发新的问题。

中国专利审查机构的转型发展,需在专利制度实践经验基础上,兼顾经济效率与法律公平,建立能够对制度运行实施动态监测的经济学家办公室和国家研究机构,强化对专利审查机构运行绩效、政策调整和改革路径的分析,增强对专利申请、交易行为和制度信号效应等经济学问题的关注,在问题发现、成因分析、发展预测等方面提供科学建议,推动政策表达更加清晰、可验证。更具体的中国专利审查机构应关注的改革重点,详见表3。

表3 中国专利审查机构改革重点

对标内容	改革重点	对标机构	科学机理
绩效评估与审查员管理	监测审查周期、审查结果的稳定性与一致性	欧洲专利局	科学审视专利质量;平衡专利审查质量与审查周期的关系;提升专利审查结果的可预测性
	抽查授权专利决定,并进行全面的信息披露	美国专利商标局	
	招聘综合性技术背景人员	美国专利商标局	提升对新兴技术可专利性的判断能力
	强化审查结果稳定性,优化审查员管理模式	欧洲专利局 美国专利商标局	完善中国现行的审查员队伍管理办法;开展对审查行为影响机理的实证分析
	加强对人工智能技术的运用	欧洲专利局 日本特许厅 美国专利商标局	强化人工智能技术在审查前期技术分类、案源分配和文献检索等领域的应用
审查流程	完善加速审查、优先审查、延迟申请等特殊通道的制度设计	欧洲专利局 美国专利商标局	减少审查积压,提升制度灵活性,满足专利权人对专利审查周期的不同预期

续表

对标内容	改革重点	对标机构	科学机理
审查流程	专利等待公开与实质性审查程序并联改革	欧洲专利局 美国专利商标局	减少审查积压；保障公开专利信息的质量；降低权利人因专利申请被驳回等而引发的技术披露风险
	优化授权后的制度设计	欧洲专利局 日本特许厅	欧洲专利局无效诉讼二次确权功能受到广泛认可；日本特许厅授权后异议程序20年间经过两次调整
	审查意见通知书指导意见	欧洲专利局	保证审查质量的前提下，实现审查效率提升
制度调控	专利费用调节机制	欧洲专利局 美国专利商标局	评估专利收益与专利申请成本后，低质量专利申请人会主动终止（撤回）申请
	实用新型制度改革	日本特许厅	实用新型制度的经济贡献降低，双重申请影响审查质量效率，低质量专利问题突显
制度协同	监测新兴技术以及涉及重大赔偿额度的侵权诉讼	美国专利商标局	探讨重大侵权诉讼判决对后续申请行为的影响机理，实施审查资源分配调整
	《反垄断法》的专利问题，为强制许可技术的专利确权提供技术支持	欧洲专利局 美国专利商标局	"专利丛林"、策略性诉讼等问题增加了社会创新成本，需要专利审查机构与司法机构共同应对
	推动中小企业、绿色、医疗相关技术专利申请	欧洲专利局 美国专利商标局	专利申请费用资助，建立特殊的流程与制度设计，提供文书指导等服务
	完善专利审查运行的信息披露机制，建立专利经济学研究团队	欧洲专利局 美国专利商标局	科学政策的数据支持；专利流程的数据基础；衡量市场创新的融资和技术交易等数据
	参与WIPO的专利审查合作，提升在国际规则制定中的话语权	欧洲专利局 美国专利商标局	国际审查标准及审查流程呈现趋同趋势

七、结　　语

专利制度的基本原理具备普适性。各国共享着相同的专利文献，却执行着不同的流程与标准，不同国家在收费结构、质量标准、专利诉讼与执法效力等方面具有显著差异。上述差异基于国情产生，受制度使用经验影响，传导至国民经济和国家创新体系之中。随着中国经济迈向高质量发展阶段，专利的确权效率、保护动力和运用绩效越来越依赖于审查机构的水平。中国专利审查机构运转的科学性比历史上任何时期都更为重要。作为专利制度体系的核心，中国专利审查机构的转型发展，也是国家治理模式现代化的重要组成部分。我国需要释放专利制度在促进经济社会发展方面的潜力，实现价值理念的根本性调整：从以数量增长为中心，全面过渡到提升专利质量和制度功能效用的新阶段；要严格控制审查授权标准、抑制低质量专利增长，更要支撑知识产权创造、运用和保护，实现其与国民经济和创新体系的融合发展。

从未来发展的趋向看，专利制度在国家金融投资贸易发展、文化价值重构、社会信用体系建立、国民素质教育、市场监管等重要工作中的作用愈发凸显，需要借助专利审查从源头上引导创新资源的合理分配，促进专利运用效益的快速提升，强化专利与司法、科技、经济、产业、金融、贸易的深度融合，在国民经济和创新发展中进一步释放专利制度的价值。中国专利制度需要顺应世界发展潮流，实现由弱专利制度效用向更强制度功能的转化，在动态适应国家经济发展的进程中改革完善。中国专利审查机构要以打造世界一流审查机构为目标，充分借鉴美、日、欧在优化制度流程、强化制度功能、完善组织结构、实施高效管理中的成熟经验，尊重专利制度运行的科学规律，强化对专利制度的经济分析，促进审查质量和效率同步改善，实施符合历史发展趋向的制度调控，为知识产权强国建设提供有力保障。

知识产权强国建设纲要重要性、必要性和可行性论证*

韩秀成　刘　洋　谢　准　王　淇　武　伟
陈泽欣　宁峻涛　黎　金　韦稼霖　王浚丞

2018年是改革开放四十年和《国家知识产权战略纲要》（以下简称《纲要》）实施十年的重要历史时期，我国知识产权事业取得长足进步，对经济社会发展发挥了重要作用。《纲要》实施十年以来，极大提升了我国的知识产权创造、运用、保护和管理能力，全面落实了《纲要》制定的各项战略目标和专项任务，知识产权制度对经济发展、文化繁荣和社会建设的促进作用充分显现。在新的历史时期，面向未来，党的十九大作出了"中国特色社会主义进入新时代"的重大判断，提出要在2020年全面建成小康社会的基础上，分两步走建成社会主义现代化强国，强调要"倡导创新文化，强化知识产权创造、保护、运用"。党的十九大报告为新时代知识产权事业发展指明了努力方向，提供了根本遵循。

以习近平同志为核心的党中央高度重视知识产权保护工作，并就知识产权法律制度建设、知识产权综合管理改革等相关问题作出了一系列重要指示，提出了"产权保护特别是知识产权保护是塑造良好营商环境的重要方面"等重要论断，发出了"促进公平竞争，保护知识产权"等重大号召，明确提出"倡导创新文化，强化知识产权创造、保护、运用"。

强化知识产权创造、保护和运用，是对《纲要》的深化和发展；而知识产权战略制定与实施作为改革开放和扩大开放的重要经验，应当在新时代予以固化和延续。尤其是在国内外形势发生深刻

---

* 本文获第十一届全国知识产权优秀调查研究报告暨优秀软课题研究成果评选一等奖。

复杂变化、中国特色社会主义进入新时代的一段时间之内,《纲要》的继续实施事关我国发展如何紧紧抓住重要战略机遇期,是破解我国社会主要矛盾和全面建成小康社会、全面建设社会主义现代化国家的必然选择,是提升我国整体竞争力、跨入世界强国之列的紧迫要求,是建设现代化经济体系、营造良好营商环境的迫切需要,也是全面推进中国特色大国外交和形成全方位、多层次、立体化外交布局的重要部署。

2020年,以《国务院关于新形势下加快知识产权强国建设的若干意见》《"十三五"国家知识产权保护和运用规划》《深入实施国家知识产权战略行动计划(2014—2020年)》"三驾马车"共同驱动知识产权事业发展的顶层设计将完成历史使命。为落实党中央、国务院为知识产权事业指明的战略方向与战略重点,谋划与制定新一轮知识产权战略即知识产权强国建设纲要势在必行。

与2008年《纲要》制定时的情形相比,随着知识产权的地位和作用的不断凸显,实施知识产权战略在国家经济、社会发展中的重要性、必要性和可行性也与日俱增。

一、重要性

(一)实施知识产权强国建设纲要是激励创新创造的紧迫需求

知识产权是新一轮信息技术革命以来最核心的产权,是激励创新的最重要的制度安排。我国创新成果不断涌现,载人航天和探月工程、超级计算、载人深潜、中微子振荡、量子反常霍尔效应、诱导多功能干细胞等重大成果,成为我国创新体系的骄傲。在基础研究领域,中国科学家对全球科学论文的贡献多年来一直排在全球第二,高水平论文数量也位居世界前列。高速铁路、水电装备、杂交水稻、基因测序、4G移动通信、电子商务等重大技术突破及其推广,形成了一批拥有自主知识产权的核心技术,对我国经济社会发展起到了引领和支撑作用。

作为一个经济和体制双重转型的大国,我国创新模式多元并存，以企业间充分竞争为基础的市场竞争型创新模式是推动创新发展的重要动力。

从未来的国际竞争态势来看，我国需要发挥知识产权在创新创业和产业升级中的引领和支撑作用，发挥知识产权的技术供给和制度供给作用，夯实科技基础，提高知识产权创造水平，在重要科技领域跻身世界领先行列；强化战略导向，提升知识产权的质量和效益，破解创新发展科技难题；加强科技供给，促使一大批高质量的创新成果和创新品牌涌现，协调区域发展不平衡的现状，服务经济社会发展主战场；深化知识产权权益分配体制机制改革创新，形成充满活力的科技管理和运行机制；弘扬创新精神和知识产权文化，培育符合创新发展要求的人才队伍。

实施知识产权强国建设纲要，就是要以知识产权为引领，明确我国创新发展的主攻方向，在关键领域尽快实现知识产权突破，力争形成更多竞争优势。顺应新一轮科技革命和产业变革趋势，加强对关系未来竞争制高点的新技术、新产业、新业态的突破与知识产权创造，加强产业共性关键技术研发，完善产业关键共性技术上的自主知识产权集成机制，完善创新生态系统。围绕提升产业国际竞争力的紧迫需求，重点推进关键共性技术、前沿引领技术、现代工程技术和颠覆性技术的研发攻关与知识产权创造，加强前沿技术领域的国际专利布局，为我国新产业的发展提供专利竞争优势。促进我国由"互联网＋"转向"互联网＋知识产权"，加强关键核心技术知识产权储备，研制一批拥有核心技术的国内、国际标准。

（二）实施知识产权强国建设纲要是实现经济高质量发展的紧迫需求

我国经济已由高速增长阶段转向高质量发展阶段，正处在转变发展方式、优化经济结构、转换增长动力的攻关期，必须坚持质量第一、效益优先，推动经济发展质量变革、效率变革、动力变革，提高全要素生产率，着力构建市场机制有效、微观主体有活力、宏观调控有度的经济体制，不断增强我国经济创新力和竞争力。

高质量发展是我国当前和今后一个时期确定发展思路、制定经济政策和实施宏观调控的根本要求,而知识产权则是实现质量变革、动力变革、效率变革的顶梁柱,是"中国制造"向"中国创造"改变、"中国速度"向"中国质量"转变、"中国产品"向"中国品牌"转变的战略资源和核心要素。用好知识产权,不仅是企业开辟市场、拔得头筹的开路先锋和坚强后盾,也是国家提高对实体经济的技术供给水平、不断为实体经济发展注入新动力的源头活水和优势所在,更是大国相争的国之重器和崛起利器。

实施知识产权强国建设纲要,就是要让转化运用从单一效益向综合效益转变,进一步发挥知识产权密集型产业对经济发展的引领支撑作用,以知识产权价值实现与价值增值为根本出发点,大幅提升知识产权对经济社会发展的贡献度,通过知识产权控制全球产业链、贸易链和价值链。加快知识产权运营服务体系建设,推进产业知识产权运营基金规范发展,创新知识产权投融资产品,探索知识产权证券化,完善知识产权信用担保机制,多渠道盘活知识产权资产,促进知识产权价值实现。进一步强化企业知识产权运用的主体地位,提升企业知识产权综合运用能力,推动企业科学核算和管理知识产权资产。推动将知识产权纳入国民经济核算体系,加快培育知识产权密集型产业,让知识产权更好地融入国民经济发展大局,培育形成经济增长新引擎。

坚持质量第一、效益优先,加快发展文化创意产业、设计服务业、"互联网+"产业等知识产权密集型服务业,实现供给体系和产业结构迈向中高端;推动知识产权与产业和市场的紧密结合与可持续发展,引导社会经济发展方向,实现总供给与总需求在总量及结构上的动态平衡发展;发展知识产权交易体系和资本运营体系,加速知识产权与知识资本流动,依托市场机制的资源优化配置功能,实现知识价值的最大化,推动国民经济创新力和竞争力显著增强,更好地满足人民日益增长的对美好生活的需要。

(三) 实施知识产权强国建设纲要是营造良好营商环境的紧迫需求

世界经济增长正在进入"资源驱动—资本驱动—技术驱动—知

识产权驱动"的"升级版",世界各国都在关注如何抓住新科技革命的机遇,营造良好的知识产权环境,进而建立起适应科技革命的新竞争优势。知识产权是市场经济形态的创新,更是创新体系成功的关键,是创新的财富之魂。在新的历史时期之下,知识资源已成为技术进步和社会创造财富的最大动力,因此,加强知识产权保护也成为完善产权保护制度最重要的内容。保护知识产权就是激励创新和经济发展。

据不完全统计,涉及知识产权的 500 余件人大建议、政协提案,焦点主要集中在知识产权保护不够严格,行政执法程序简洁、便捷高效、成本低廉的优势发挥不够,行政执法和司法保护相互融合与衔接还存在不足等方面。全国知识产权保护社会满意度调查显示,社会公众对保护效果的整体满意度仍然不高,尤其在侵权赔偿数额和维权周期等方面,与社会公众的期望存在较大差距。保护不够严格的现实造成知识产权领域侵权现象易发多发,维权道路艰难,影响了人们的创新热情,抑制了创新活力的释放。此前,浙江某家工厂发现专利侵权后寻求司法保护,前后历时 4 年,花费 40 多万元,但最终仅得到 4 万元的赔偿。类似这样的维权成本与侵权成本不匹配的矛盾必须解决。同时,以互联网为代表的新技术、新业态正在涌现,不断冲击现有知识产权规则,催生知识产权新规则,使人们对知识产权利益分享与保护的认识分歧加大。

完善的知识产权制度和严格的知识产权保护是全面对外开放的重要支撑。中国的知识产权保护制度,是伴随着改革开放而建立和不断发展起来的,是我国改革开放总战略的重要组成部分,有力支撑了改革开放战略目标的不断实现。当前,我国正在构建、营造更好的营商环境和创新环境,对国内外企业进行一视同仁的严格保护。这将极大地鼓励中外企业开展正常的技术和商业交流,推动经济高质量发展,对于充分引进和利用外资、扩大对外经济交往具有十分重要的支撑作用。

实施知识产权强国建设纲要,就是要推动知识产权保护从不断加强向全面从严转变。加快推进知识产权法律法规的制订、修订工作,明晰和规范知识资源在创造、运用上的产权,全面完善知识产权制度，通过繁荣知识产权理论研究，制定知识产权法典，探索形成一个完整的、内在结构和规定协调的知识产权保护制度体系，为严格知识产权保护提供法律保障，重点解决好知识产权维权面临的取证难、周期长、成本高、赔偿低、效果差等问题。加大对知识产权侵权行为的惩治力度和对犯罪行为的打击力度，提高侵权法定赔偿上限，公开侵权行政处罚案件信息，将故意侵权行为纳入企业和个人信用记录。加强对新业态、新领域创新成果的知识产权保护，严格规制知识产权滥用行为，保障新经济快速高效发展。加大行政执法力度，完善快速维权机制，引导创新主体多渠道、低成本、高效率保护自身知识产权合法权益。完善行政执法和司法保护两条途径优势互补、有机衔接的知识产权保护模式，不断提升全社会对知识产权保护的满意度，提高全社会创新创造的积极性，促进形成更多技术含量高、市场效益好的高价值知识产权。

（四）实施知识产权强国建设纲要是构建全面对外开放新格局的紧迫需求

随着世界多极化、经济全球化、文化多样化、社会信息化深入发展，知识产权国际格局演变进程加快，知识产权全球治理体系面临深刻变革。作为最大的发展中国家和全球第二大经济体，我国必须尽快实现在知识产权全球治理体系中的角色转变，在国际规则制定和国际事务处理中争取更大话语权，积极推动知识产权国际格局向着有利于普惠包容和维护我国核心利益的方向发展。

实施知识产权强国建设纲要，就是要提升我国的国际地位和影响力。我国已经建起了一个符合国际通行规则、门类较为齐全的知识产权制度，加入了世界上几乎所有主要的知识产权国际公约，已成为一个名副其实的知识产权大国，是知识产权国际规则的维护者、参与者、建设者。全面对外开放的知识产权领域国际合作，已成为向国际社会展示我国知识产权领域乃至经济、科技、贸易等领域对外开放成就的重要窗口，带动了我国产品、技术、标准与服务的出口，为构建普惠包容、平衡有效的知识产权国际规则，促进合作共赢，实现共同发展提供了有力的推动。

实施知识产权强国建设纲要,就是要推动"一带一路"倡议等重大战略的实施。引导企业在"一带一路"国家布局和运用知识产权,加强创新能力开放合作与知识产权国际交流,加强对"一带一路"国家知识产权制度的研究,在重点国家建立本地化的知识产权公共服务机构,构建"一带一路"知识产权国际合作协调机制。在知识产权的创造、保护、运用和管理方面加强国际交流与合作,积极参与国际知识产权秩序的构建,有效参与国际组织有关知识产权议程,是中国企业"走出去"参与国际市场竞争合作、提高服务"一带一路"倡议等国家对外开放重大战略能力的有效途径。

二、必要性

(一) 维护和巩固国家经济的重要工具

我国国际地位、话语权日益提高,贸易实力也处于逐年上升的阶段,知识产权已经成为维护和巩固国家经济的重要工具。近年来,美国将知识产权作为工具的行为对我国及其他国家的影响日益加剧,使矛盾日益凸显。

案例1:2017年我国遭受"301"调查

2017年8月,时任美国总统特朗普签署总统备忘录,指令美国贸易代表决定是否就中国的有关法律、政策、做法等"不合理或歧视性地损害美国知识产权、创新或技术发展"展开调查。随后,美国贸易代表发表声明,称将对中国进行全面调查,并且根据具体情况采取"有效措施"。

案例2:巴西信息产业遭遇的"301调查"(以重点产业市场准入和知识产权为由发起的调查)

美巴之间在信息产业和知识产权保护政策方面的争端旷日持久。1989年6月,美国针对巴西影响其信息产业的进口数量管制及许可措施再次发起"301调查"。1990年,巴西修改相关法律取消进口管制措施,美国随后停止制裁。1993年,巴西被列为"特别301报告"中的"重点国家"而再次受到"301调查",1994年美国贸易代表依据巴西政府作出的保证和政策修改而终止了该调查。

案例 3：日本遭遇多起"301 调查"（对政府采购和间接性准入标准的挑战）

日本是美国发起"301 调查"最密集的国家之一。截至 2016 年底，美国累计向日本发起 16 起"301 调查"，占其"301 调查"总数量的 13%。

案例 4：我国遭遇"337 调查"

"337 调查"是一种比反倾销、反补贴或"特保"更严厉的贸易保护措施。自 20 世纪 80 年代以来，美国对中国发起的"337 调查"愈演愈烈，"337 调查"也越发成为中国企业之痛。美国"337 调查"制度是美国单边贸易保护主义的重要手段之一，虽广为美国之外的其他国家和地区所诟病，但事实上已经成为美国知识产权保护体系的重要组成部分，也是企业阻碍竞争对手进入美国市场的有效手段之一。

（二）对企业"走出去"具有重要作用

新时代背景下，企业必将迎来新的发展机会，在生态文明建设总体布局和"一带一路"的倡议下，中国企业"走出去"势在必行，知识产权战略对于企业"走出去"起着不可忽视的作用。

案例 5：中国高铁

高铁作为中国制造的"新名片"，自 2009 年实施"走出去"战略以来，凭借领先的技术、过硬的品质、优质的服务，已经建立起互通互联的世界动脉。而中国高铁"走出去"所面临的被指侵权、被起诉侵权、被调查侵权和被侵权的风险也接踵而至。

案例 6：小米公司进军印度事件

小米公司于 2014 年 7 月正式进军印度市场，并在印度设立小米分公司，通过商业活动销售并宣传小米公司产品。当年 12 月，爱立信在印度针对小米公司提出专利侵权的诉讼。随即，印度高等法院发布禁售令。虽然小米公司官方微博在当年 12 月 17 日宣布恢复了在印度的销售工作，但是爱立信表示该销售模式是在每台小米手机预缴 100 卢比的基础上由法院发布的临时许可。

（三）形成核心技术和技术标准化的重要支撑

在我国经济发展的过程中，主张开放创新，使核心技术、中国标准化在供给侧结构性改革中起到关键、引领作用,激发创新潜能,形成产业支撑。

案例 7:中兴事件与"中国芯"

中兴事件中,核心技术的知识产权缺失是造成不良后果的一大主要原因。这一事件对包括中兴在内的高科技企业产生很大影响。舆论哗然之后,更多的声音开始指向国内芯片市场。其中的一个关注焦点是相关出口禁运触碰到了中国通信产业核心技术缺乏的痛点。中国核心集成电路国产芯片占有率多项为 0,贸易逆差高达 1657 亿美元。"缺芯少魂"的问题,再次严峻地摆在人们面前。

案例 8:重庆摩托车技术壁垒损失巨大

2017 年以来,重庆出入境检验检疫局牵头对我国七个主要省市的摩托车企业调查发现,作为世界摩托车主要消费市场,东盟国家此前没有摩托车技术标准,但近几年已参照欧美国家陆续出台了技术法规、标准等严苛的技术性贸易措施,导致我国摩托车企业在东盟的市场份额大幅萎缩。

(四)维护企业技术安全、促进自主创新能力提升的重要保障

随着知识产权在国际经济竞争中的作用日益上升,我国知识产权保护对于维护我国企业的技术安全、促进国内自主创新能力发展起着不可或缺的作用。

案例 9:摩拜单车

摩拜单车背后的北京摩拜科技有限公司申请注册了大量商标:在 2015 年成立公司之时便申请注册了 50 件商标,2016 年申请注册了 111 件商标,2017 年、2018 年仍在持续申请注册商标。ofo 背后的三鼎网络有限公司和拜克洛克科技有限公司自 2016 年起也申请注册了数百件商标,不仅注册了"ofo""小黄车"商标,还注册了"小橘车""小蓝车"等商标,意图也是阻止他人"搭便车"。

三、可行性

(一)知识产权事业发展取得重大成就

《纲要》提出:"到 2020 年,把我国建设成为知识产权创造、

运用、保护和管理水平较高的国家。"自 2008 年《纲要》实施以来，各部门、各地方认真落实党中央、国务院决策部署，扎实推进知识产权强国建设，快速发展知识产权事业；我国已经步入知识产权大国行列，正在从知识产权大国向知识产权强国迈进，知识产权创造量质齐升，知识产权法律法规建设稳步推进，知识产权保护更加严格，知识产权运用效益明显提升，知识产权重点领域改革不断深化，知识产权对外合作交流深入开展，各项工作取得新的重要进展。

我国《纲要》实施以来的知识产权重大成就主要表现在：知识产权对经济社会发展的贡献度明显提高，知识产权法规政策体系日益完善，知识产权战略实施工作机制不断健全，知识产权创造能力和运用效益大幅提升，知识产权保护水平进一步提升，企业"走出去"能力显著增强，知识产权建设的社会环境明显改善，我国的国际地位和国际影响力提升等。

（二）良好的社会环境基础

在《纲要》指引下，我国为对外经济贸易的发展营造良好的国际环境，并大力完善与对外贸易有关的知识产权制度，协调推进自贸区知识产权谈判和中欧地理标志双边合作协定谈判，加强海外维权和服务，增强企业知识产权意识和维权能力，指导企业积极应对"337 调查"和重大涉外知识产权纠纷，为企业"走出去"保驾护航。另外，《纲要》的实施，增强了全社会的知识产权意识，使保护知识产权的理念深入人心。良好的创新环境、日益完善的知识产权法律环境吸引了越来越多的国外企业来华投资兴业，促进外商投资环境、产业结构、区域布局持续优化。2017 年，中国新设立外商投资企业 35 652 家，同比增长 27.8%；实际使用外资 8775.6 亿元人民币，同比增长 7.9%，连续数年实现平稳增长。

（三）运转良好的战略实施组织保障

国务院知识产权战略实施工作部际联席会议（以下简称"联席会议"）制度提供了制度支撑。《纲要》实施工作组织架构体系日臻完备，实施机制逐步建立健全。2008 年以来，《纲要》实施工作在联席会议的统筹指导下，由联席会议办公室积极组织协调，各成员部门及单位稳步配合推进，各地方积极落实战略重点任务和措施，基本构建起了日臻完备的战略实施工作体系，战略实施工作不断融入国家经济社会发展，对加快转变经济发展方式的支撑和促进作用日益显现。

2018年国务院机构改革中，为强化知识产权创造、保护、运用，将国家知识产权局的职责、原国家工商行政管理总局的商标管理职责、原国家质量监督检验检疫总局的原产地地理标志管理职责整合，重新组建国家知识产权局，由国家市场监督管理总局管理。重新组建国家知识产权局，对知识产权相对集中统一管理，更有利于对我国知识产权战略各项任务和措施的统一协调和统一实施，也为我国制定新一轮知识产权战略奠定了组织基础和保障。

（四）初具规模的创新人才基础

创新人才是创新发展的第一资源，知识产权人才是发展知识产权事业和建设知识产权强国最基本、最核心、最关键的要素。我国逐步构建了由国家知识产权专家库、百名高层次人才库和省级知识产权人才库组成的国家知识产权人才库。全国约100所高校设立了知识产权学院或专业，各级各类知识产权专业人才培养已经取得一定进展，吸引、使用和管理知识产权专业人才制度建设任务取得一定进展。这些都为我国下一步制定实施知识产权强国战略奠定了基础。

综上所述，《纲要》实施十年，我国在对内统筹协调、对外组织斡旋等方面积累了丰富的经验，为下一轮知识产权战略纲要的制定和实施奠定了坚实的基础。

科创板上市企业知识产权问题实证研究报告[*]

——基于205份科创板拟上市企业招股说明书的分析

徐棣枫　李晓飞　饶先成　刘迷迷　倪佳奇　胡莹莹

一、205份招股说明书（申报稿）的基本概况梳理

注册状态在一定程度上反映了招股说明书（以下简称"招股书"）的真实性和规范性。对企业科创板股票发行上市申请（以下简称"企业申请"）处于终止或中止状态的原因进行考察，判断这些原因是否与知识产权相关联，具有重要意义。如表1所示，列入本报告样本的205家企业中，截至2020年5月22日，有138家注册通过[❶]，成功成为科创板上市企业，注册通过率为67.32%（扣除中止、暂缓审议和已问询等未决状态后，注册通过率为82.63%）；29家企业由于各种原因，处于终止状态，止步科创板上市进程；2家因财报更新原因处于中止状态，有待财报更新后继续推进；1家企业处于暂缓审议状态；35家因进度原因，还处于已问询状态。

表1　205家科创板拟上市企业申请状态统计

统计类型	注册通过	终止	中止/暂缓审议	已问询
数量/家	138	29	3	35
占比/%	67.32	14.15	1.46	17.07

---

[*] 本文获第十一届全国知识产权优秀调查研究报告暨优秀软课题研究成果评选一等奖。

[❶] 科创板上市委员会会议通过、提交注册和注册生效三种状态均被认为是注册通过。

在29家申请已终止的企业中，其终止原因分别为主动撤回申请、未通过科创板股票上市委员会（以下简称"上市委"）会议（以下简称"未过会"）、已通过上市委会议（以下简称"已过会"）但注册失败三种情形。其中，主动撤回的企业有25家；未过会的企业有3家，分别为上海泰坦科技股份有限公司、北京国科环宇科技股份有限公司和博拉网络股份有限公司；已过会但注册失败的企业有1家，为恒安嘉新（北京）科技股份公司，其注册失败的主要原因是因重大合同和财务问题被证监会出具警示函。在25家主动撤回申请的企业中，主要由于知识产权问题而主动撤回申请的企业的有1家，即安翰科技（武汉）股份有限公司（以下简称"安翰公司"）。安翰公司与重庆金山科技（集团）有限公司之间存在专利诉讼，虽然被诉侵权的8件专利中已经有6件专利被成功宣告无效，但仍存在2件专利未被宣告无效。图1示意了29家申请已终止企业的终止原因分布情况。

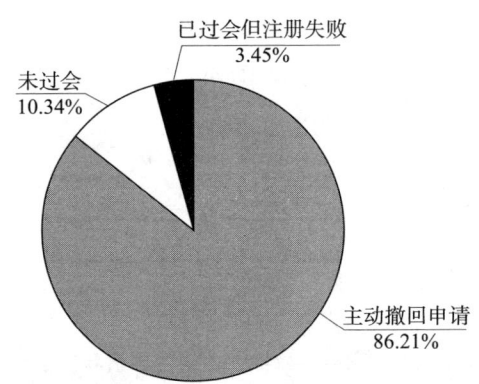

图1　29家申请已终止企业的终止原因分布情况

二、明显的知识产权相关缺陷的识别和原因分析

（一）知识产权相关形式缺陷

招股书（申报稿）中的知识产权相关形式错误本可以在申报之前由拟上市企业和中介机构自查并纠正，但仍然存在由于拟上市企

业和中介机构的疏忽或缺乏专业的判断能力导致这些形式错误未被纠正而体现在招股书中的情况。这类错误虽然以形式为表征,但是却实质性地影响了所披露信息的权利状态,进而溯及与此相关的核心技术等问题。

例如,上海复旦张江生物医药股份有限公司的招股书(申报稿)中,在核心技术中提及 PCT 专利,将其作为授权专利。实际上,PCT 专利申请包括国际阶段和国家阶段,只有进入国家阶段并获得相应国家授权后才具有在该国家的专利权。又如,湖南南新制药股份有限公司的招股书(申报稿)中,披露了其发明专利信息,但其中 1 件发明专利的专利号有误:原文为 200710143607.2,但通过该专利号检索,无法查到相关专利;再通过其专利名称进行辅助检索,检索到实际专利号为 200710143607.5。

本报告将知识产权相关形式缺陷视为因疏忽或专业知识缺乏而引起的偶发性缺陷,可以通过专业的筛查予以纠正和避免。企业应重视知识产权相关形式缺陷的预防,建立专业化的机制来纠错。

(二)专利技术与保密之间的关系错误

专利契约理论将专利权视为发明人与社会公众之间的一项契约:发明人通过公开其发明创造的技术内容作为对价,获取以国家为代表的社会所赋予的排他垄断权。因此,通常认为专利权是以公开换取保护。而对于商业秘密来说,商业秘密的持有人通过保密措施将其处于保密状态。有多个企业混淆了保密与专利的关系。存在这种错误认识的企业,往往在风险因素中列出泄密风险,同时说明用专利保护的形式来防止泄密,存在明显的常识性错误。

例如,苏州瀚川智能科技股份有限公司在招股书中的表述——"基于专利保护的核心技术遭到泄密""在申请专利的情况下仍存在泄密的风险""加大技术投入及申请境内外专利等措施对技术予以保密"都混淆了专利与保密的关系。

拟上市企业自身若无法准确理解专利与保密的关系,则难以选择合适的方式来保护自身的核心技术,其核心技术的保护方式也会受到质疑,因此而造成核心技术保护不当的风险将延及投资者。

（三）主营业务与专利之间明显缺乏关联性

二十一世纪空间技术应用股份有限公司的主营业务为卫星空间技术，其与主营业务相关专利数量较少。相反，该公司在其招股书中披露了多个披肩和丝巾的外观设计专利，这些外观设计专利的设计人为公司的实际控制人。很明显，这些外观设计专利既与其主营的卫星空间技术无关，也不符合产业导向。虽然这些外观设计专利本身是无害的，但此种情况下，应当说明申请这些外观设计专利的初衷。《中华人民共和国专利法》第6条第1款中规定："执行本单位的任务或者主要是利用本单位的物质技术条件所完成的发明创造为职务发明创造。"据此，前述外观设计专利很难被认定为职务发明创造。倘若将公司员工的非职务发明作为职务发明来申请专利，一旦该员工与公司交恶，反而可能给公司带来权属纠纷的风险。

三、核心技术、核心技术人员和知识产权的关联性识别

（一）核心技术与核心技术人员关联性解读和异常识别

一个公司的核心技术显然主要由其研发人员完成，核心技术人员则是研发人员中的中坚力量。因此，核心技术与核心技术人员之间应当存在强相关性。同时，核心技术人员应当是与研发相关的人员，核心技术人员对公司发展具有关键作用，而研发之外的其他关键人员不能被认为是核心技术人员。有部分拟上市企业将其他关键人员列为核心技术人员，从进一步检索查询来看，这部分关键人员也未产生知识产权。例如，南京微创医学科技股份有限公司将质量法规总监列为核心技术人员，北京佰仁医疗科技股份有限公司将人力资源师列为核心技术人员，但查询结果显示上述人员的学历和经历均无研发背景，且无专利等知识产权的产出。这种情况的出现在于企业对于"核心技术人员"概念的理解存在偏差，造成核心技术人员披露不真实。

由于核心技术与核心技术人员之间的重要关联性，披露核心技术与核心技术人员之间的关系或核心技术人员对核心技术的贡献有利于真实客观地反映核心技术人员认定的准确性，从另外一个方面

也说明了企业对于核心技术的自主研发能力和持续研发能力。从全部样本考察来看，大多数企业仅介绍了核心技术人员的履历、资历和获奖等情况，有诸多企业未披露核心技术人员对核心技术的贡献。

（二）核心技术人员与知识产权的关联性解读和异常识别

1. 核心技术人员与知识产权关联性的披露情况

从公开的知识产权数据库中不仅可以查询企业招股书中知识产权的权利归属、状态等信息，还能查询相关核心技术人员作为发明人的知识产权，并从中判断核心技术人员与知识产权的关系，由此可判断是否与招股书所阐述的内容一致。因此，科创板上市企业的核心技术和核心技术人员事关企业是否真正具有技术优势，有必要对企业披露的信息进行尽职调查，并结合法律法规进一步判断。

正如以上所述，核心技术人员与核心技术存在强关联，核心技术往往以知识产权形式表征出来。核心技术和知识产权的来源主要在核心技术人员。若核心技术人员的技术来源存在瑕疵，拟上市企业就可能存在知识产权的权属纠纷风险。中联云港数据科技股份有限公司等在问询下补充披露了核心技术人员与专利等知识产权的对应关系。

各注册状态的企业的招股书中是否披露核心技术人员对应专利的情况统计图（图2）则呈现出一定的规律性。在申请处于终止状态的企业中，仅1家企业披露了核心技术人员与知识产权的对应关系；在未决状态的企业中，披露核心技术人员与知识产权对应关系的比例明显高于注册通过类型中的比例。由于未决状态一般属于提交申请较晚的企业，可以认为后期申请上市的企业对于核心技术人员的信息披露越来越详尽与规范，是因为其招股书的编制可参考前期成功注册的规范企业的经验，并在此基础上提高披露的完善性。

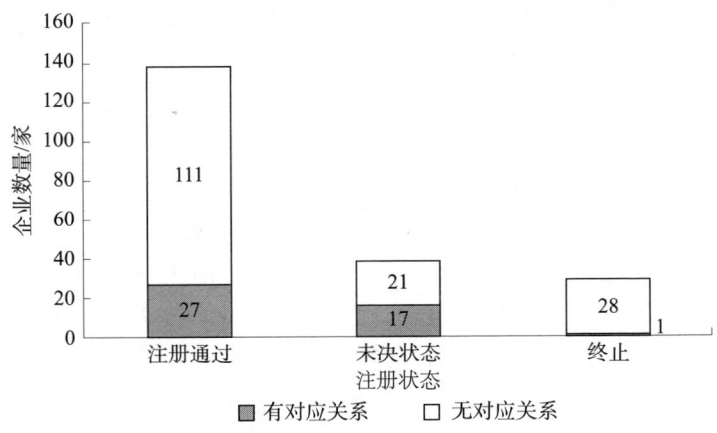

图 2　各注册状态的企业中是否披露核心技人员对应专利的情况统计

2. 核心技术人员与知识产权关联性异常带来的风险

强调核心技术人员与知识产权的关联性，还在于这种关联性中存在多方面的风险。这些风险包括以下几种情况。

（1）职务发明纠纷风险

这类风险是通过对招股书的分析，从核心技术人员经历所识别出来的问题，主要依据《中华人民共和国专利法》及《中华人民共和国专利法实施细则》所规定的关于职务发明创造的要求进行识别。例如，宁波容百新能源科技股份有限公司的核心技术人员田某在2018年1月之前为某大学教师，在离开原单位未满1年的2018年12月作为发明人为该公司申请了专利。根据我国法律关于职务发明的规定，该专利就可能存在权属纠纷。因为根据《中华人民共和国专利法实施细则》的规定，退休、调离原单位后或者劳动、人事关系终止后1年内作出的，与其在原单位承担的本职工作或者原单位分配的任务有关的发明创造被认为是执行原单位的任务所完成的职务发明创造。

因核心技术人员所引起的职务发明创造纠纷在拟上市公司中已经出现，即苏州敏芯微电子技术股份有限公司所遭遇的歌尔声学的第二次专利"进攻"，就涉及苏州敏芯微电子技术股份有限公司创始人之一及其他从歌尔声学跳槽的员工的专利权属纠纷。

（2）核心技术人员多处任职缺少协议约定的风险

核心技术人员多处任职是产生知识产权权属纠纷另外一个因素。如江苏北人机器人系统股份有限公司有核心技术人员同时在上海交通大学任职，并在此期间产生多项公司专利，存在发生专利申请权或专利权属纠纷的可能；西安铂力特增材技术股份有限公司的核心技术人员黄某，同时为某大学教授，但并未就其个人成果与某大学进行约定。

（3）核心技术人员与企业知识产权关联性异常带来的知识产权风险情况统计

综上，可以结合核心技术人员与知识产权的关联性来判断企业的权属纠纷风险：核心技术人员在非关联企业多处任职的、核心技术人员入职未满 1 年申请专利的情况均会存在专利权属纠纷的风险。这样的风险在苏州敏芯微电子技术股份有限公司上已经得到了充分的印证。

如图 3 所示，在 205 家样本企业中，有 15 家企业存在核心技术人员入职未满 1 年申请专利的情况，另外有 5 家企业的核心技术人员存在多处任职的情况。这些异常均可能为今后的权属纠纷埋下隐患。

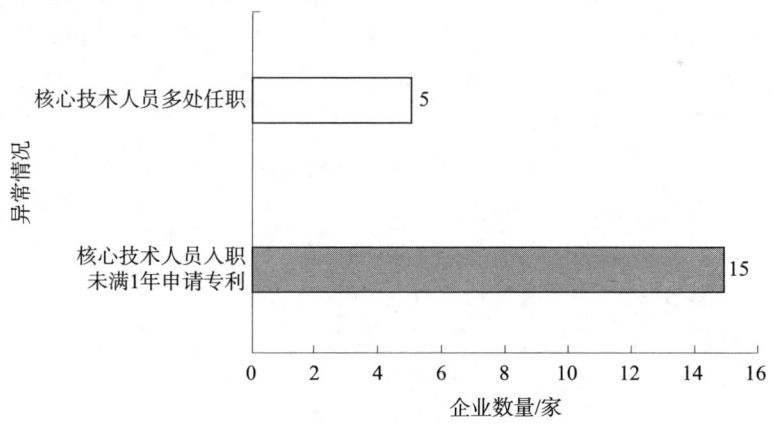

图 3　核心技术人员的发明创造存在权属纠纷风险情况统计

（三）知识产权与核心技术的关联性解读和异常识别

核心技术可通过专利权、软件著作权、集成电路布图设计专有权和非专利技术等形式保护，即企业可选择权利化的知识产权或商业秘密两种形式来保护核心技术。

披露核心技术的保护方式以及对应的知识产权是判断核心技术是否获得充分保护的依据。因此，招股书应当披露核心技术与知识产权的对应关系。在205家样本企业中，有接近50%的企业在招股书（申报稿）中并未披露核心技术与知识产权的对应关系。

《上海证券交易所科创板企业上市推荐指引》第五条第（一）项要求保荐机构重点关注企业是否掌握具有自主知识产权的核心技术，核心技术是否权属清晰、是否国内或国际领先、是否成熟或者存在快速迭代的风险。因此，识别知识产权是否真实反映核心技术和保护核心技术不仅要从数量上进行考察，同时还需要识别核心技术与知识产权的对应关系。更进一步地实质性识别，则可以考察其知识产权的保护范围和权利稳定性。

四、销售区域与知识产权的关联性解读和异常识别

由于专利权地域性问题，一个国家或地区的专利权仅在该国家或地区内有效，因此，若要在不同国家或地区获得专利保护，则需要分别获得相关国家或地区的授权。因此，若只在境内销售而不考虑拓展境外市场的情况下，仅在境内申请专利是合理的；而对于境外销售比例较高的企业，申请境外专利和商标是考量其品牌和核心技术是否能够获得保护的重要因素。关于企业主营业务收入按照销售区域划分的披露，通常记载于招股书的财务会计信息与管理层分析之经营成果部分。通过境内外的主营业务收入情况，对应商标和专利权的境内外分布情况，可以解读知识产权在相应国家或地区设置的合理性以及保护是否充分的问题。

为了更好地识别知识产权布局地与企业营业收入地分布之间的对应关系，本报告根据招股书披露的"境外收入占总收入的比值"与"境外专利数量占总专利数量的比值"之间的差额，计算企业的

境外收入与境外专利布局的"匹配值",并根据数值的大小进行分级:匹配值>0.3,定义为境外专利布局"过剩";-0.3≤匹配值≤0.3,定义为境外专利布局与境外收入"匹配";匹配值<-0.3,定义为境外专利布局"不足"。针对205家样本企业的境外专利布局与销售额匹配度进行分级,其分布情况如图4所示。

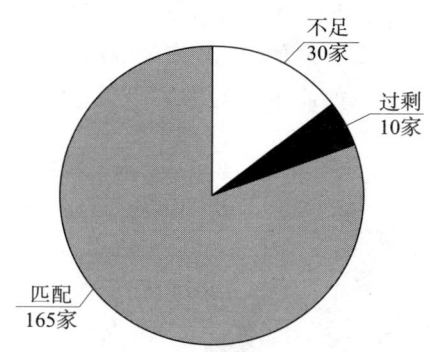

图4 境外收入与专利地域布局的匹配度分布情况

总体上来看,205家样本企业中有165家企业的境外专利布局与境外营业收入基本匹配,占比80.5%。在34家江苏企业中,有25家企业的境外专利布局与境外营业收入基本匹配,占比73.5%。对比说明江苏企业的境外专利布局意识在样本企业中并不占优势。

五、合作开发、权利共有、技术许可等问题识别

合作开发、权利共有、技术许可等问题主要涉及两大类问题,一类是核心技术来源的合法性和正当性,另一类则是权属纠纷问题。在本研究的样本中,大多数企业的核心技术为自主研发,部分企业的核心技术存在基于技术许可的再创新和合作开发的情况,较多企业存在核心技术之外的合作开发。但是,无论是核心技术中存在技术许可和合作开发的情况,还是核心技术之外存在合作开发的情况,均涉及技术来源的合法性问题。这一合法性问题需要有拟上市企业与合作方之间的合同约定作为保障,其中应包括关于权利归属、收益分配等问题的约定。

从图5的统计结果来看，46%的江苏企业存在合作开发的情况，该数据明显高于非江苏企业的37%。江苏企业的高合作开发比例可能与江苏高校众多这一优势有关。并且，存在合作开发的江苏企业披露合作开发知识产权的比例也明显高于非江苏企业，江苏企业在这一点上做得更为规范。但无论是江苏企业还是非江苏企业中，仍然各有9%的企业未披露合作开发的知识产权归属情况。知识产权归属问题是合作开发的核心内容，涉及合作开发项目的成果分配、经济效益产出，如此重要的内容应当进行披露。

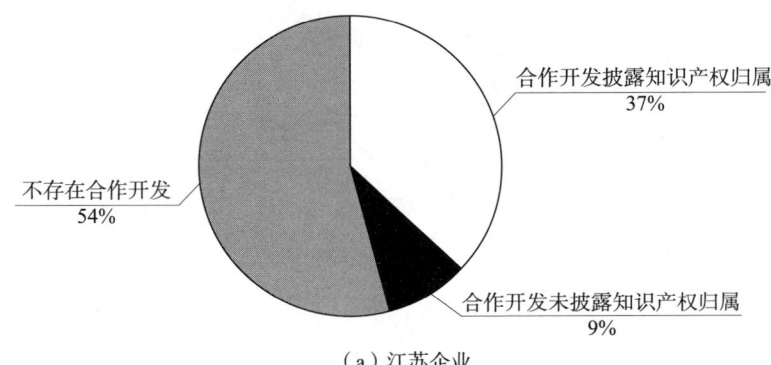

（a）江苏企业

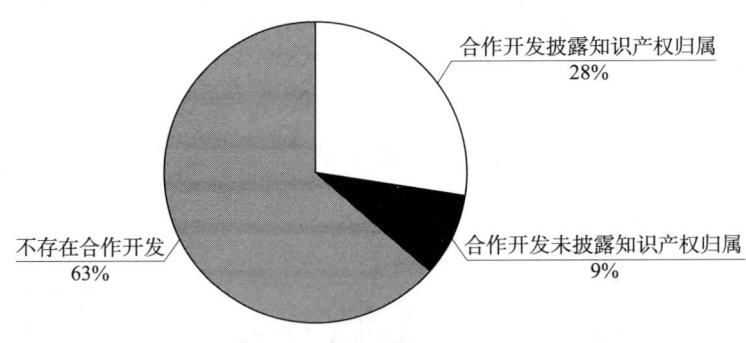

（b）非江苏企业

图5 江苏企业、非江苏企业的合作开发与
合作开发知识产权披露情况

六、招股书中知识产权问题的应对与启示

（一）知识产权管理的规范化

《企业知识产权管理规范》（GB/T 29490—2013）由国家知识产权局起草制定，原国家质量监督检验检疫总局、国家标准化管理委员会批准颁布，是我国首部企业知识产权管理国家标准。2017年3月，由中国提出的首个知识产权管理新国际标准提案《创新管理-知识产权管理指南》获得国际标准化组织创新管理标准化技术委员会（简称"ISO/TC 279"）批准立项。

拟科创板上市企业，通过贯彻《企业知识产权管理规范》，实现资源管理（包括人力资源、基础设施、财务资源和信息资源）和基础管理（包括获取、维护、运用和保护）的体系化梳理。

通过标准化的人力资源知识产权管理实现对核心技术人员的知识产权管理，防止涉及核心技术人员的重大风险发生。在人事合同中，约定知识产权归属、保密义务以及竞业禁止等；在入职时，进行知识产权背景调查，防止研发过程中侵犯他人知识产权，并避免相关权属纠纷，尤其关注研发人员在入职未满1年内的发明创造，以防止落入其原服务单位的职务发明创造范围；在离职时，尤其对核心技术人员，要通过签订知识产权协议和竞争协议，防控人员流失造成的技术流失和技术秘密泄露。

（二）知识产权情报信息的识别应用

1. 知识产权情报信息及其作用

知识产权情报信息可应用于围绕核心技术和核心技术人员并结合知识产权法作相关问题分析。核心技术人员之重要性体现在其与核心技术的关联性。通常来说，核心技术人员对核心技术有着重大的贡献。通过分析知识产权的发明人，可以验证招股书所披露的核心技术人员是否真的与核心技术有强相关性。利用知识产权可对核心技术人员作尽职调查。一旦核心技术人员在多个单位作为发明人申请专利，则意味着有发生权属纠纷或核心技术流失的风险。掌握知识产权情报信息还有利于挖掘招股书所披露内容之外的信息。拟

上市企业对未披露的不利信息不应抱有侥幸心理,因为这些信息也可能被公众或管理机构挖掘出来。

专利制度的核心是"以公开换保护"。公开的专利文件记载了该专利的专利权人(专利申请人)、日期、发明人、分类号、技术内容、权利要求范围等丰富的信息。任何人都可以通过专利信息检索的方法从专利数据库中的专利文件内提取出目标信息。对科创板企业申请的专利进行检索与分析,能够从多个维度识别出该企业专利的异常信息。

2. 利用专利信息识别发明人异常

针对某公司所有的专利的发明人进行分析,得到如图 6 所示的发明人分布图。可以发现:该企业的总经理、实际控制人 A 作为发明人申请了企业所拥有的专利中的绝大多数。而 A 并非其招股书中披露的核心技术人员。相反,招股书中披露的 7 位核心技术人员中,有 3 位核心技术人员从未作为发明人申请过专利。这样的异常情况,难免不让投资者对该企业的创新激励政策、核心技术人员认定的合理性与真实性等产生怀疑。

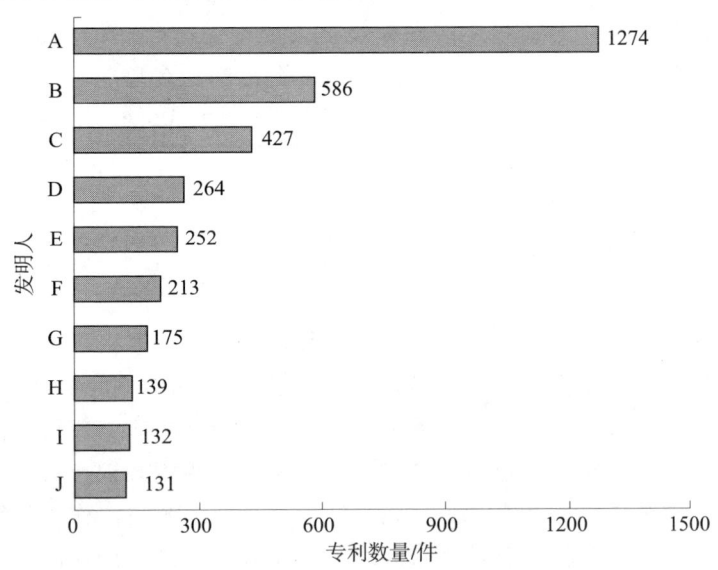

图 6　某公司专利发明人分布情况

（三）知识产权来源的契约化

知识产权虽然是法定权利，但无论是自主研发，还是合作开发，均涉及法定之外的意定内容。从自主研发来说，企业应当与技术人员有关于知识产权归属的约定，尤其是在著作权领域，因为职务作品的著作权一般是由作者享有，若缺少关于其归属的约定，则可能导致相关著作权纠纷的风险。对于合作开发来说，我国法律关于合作开发的规定采用了意定优先的方式，而且法定的规则也极其有限，难以解决合作开发中的复杂法律问题。知识产权来源的契约化可以在一定程度上预防权属纠纷风险，减少上海证券交易所在上会前的问询。

（四）科创板上市企业的专利诉讼应对策略

规范化的知识产权管理还应当包括完善的知识产权诉讼风险应对策略，以克服上市进程中的"拦路虎"。无论是拟在科创板上市企业，还是已在科创板上市的企业，都是专利诉讼的高概率的"狙击"对象。上市前的侵权风险防控也是拟在科创板上市企业的"必修课"，及时针对特定竞争对手的专利权进行侵权风险分析和对企业自身产品的专利自由实施分析（free to operate，FTO）是应对专利诉讼风险的基础。专利诉讼发生时，运用上市规则和专利法规则来组合应对，以形成有效的应对策略。

部分科创板企业在面对专利诉讼时作了良好的应对。上海晶丰明源股份有限公司一方面积极应诉和针对对方专利提起无效宣告请求，同时通过大股东承诺兜底承担赔偿责任的方式来消除上市进程中的障碍上述做法值得拟在科创板上市企业学习和借鉴。深圳光峰科技股份有限公司则是在已成功上市后遭遇台达电子的专利"攻击"。该公司于2019年7月29日收到被诉的相关信息，随即于次日向国家知识产权局提出无效宣告请求。如此快的应对速度至少基于事前的充分预想之准备和专业的知识产权团队。

苏州某公司不仅遭遇了对手的多轮专利诉讼，还有20项已授权发明专利（除境外发明专利与已公开披露不属于核心技术的专利外）被后者发起了16项无效宣告请求。这样的行为使得对拟上市企业在股票发行上市进程中进行的专利阻击呈现出更多非理性。而从后来科创板上市委再次安排该苏州公司上会的行为来看,科创板上市委对待科创板股票发行上市进程中的专利诉讼越来越理性。这将从另外一个方面促使专利权利人对拟上市企业的阻击行为回归理性。

七、结　　论

科创板的科技属性决定了知识产权的重要性,因此招股书所披露的知识产权信息的准确性至关重要。本报告从知识产权、核心技术以及核心技术人员的关联性着手,提出了对知识产权的形式缺陷和实质缺陷进行识别及类型化处理的路径,以统计的数据和图表予以展现,并结合科创板专利诉讼实践分析了应对策略。根据本项目的研究,规范化的知识产权管理可以避免一些知识产权问题,但是知识产权问题大多数并非以单一问题形式出现,往往与人事关系管理、技术开发管理等问题交织发生;在采用契约化溯源知识产权时,需要将知识产权流程嵌入其他部门管理流程中。在科创板企业上市过程中以及上市以后,专利诉讼的发生已屡见不鲜。从这些诉讼实践来看,专利诉讼难以成为一票否决的因素,但系列专利诉讼的激烈程度愈演愈烈,权属纠纷成为专利诉讼的重要案由,拟上市企业的主动维权也登上"舞台"。展望未来,基于核心技术人员所开发的核心技术形成和设置相应的知识产权,发明人背景尽职调查和合作开发的契约化将为知识产权权属的稳定性提供保障。

高校职务科技成果混合所有制改革的动力机制与政策选择[*]

刘 鑫

一、引 言

为持续推进创新改革，激发创新创造活力，一系列中央、地方以及高校"先行先试"政策颁布实施：中共四川省委于 2015 年 11 月发布《关于全面创新改革驱动转型发展的决定》，在国内首次提出开展职务发明权属混合所有制试点，明确科技人员与所属单位是科技成果权属的共同所有人；2016 年 1 月，西南交通大学在全国高校率先出台《西南交通大学专利管理规定》（以下简称"西南交大九条"），规定了学校和发明人共享职务科技成果所有权的知识产权激励模式；5 个月后，成都市发布《促进国内外高校院所科技成果在蓉转移转化若干政策措施》，将职务发明混合所有制列为第一条；同年 12 月，四川省政府发布《四川省职务科技成果权属混合所有制改革试点实施方案》，选择 20 所国家设立的高校和科研院所，开展职务发明权属混合所有制改革试点，并于 2018 年 11 月起，进一步扩大试点对象范围至 45 家单位；2020 年 2 月 14 日，中央全面深化改革委员会第十二次会议审议通过《赋予科研人员职务科技成果所有权或长期使用权试点实施方案》，提出要加强知识产权保护和产权激励，赋予科研人员职务科技成果所有权或长期使用权。职务科技成果混合所有制改革"下半场"正式拉开帷幕。

这一改革引发了学术界与实务部门的高度关注与讨论，也显示出一系列理论与实践问题有待进一步深入研究：一是全面梳理、评

---

[*] 本文获第十一届全国知识产权优秀调查研究报告暨优秀软课题研究成果评选一等奖。

价制度试点的进展与不足,优化制度实践;二是完善制度设计,有效引导改革走向深入,推动制度创新。

二、改革试点过程

截至 2019 年 7 月,45 所在川高校和科研院所已全面启动职务科技成果混合所有制试点工作,进一步扩大了改革范围,推动了对制度创新和经济融合发展的探索,为提炼可复制、可推广的改革经验和举措奠定了基础。目前,主要试点单位的推进情况集中表现在两个方面。

(一)制度建设

在《四川省职务科技成果权属混合所有制改革试点实施方案》发布后,各个试点高校和科研院所迅速开展工作,对试点方案内容进行了详细解读,为具体实施试点工作做好准备,并迅速成立领导小组负责改革工作,设立特定的机构负责具体的不同事项(参见表1)。

表 1 部分试点高校和科研院所制度建设情况

试点单位名称	负责改革工作的组织机构	试点方案
西南交通大学	科学技术发展研究院、国家大学科技园、成都西南交通大学产业(集团)有限公司	《西南交通大学专利管理规定》
四川大学	产业技术研究院	《四川大学科技成果转化行动计划二十二条》
四川农业大学	国有资产运营管理公司、新农村发展研究院、成都都市现代农业产业技术研究院(拟成立)	《四川农业大学推进科技成果"三权"改革总体方案(试行)》
成都中医药大学	创新科技研究院、新型产业技术研究院、中医药知识产权运营中心	《成都中医药大学职务科技成果权属混合所有制改革试点工作推进方案》《成都中医药大学激励科技创新十二条政策》
成都理工大学	产业技术研究院(与科技园合署办公)	《成都理工大学大学专利管理办法》

续表

试点单位名称	负责改革工作的组织机构	试点方案
四川理工学院	拟成立资产公司、研究院	《四川理工学院关于促进科技成果转移转化的实施办法》
攀枝花学院	改革试点工作领导小组、科研处、大学科技园管理委员会办公室	《攀枝花学院职务科技成果权属混合所有制改革试点推进方案》
西南科技大学	科技成果转移转化工作领导小组、技术转移中心	《西南科技大学科技成果转化实施办法》
四川省科学技术信息研究所	改革试点工作领导小组	《四川省科学技术信息研究所职务科技成果混合所有制改革实施方案》
四川省自然资源科学研究院	科技成果转化领导小组、科技成果转化与科技服务办公室	《四川省自然资源科学研究院职务科技成果权属混合所有制改革试点工作推进方案》
四川省农业机械研究设计院	科技成果转移转化工作领导小组、科技成果转移转化管理办公室	《四川省农业机械研究设计院职务科技成果权属混合所有制改革试点实施方案（暂行）》

（二）权益分配

在改革试点前期工作准备结束后，各单位进行了关于确权分割比例的方案制订。其中，四川大学结合学校学科门类众多的特点，形成了科学合理、精准的分割确权评议流程：职务科技成果完成人选择与学校共同作为"成果所有权人"，可享受50%～90%的成果所有权，并按所有权权属比例享受相应的权益；结合学科特点，细分几大类资源使用系数，并且明确了资源占用使用系数的计算方法，根据科技成果形成过程中所获得的财政资金的比例以及占用公共资源的情况来计算，老师最多可以获得90%的所有权份额。其他试点单位多以西南交通大学的权益分配方案为基准，将学校与个人的所有权份额比例确定为3∶7左右（参见表2）。

表 2 部分试点单位权益分配方案

试点单位名称	个人或课题组	学校或科研院所
西南交通大学	70%	30%（学校占15%，完成人所在二级单位占15%）
四川大学	50%~90%	10%~50%
四川农业大学	75%	25%（学校5%、学院20%）
成都理工大学	70%~80%	20%~30%（学校与学院按1:1分配）
四川理工学院	70%	30%（学校20%、二级学院5%、成果转化服务人员5%）
攀枝花学院	70%~90%	10%~30%
西南科技大学	80%	20%
四川省草原科学研究院	70%	30%
四川省原子能研究院	≥40%	≤60%
四川省中医药科学院	80%（团队负责人可享有50%以上的收益）	20%
四川省农业机械研究设计院	70%	30%（设计院10%、成果完成人所在部门10%、工作中心10%）

三、混合所有制改革动力机制的理论诠释

（一）公立机构科研成果的"反公地悲剧"

在高校知识产权问题上，无论是坚守原有国有化管理体系，还是以分割确权作为有效激励手段，都面临着高校科研成果"反公地悲剧"的事实。高校科技成果转化中的难题，其核心均在于产权，"过度集中"或"过度分散"都可能形成"悲剧"。当前我国高校职务科技成果的"悲剧"的形成机制是我国公立性质高校的成果产出受限于制度所赋予的过强排他权，使得高校职务科技成果的转化过程艰难。集体属性的高校科技成果具有产权制度边界明确、产权归属清晰的特点。集体产权的科技成果权属姓"公"，如果在"公地"中的任何一个当事人使用该资源，哪怕是研发者本人使用，都会影响

甚至损害高校集体的利益,存在高校成果转化的负面外部性问题,稍有不慎可能会触犯法律。从高校职务科技成果转化的本质而言,转化就必须投入智力、人力、物力和财力。智力方面需要发明人持续跟进成果的转化,寻找技术与商业应用的结合点——没有其他人比发明人更了解自己的成果,缺少发明人投入的转化过程必然受挫。

(二) 改革创新中的政策试点机制

在政策试点和政策扩散过程中,不仅自主试验点面临着合法性问题,支持并推行试点的地方政府也同样面临着实施的合法性问题。一所高校的试点改革可以被地方政策支持从而获得合法性,然而地方的政策必须有中央政府的支持才能推行。我国地方政府政策创新和改革试点得以推行的合法性框架在于:我国在八大创新改革试验区推行全面创新改革,而这一创新改革框架的模糊性和创新空间边界的不确定性赋予了地方政府改革的自主性和试错空间,尤其当政策改革的对象是同样具有不确定性的创新成果时,这一自主试错的应允范畴更大。这一有限度但并未明确边界的试错机制,给予了改革者一定的自由发展空间。不但地方政府得以实施改革试点,推行职务科技成果混合所有制改革和其他自主探索的形式,更基层的主体进行改革试验的尝试时,也同样被允许在当前和未来一个时期内在有掌控的情形下充分试错。高校职务科技成果混合所有制改革的政策创新路径如图1所示。

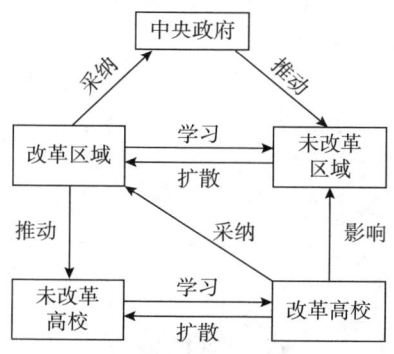

图1 高校职务科技成果混合所有制改革的政策创新路径

（三）职务科技成果权属改革中相关主体的价值实现

（1）政府。地方发展需要人才和高质量创新成果。在全面创新改革下，地方政府需要探索促进创新发展的新方法和新路径。职务科技成果混合所有制在风险可控的情形下，发挥了职务发明闲置利用的高价值，推进科技成果转化实现并产生社会效益，加速实现了高校创新资源、创新人才、创新成果优势向社会溢出。

（2）企业。对企业尤其是高新技术企业而言，科技成果是发展的基础。这些成果的高价值能够为企业带来广阔的发展前景，高校科技成果的成功转移转化能够帮助企业打开市场。职务科技成果混合所有制改革使得企业对接高校科技成果的渠道更为多元和灵活。企业能够与高校、人才和科技成果实现联结，开发市场所需要的高价值产品，从而提高竞争力。

（3）高校。高校通过职务科技成果混合所有制改革可以调动科研人员创新创业的积极性。职务科技成果混合所有制改革将有利于高校专利申请数量与质量的提高，挤出高校垃圾专利"泡沫"，有利于形成产学研用协同创新机制，有力提升高校综合竞争力和社会影响力。

（4）成果发明人。职务科技成果混合所有制和高校科技园等校办企业的转化服务，使得科技成果发明人能够迅速将成果转化收益周期从原来的数年时间大幅缩短为短短几个月，极大减少职务科技成果转化冗余程序和时间成本。高校发明人将成为最大受益者，使得更多职务发明人"名利双收"。

（5）成果转化人。科技成果转化机构和转化从业人员的发展必然要求以科技成果转化为导向，一方面是转化的成果能够获取，另一方面是成果的转化能够实现，两个方面均指向了当前的管理体制。职务科技成果混合所有制有望扭转科技成果转化的惨淡局面，并推动以科研人员为主导的初创公司数量增加，倒逼技术中介市场和机构的发展。

四、数据发现

本文以在川高校为分析对象，选取四川省本科层次的公办普通

高校（以下简称"样本高校"）作为样本进行数据采集。❶

（一）专利发展总体趋势

1. 发明专利数量趋势

如图 2 所示，样本高校年发明专利申请数量增长趋势显著，专利成果披露数量逐年增多。2016 年后，样本高校年发明专利申请和公开数量趋势形态开始分化：年申请数量在 2016 年增长趋势放缓，2017 年达到顶峰 14 738 件后呈下降趋势；而年公开数量在 2016 年后仍持续呈现线性增长形态，2015 年后披露现有科研成果数量增速加快。2017 年，样本高校发明专利公开数量在 2008～2018 年首次超过申请数量。2016 年以后，样本高校职务发明专利成果的披露数量快速增加，高校职务发明人趋于以更加积极的态度向所在单位披露自己的专利研发成果。

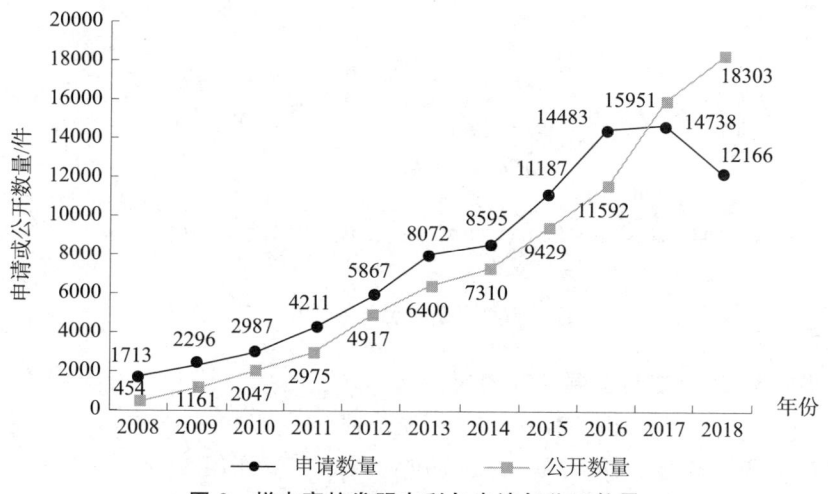

图 2 样本高校发明专利年申请与公开数量

---

❶ 数据来源：Incopat 专利数据库。在采集中，限定以样本高校作为申请人采集 2008～2018 年的专利数据。数据采集时间为 2019 年 4 月 2 日～4 月 14 日。基于专利申请共采集总体分析数据（过滤外观设计）85 996 条；采集改革与未改革高校发明专利（包括申请和授权，删除申请专利中已被授权的重复专利）数据 37 961 条。数据检索日期为 2019 年 4 月 14 日，数据共 89 311 条；过滤掉外观设计专利，得到 85 996 条数据。

2. 发明专利转化趋势

如图3所示，2015年后，样本高校职务科技成果年专利转让数量明显增长。这与2015年我国修正《中华人民共和国促进科技成果转化法》（以下简称《促进科技成果转化法》）的时间较为吻合。此外，四川省出台系列支持政策，对高校发明专利转让产生正向刺激影响。而与之相对比，样本高校年发明专利许可数量多年来一直较少，且在2015年后呈下降趋势。综合来看，这与各高校的专利许可支持政策体系不完善有关。

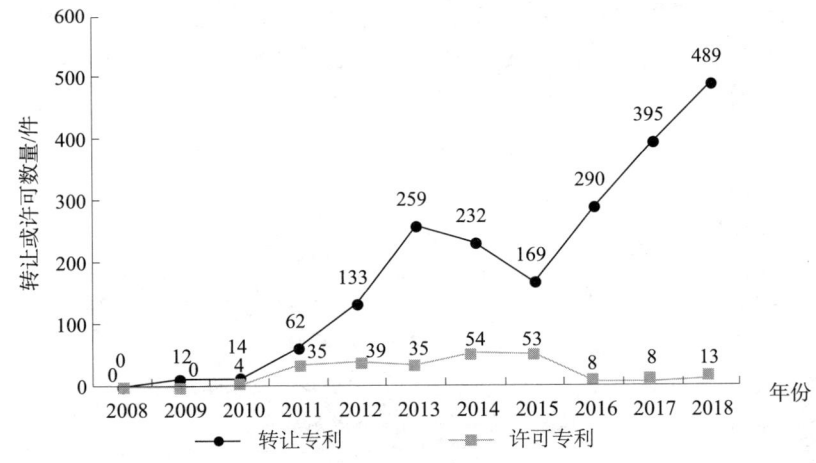

图3 样本高校发明专利年转让与许可数量

3. 发明专利发展状况的对比

为进一步分析2016年试点改革对试点高校的影响，本文将在川普通高校分为改革试点组和对照组，试点组参与了2016年的改革，而对照组则未参与。由于四川省内普通高校之间的发明专利数量差距较大，基于各高校2008~2018年的发明专利数据，按公开数量排名前10位分别选取改革高校与未改革高校作为分析样本。该样本中的发明专利年公开与转让情况对比如图4和图5所示。

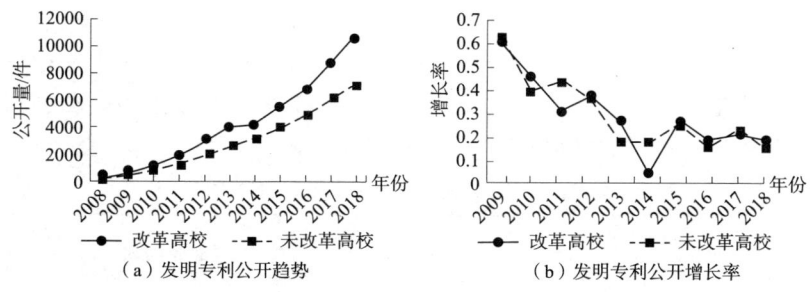

(a) 发明专利公开趋势　　　(b) 发明专利公开增长率

图 4　部分试点改革高校与未改革高校发明专利公开情况

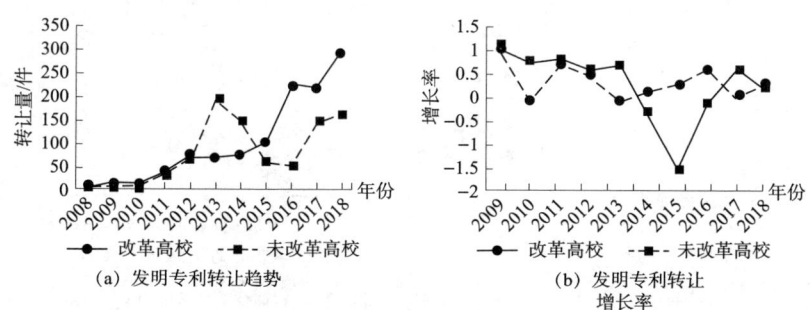

(a) 发明专利转让趋势　　　(b) 发明专利转让增长率

图 5　部分试点改革高校与未改革高校发明专利转让情况

样本中两组高校的区别在于改革高校接受了 2016 年四川省职务发明权属改革的政策干预，其发明专利转让大幅增长发生在 2016 年前后，这与四川省推进高校职务发明权属改革在时间上基本吻合；而未改革高校在 2013~2017 年发明专利转让数量的 "V" 形变化原因还有待进一步探明。

（二）发明专利质量分析

为进一步研究 2008~2018 年四川省高校发明专利的发展趋势，探究职务科技发明权属改革对高校发明专利质量的影响，课题组选取部分具有代表性的发明专利质量指标，对样本高校的发明专利质量进行评估分析。

1. 发明专利总体质量对比

（1）发明专利质量评价指标体系

既有研究常常以技术、法律和经济三个维度衡量专利的质量，然而专利质量一般与技术高低、保护强弱和应用领域广度等相关，且专利质量不因转化与否以及经济价值可否实现而改变。本文仅针对基于技术先进性和文本撰写质量的专利质量选取技术与法律两个维度的对应指标展开研究，具体如表3所示。

表3 本研究的发明专利质量评价体系

一级编码	维度	二级编码	分维度	评价指标	指标内涵
A	技术维度	A1	技术应用长度	被引用数量	总共被引用次数，表征对专利技术的影响程度
		A2	技术应用广度	分类号跨度	分类号跨IPC分类程度，跨度越大则技术应用越广
		A3	技术成熟度	说明书页数	专利技术越成熟，其专利说明书越详尽
		A4	技术领域影响	专利同族数	专利同族数能够一定程度上反映该项专利的领域和技术影响
B	法律维度	B1	权利保护范围	权利要求数	权利要求数量代表保护全面程度
		B2	时间保护范围	专利存活期	专利授权存活期越长，时间保护范围越长

（2）改革试点前后发明专利质量对比

借鉴既有专利质量判断方法，分别运用极值法和功效系数法进行无量纲化处理。在数据分析过程中，由于专利申请和专利授权之间存在巨大时间差异，将专利寿命纳入分析时结果有显著偏差，因此将专利存活期指标剔除，以被引用数量、分类号跨度、说明书页数、专利同族数、权利要求数为指标。

（3）数据处理结果

指标等权化并保留数据中的差异性，对采集到的专利指标数据进行线性变换实现无量纲化，使结果落在［0，1］区间，并以均值作为每项专利综合得分得到2008～2018年前述20所样本高校的发明专利质量发展趋势如图6所示。

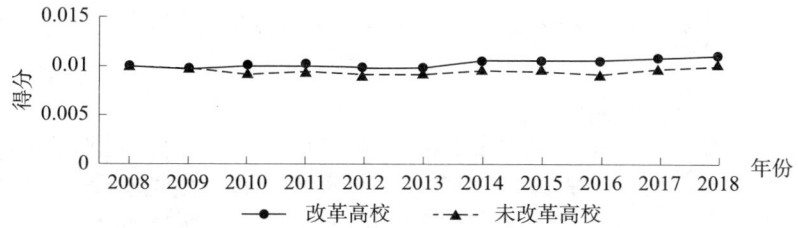

图6 在川改革高校与未改革高校基于极值法的发明专利质量对比

如图7所示,从计量统计视角看,高校发明专利质量变化及差异不明显。2008～2018年,四川高校发明专利质量缓慢提升,与数量的增长相比,质量提升较为缓慢。

2. 发明专利数量与质量的校际对比

为进一步考察前述20所高校发明专利质量情况,对各高校纳入本次分析中的有效发明专利数量和质量进行分析。

(1)数量趋势对比

如图7所示,部分在川高校间的有效发明专利数量相差悬殊,高校间及川内不同区域间高校创新实力差异较大;有效发明专利数量上电子科技大学居于榜首,其次为四川大学及西南交通大

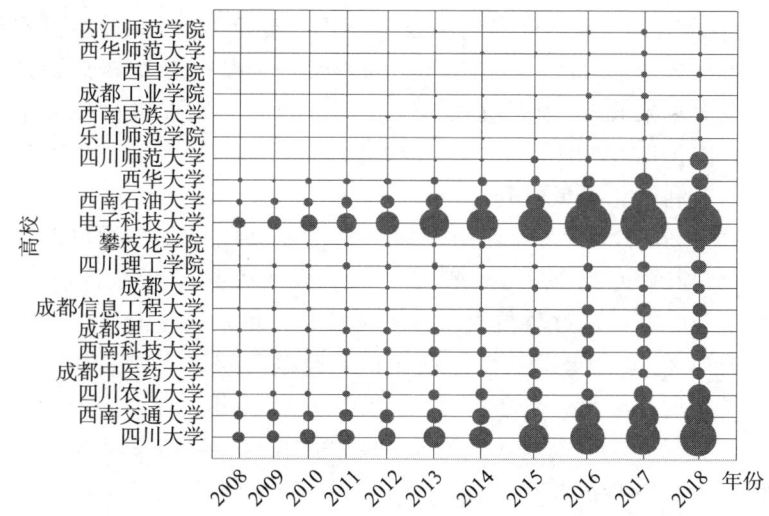

图7 2008～2018年样本高校有效发明专利数量趋势对比

学。此外，数据显示，自 2012 年以后，部分在川高校专利数量剧增。

(2) 质量动态对比

以安德鲁斯曲线原理分析，可知改革高校的发明专利质量较为稳定和一致，而未改革高校的专利质量则有一定的分散。这反映出改革高校在专利质量稳定性方面较未改革高校具有明显优势。在未改革高校中，发明专利数量较少的普通高校，其专利质量各年份波动较大。结合纳入本次分析中的高校类型和高校实际情况分析聚类效果可知，在川高校的专利质量管控和把关程度不一。虽专利质量总体并未呈现重大差异，但是各高校的专利质量管理水平不一，尤其以创新资源少、专利数量不多的高校专利质量波动更为明显。

(三) 西南交通大学专利发展状况的个案分析

西南交通大学被誉为科技成果权属改革的"小岗村"，在全国高校中率先开展试点探索，引起各方广泛关注。如图 8 所示，除专利申请的数量逐年增加外，2017 年西南交通大学专利申请中的发明专利申请占比达到至该年的历史最高值，结构优化明显；同时，2016 年改革试点前后的专利失效率极低，接近 0 值。在改革试点正式政策出台前的 2010～2015 年，西南交通大学的专利转让、许可职务发明成果共 14 项，收入 158 万元。2015 年《促进科技成果转化法》修正以及 2016 年 1 月 "西南交大九条" 实施后，西南交通大学的专利转化数量骤升。

截至 2019 年 5 月，西南交通大学已经完成了 222 项知识产权的确权，其中专利 185 项；学校与职务发明人共同申请了 20 多项职务发明专利，通过科技成果分割确权、作价入股注册成立高科技创业公司 24 家，知识产权评估作价入股总值超过 1.3 亿元，带动社会投资近 8 亿元。与之相对应，2010～2015 年，西南交通大学转让、许可职务发明成果 14 项，收入 158 万元，申请费、维持费和专利奖金支出 900 万元。

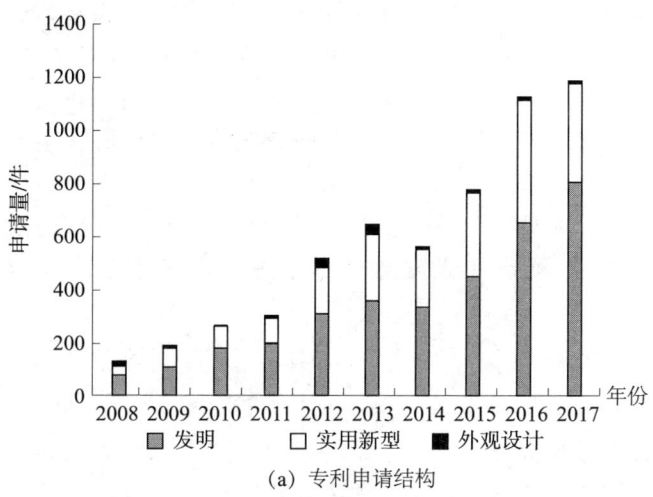

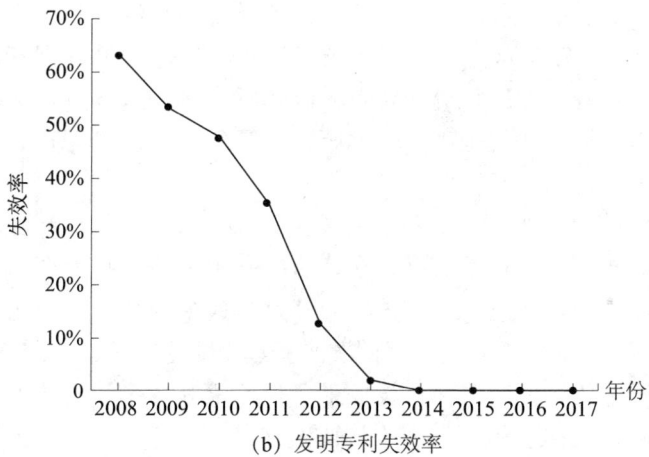

图 8 西南交通大学专利申请结构与发明专利失效率变化

五、"下半场"改革政策建议

（一）优化职务科技成果混合所有制改革的法律政策环境

课题组认为，"权属约定契约化"作为现有立法框架下最具可操作性的路径手段，应成为下一阶段四川推进职务科技成果转化的突破口和着力点。我国职务发明创造权归属于单位是基本原则,但在这一原则之上,若发明人同单位之间有与此不同的约定,则法律尊重双方之间的协议,优先按照协议确定权利归属。我国现有的法律机制并没有充分发挥契约机制在职务发明创造权属认定方面的上位作用。此外,应将具有专业技术职务且依然从事本领域科研活动的"双肩挑"人员与一般党政领导干部加以区分,解决高校科技成果转化中党员领导干部廉洁自律相关规定和制度的"卡脖子"问题。

(二) 依据不同单位和不同技术属性分类推进

(1) 针对单位属性。一是高校。对已有的科技成果进行筛选,筛选出可以进行混合所有制改革的发明,并建立相应的科技成果转化的归口管理部门,进行科技成果转化工作。二是科研院所。对于基础性、公益性科研院所,在积极推动混合所有制改革工作的过程中,通过尝试政府技术购买或者技术转化与应用补贴等配套政策方式助推成果转化应用;对于转企科研院所,在深入分析其科技成果转化规律与特殊性的基础上,比照企业职务科技成果管理方式制定权属和相关转化政策措施。

(2) 针对技术属性。一是基础性技术。此类技术市场前景较弱。针对此类职务科技成果,在筛选的基础上,依托混合所有制改革进一步推动其衍生应用性技术的开发与成果转化,并制定相应的具体政策与措施。二是应用性技术。建议通过科学、合理的确权,确立针对单位、发明人和科技成果转化单位等各参与主体的有效激励机制,制定相应的政策加速其转化。

(三) 分析资源要素投入,规范确权程序

确权工作应充分考虑所秉持的基本原则和规律,科学确定资源要素投入与产出的关系,合理并有效地对科技成果权益分配进行统筹、分类和计算,制定行之有效的实施细则。高校和科研院所应结合单位以及学科特点,根据在成果形成中使用的财政资金和学校公共资源的情况,确定确权分割的程序、原则、流程。参与试点的科研院所在上述方面的问题更为突出,要重视单位属性、功能定位、

运行机制、评价体系、利益分配、机构和人员配置结构等方面的差异化政策引导。

（四）理顺相关主体责任、权利、权益和风险关系

基于"风险共担、利益共享"的原则，要建立单位内部主体的收益分配机制的数理模型，建立科学、可行的指标，量化各个主体所承担的风险、所付出的投资（包含资金、人力成本、知识等），最后综合考虑主体各方的投资及其承担的风险，建立合作收益分配比例模型。还应通过财务严格记录其每个环节的资产变动与资金运动，围绕成本计量、价值评估、转化交易、收益分配、审计调查等方面开展流程再造，加强合规性管理，在资产收益和支出两条线上控制高校职务科技成果转化的财务风险。

（五）加快高校职务科技成果转化的专业化进程

培育和建设依托于高校的科技成果转化主体机构，探索建立一批围绕职务发明成果的专业化确权评估、风险预警、转化服务机构与平台。科技成果转化主体机构是产学研环节中的另一重要链条，是促进技术成果从高校向企业转化的中介组织或技术的直接实施方，也是加速高校创新成果与产业融合的助推器。

参考文献

[1] 陈柏强，刘增猛，詹依宁. 关于职务科技成果混合所有制的思考 [J]. 中国高校科技，2017（S2）：130-132.

[2] 韩秀成，李牧. 关于建设知识产权强国若干问题的思考 [J]. 管理世界，2016（5）：1-8.

[3] 马天旗. 高价值专利筛选 [M]. 北京：知识产权出版社，2018：113-126.

[4] 唐良智. 下放处置权扩大收益权探索所有权：创新高校职务科技成果管理制度的思考与实践 [J]. 求是，2014（7）：53-54.

[5] 吴寿仁. 科技成果转化热点问题解析（三）：再谈科技成果混合所有制 [J]. 科技中国，2017（8）：30-33.

[6] CRESPI G，GEUNA A，NOMALER O，et al. University IPRs and knowledge transfer：is university ownership more efficient？[J]. Economics of innovation & new technology，2010，19（7）：627-648.

[7] EJERMO O, KÄLLSTRÖM J. What is the causal effect of R&D on patenting activity in a "professor's privilege" country?: evidence from Sweden [J]. Small business economics, 2016, 47 (3): 677-694.

[8] HALILEM N, AMARA N, OLMOS-PEÑUELA J, et al. "To own, or not to own?": a multilevel analysis of intellectual property right policies' on academic entrepreneurship [J]. Research policy, 2017, 46 (8): 1479-1489.

北斗卫星导航系统专利风险和机遇*

周胜生　曾燕妮　王力维　刘庆琳　方　勇　赵　哲　杨　钊
彭　桃　刘俊源　杨　祺　张　颖　王超群　李　玢　吴　龙
刘永辉　付少帅　田俊峰　安　杰　孙　玮

　　北斗卫星导航系统（以下简称"北斗系统"）是我国自主建设、独立运行的卫星导航系统，是为全球用户提供全天候、全天时、高精度的定位、导航和授时服务的国家重要空间基础设施。2020年7月31日，习近平总书记出席北斗三号全球卫星导航系统建成暨开通仪式，并指出，北斗三号全球卫星导航系统的建成开通充分体现了我国社会主义制度集中力量办大事的政治优势，对提升我国综合国力、进一步增强民族自信心、努力实现"两个一百年"奋斗目标具有十分重要的意义。

　　卫星导航系统应用前景十分广阔且蕴含巨大商机。欧洲全球导航卫星系统管理局在《2019全球卫星导航系统市场报告》中提到：截至2019年，全球卫星导航系统产业收入已达到约1.18万亿元人民币，并且预计10年后产业收入将翻一番，达到约2.54万亿元人民币。面对如此庞大的市场，英美两国政府曾经因为卫星导航专利纠纷而引发外交事件，[1]由此可见专利在卫星导航产业中的重要作用。本文从专利申请整体态势、重要申请人和关键技术布局等角度对全球卫星导航专利进行分析，并为我国北斗系统健康发展提供专利方面的建议。

---

　　* 本文获第十一届全国知识产权优秀调查研究报告暨优秀软课题研究成果评选一等奖。

　　本文节选自2019年度国家知识产权局优化产业营商环境专利分析和预警工作领导小组办公室组织编写的《优化北斗导航产业营商环境重要创新主体专利政策支撑分析报告》。该报告共6章、21节，全文共21.6万字。

　　因专利申请公开滞后的原因，本研究期间检索的2019~2020年的专利申请量偏小。

一、全球卫星导航专利竞争格局

(一)卫星导航领域全球专利申请态势

截至 2019 年 6 月 25 日,卫星导航领域全球专利申请总量为 112 498 项。中国成为全球最大的技术来源地和目标市场地,其次是美国、日本和欧洲(参见表1)。从技术构成来看,接收机、服务和应用是两大热点研究方向。申请人主要是以高通和电装为代表的美国、日本企业,可见两国在该技术领域较为领先。国内某研究所为唯一进入全球前 10 名的中国申请人。

表 1 卫星导航技术全球专利申请概况

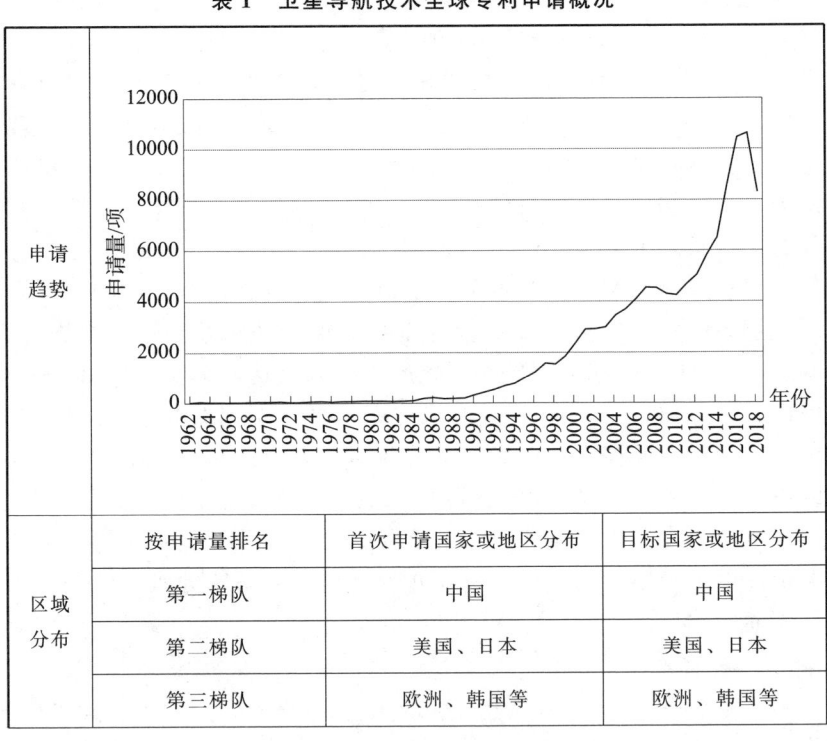

	按申请量排名	首次申请国家或地区分布	目标国家或地区分布
区域分布	第一梯队	中国	中国
	第二梯队	美国、日本	美国、日本
	第三梯队	欧洲、韩国等	欧洲、韩国等

续表

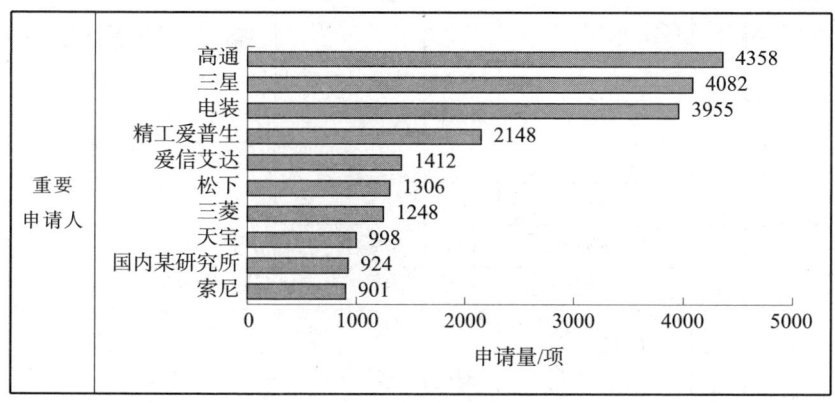

（二）卫星导航领域中国专利申请态势

截至2019年6月25日，卫星导航领域中国专利申请共50 400件。从国内申请人来源看，北京、广东、江苏、上海、四川和湖北排名靠前，反映出这些地区的创新能力和创新水平在全国居前。与全球卫星导航专利一样，接收机、服务和应用是卫星导航领域中国专利申请的重要分支。从公开量和有效量来看，中国申请人表现突出，占据了前5席中的3席（参见表2）。

表2 卫星导航领域中国专利申请概况

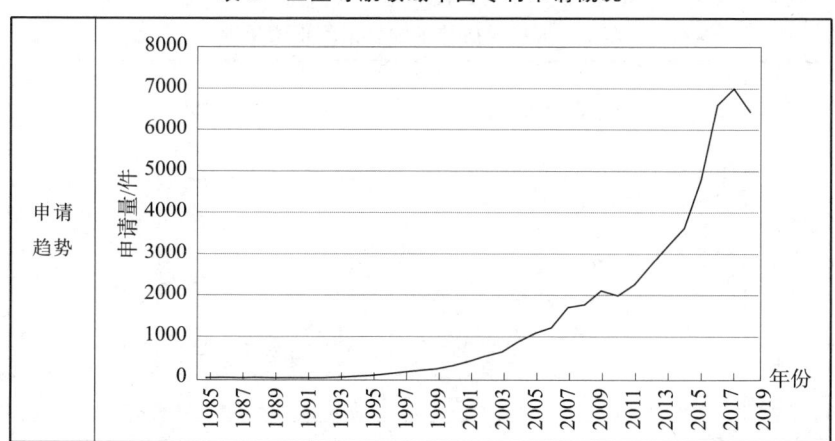

续表

	名次	申请人	公开量/件	有效量/件	有效量名次	2013～2019年申请总量/件	2013～2019年申请数量占全部公开量之比
专利申请人	1	高通	1392	700	1	727	52.23%
	2	国内某研究所	686	271	2	355	51.75%
	3	精工爱普生	546	151	5	299	54.76%
	4	中国电子科技集团	381	172	4	349	91.60%
	5	中国航天	367	199	3	279	76.02%

(三)卫星导航领域国外来华专利申请态势

截至2019年6月25日,卫星导航领域国外来华相关专利申请共16 534件。从趋势上来看,1985～1993年为技术起步期,1994～2011年为快速增长期,2012～2019年为平稳增长期。国外来华申请主要来源于美国、日本、韩国以及欧洲国家,其中,美日之和占国外来华申请的2/3以上。从占比来看,接收机、服务和应用是国外来华专利申请量最多的两个技术分支。国外来华申请人申请量前5名中,美国、日本各2个,韩国1个(参见表3)。

表3 卫星导航技术国外来华申请概况

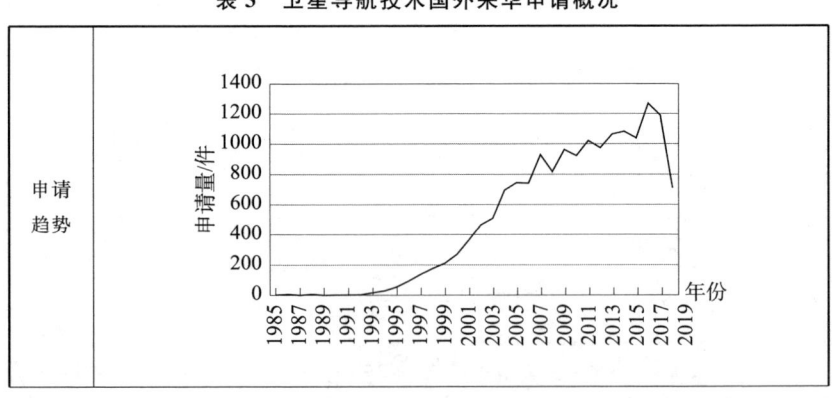

续表

主要来源地申请量	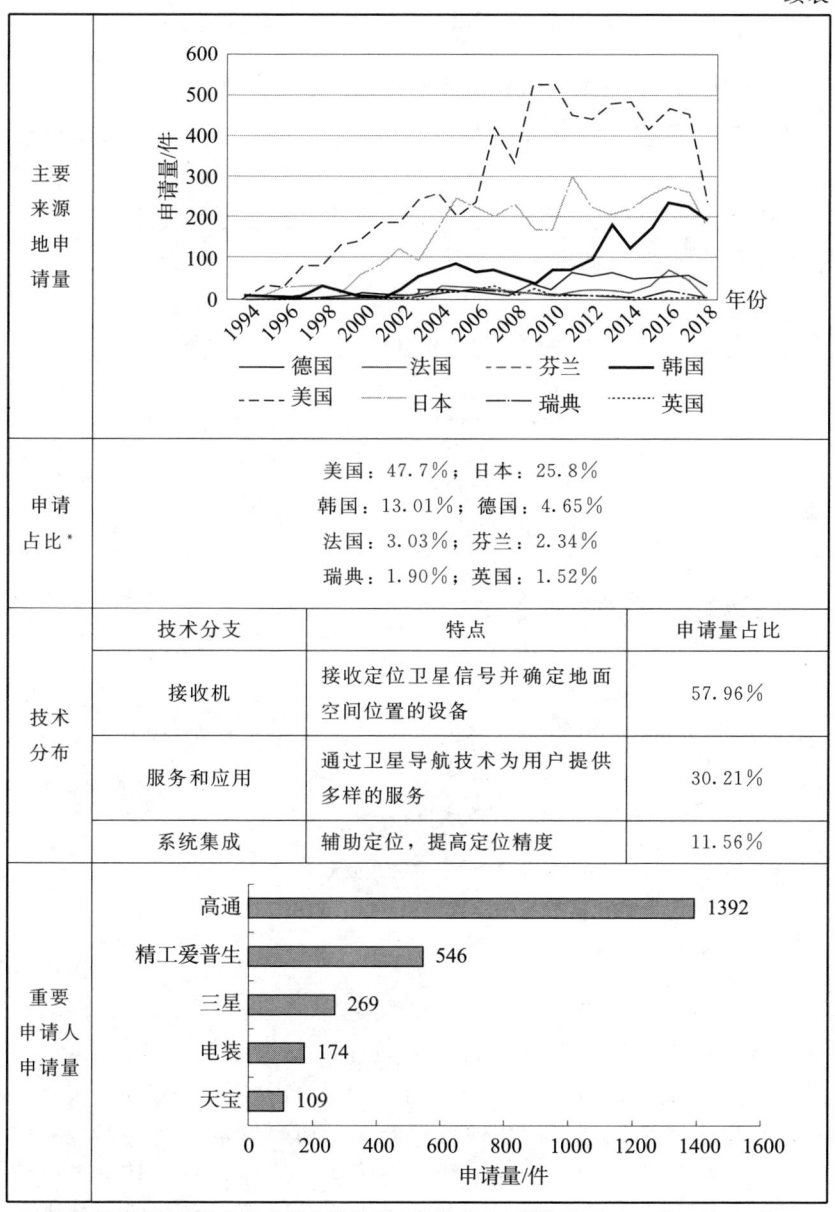
申请占比*	美国：47.7%；日本：25.8% 韩国：13.01%；德国：4.65% 法国：3.03%；芬兰：2.34% 瑞典：1.90%；英国：1.52%

技术分布	技术分支	特点	申请量占比
	接收机	接收定位卫星信号并确定地面空间位置的设备	57.96%
	服务和应用	通过卫星导航技术为用户提供多样的服务	30.21%
	系统集成	辅助定位，提高定位精度	11.56%

重要申请人申请量	
	高通：1392 精工爱普生：546 三星：269 电装：174 天宝：109

注：卫星导航国外来华专利申请量前8名的占比，数据截至2019年6月25日。

二、卫星导航产业重要申请人布局策略

(一) 全球重要申请人专利申请技术分布

在卫星导航领域，全球专利申请量排名前10位的申请人分别是高通、三星、电装、精工爱普生、爱信艾达、松下、三菱、天宝、国内某研究所、索尼。上述部分申请人在重要技术分支上的专利申请量分布情况如图1所示。

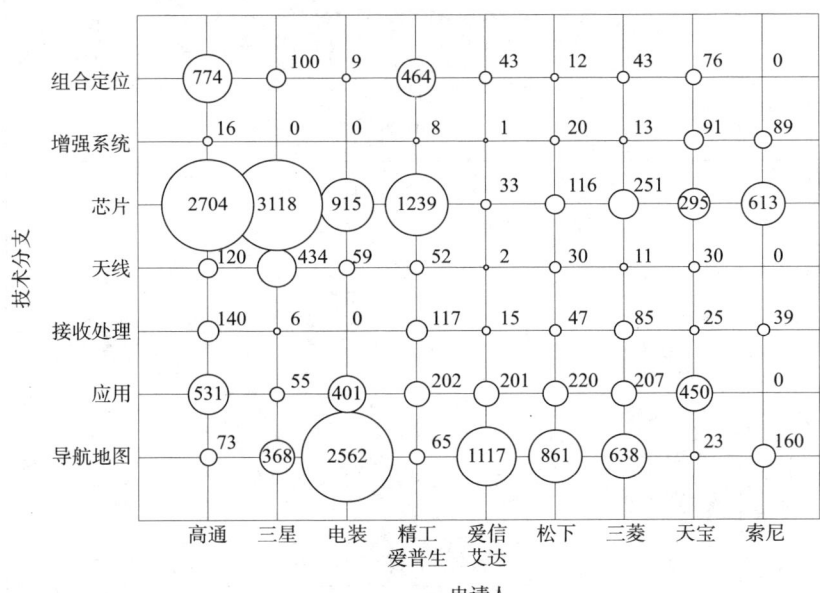

图1 卫星导航技术全球重要申请人二级技术分支构成分布

注：图中数字代表申请量，单位为项。

高通的申请主要集中在芯片。高通凭借自身在2G/3G移动通信领域的技术优势以及在手机芯片行业的龙头地位，迅速从博通、SIRF等公司占据主导地位的市场中抢占了自己的一席之地。此外，高通在增强系统领域以及其他技术分支也均有少量的专利布局。申请量位居第二、第四的三星和精工爱普生与高通一样，其重点申请领域也集中在芯片设计领域。日本的电装和美国的天宝的专利申请分别集中在导航地图及服务和应用领域，反映出这两家公司的主要

创新方向集中在未来热点领域。

（二）高通专利布局分析

高通以 4358 项的全球专利申请总量位居卫星导航领域所有创新主体首位，在华专利申请为 1392 件。从技术分布来看，高通在接收机、系统集成以及服务和应用领域都实现了全面布局。

1. 技术分布

在高通卫星导航领域全球技术分布中，接收机技术的占比高达 68％，这与其世界知名通信和芯片厂商的地位相吻合；系统集成与服务和应用领域的占比相当，分别为 18％、14％。尤其在射频前端处理模块、基带数字信号处理模块和天线等卫星导航接收机硬件领域，高通的专利运营可谓独树一帜，始终将企业的发展定位在产业技术的顶端，只生产最核心的部件——芯片，而将其他涉及制造的技术都许可出去。因此，高通的专利申请中，接收机领域的专利申请 90％以上是针对芯片的，而芯片的关键技术主要包括接收信号的射频前端处理模块（约占芯片专利总量的 12％）及处理信号的基带数字信号处理模块（约占芯片专利总量的 88％）。高通在基带数字信号处理模块方面主要的改进包括通过优化芯片制造以实现低功率、小尺寸及高结算速度等，在射频前端处理模块方面主要的改进包括在放大器、混频器、振荡器以及接收机整体等方面实现小型化、抗干扰、多系统兼容等（参见表 4）。

表 4　高通全球卫星导航专利技术分布

一级分支		二级分支		三级分支	
名称	申请量/项	名称	申请量/项	名称	申请量/项
接收机	2964	芯片	2704	基带数字信号处理模块	2390
				射频前端处理模块	314
		接收处理	140	捕获跟踪	78
				抗干扰技术	51
				抗多径技术	11
		天线	120	普通天线	96
				智能天线	18
				测量型天线	6

续表

一级分支		二级分支		三级分支	
名称	申请量/项	名称	申请量/项	名称	申请量/项
系统集成	790	组合定位导航	774	无缝室内外组合定位	599
				惯性导航系统组合	175
		增强系统	16	星基增强	13
				伪卫星	3
服务和应用	604	应用	531	其他	367
				智能交通	159
				精细农业	4
				资源测绘	1
		导航地图	73	路径规划	52
				地图更新	21

2. 创新动向

从创新动向来看，2015～2019年高通在卫星导航领域的全球专利申请总量为1717项。其中，排名前5位的三级技术分支的专利申请量占比达到94%，分别为基带数字信号处理模块、无缝室内外组合定位、射频前端处理模块、惯性导航系统组合以及智能交通（参见图2）。基带数字信号处理模块以及无缝室内外组合定位作为排名前两位的技术分支，也是高通持续开展专利布局的重点。通过对其相关专利技术的分析可知：高通在基带数字信号处理模块方面正向芯片小型化、低功耗、高灵敏度、多模化，以及导航芯片与通信、多媒体和辅助GPS定位技术融合的集成化等方向发展；在卫星导航芯片接收方案上也呈现出由纯硬件到纯软件的多样性变化；而在无缝室内外组合定位方面，高通仍将对"GPS+蜂窝网络+其他"技术进行研究，但研究重点已开始逐步向"短距离无线通信""无线传感器"或其组合技术转移。

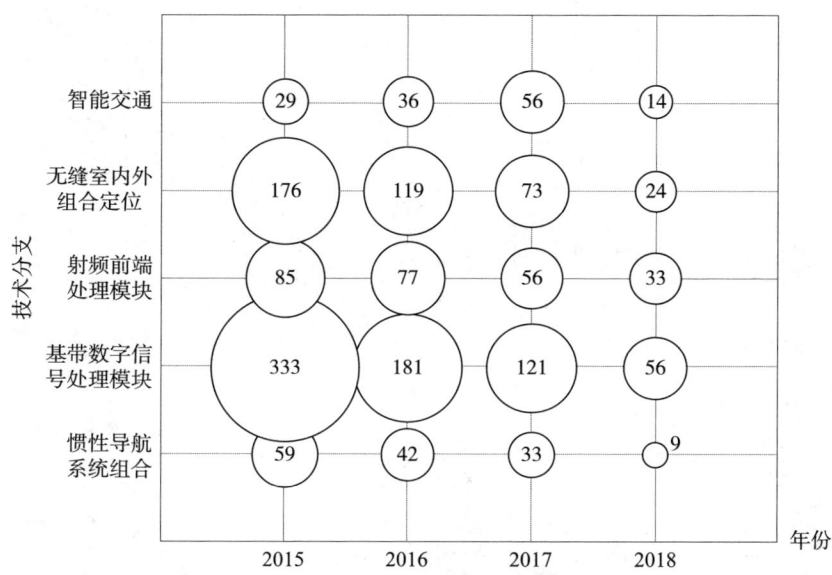

图 2 2015～2018 年高通卫星导航重点技术分支创新动向

注：图中数字代表申请量，单位为项。

3. 关键技术发展路线

按照专利同族和被引证次数对高通的全球重要专利申请进行筛选，可见其主要集中在射频前端处理模块（42项）、无缝室内外组合定位（34项）、基带数字信号处理模块（15项）三个三级分支，这与其全球专利申请整体情况相一致。在此以射频前端处理模块为例介绍其技术发展路线：在射频前端整体领域，技术发展的重点始终围绕在能够兼容多系统、多模式方面；在放大器领域，技术发展的重点始终围绕在改进线性以及消除噪声方面；在下变频混频领域，技术发展的重点始终围绕在频率控制方面，通过控制频率参考来保证温度瞬变和多普勒误差的系统中的载波信号频率大体上恒定（参见图3）。

（三）三星专利布局分析

三星在卫星导航领域的全球专利申请量为4081项。从1995年开始，其全球专利申请量持续增长，2015～2017年每年都在300项以上。三星在卫星导航领域的来华专利申请量为269件。

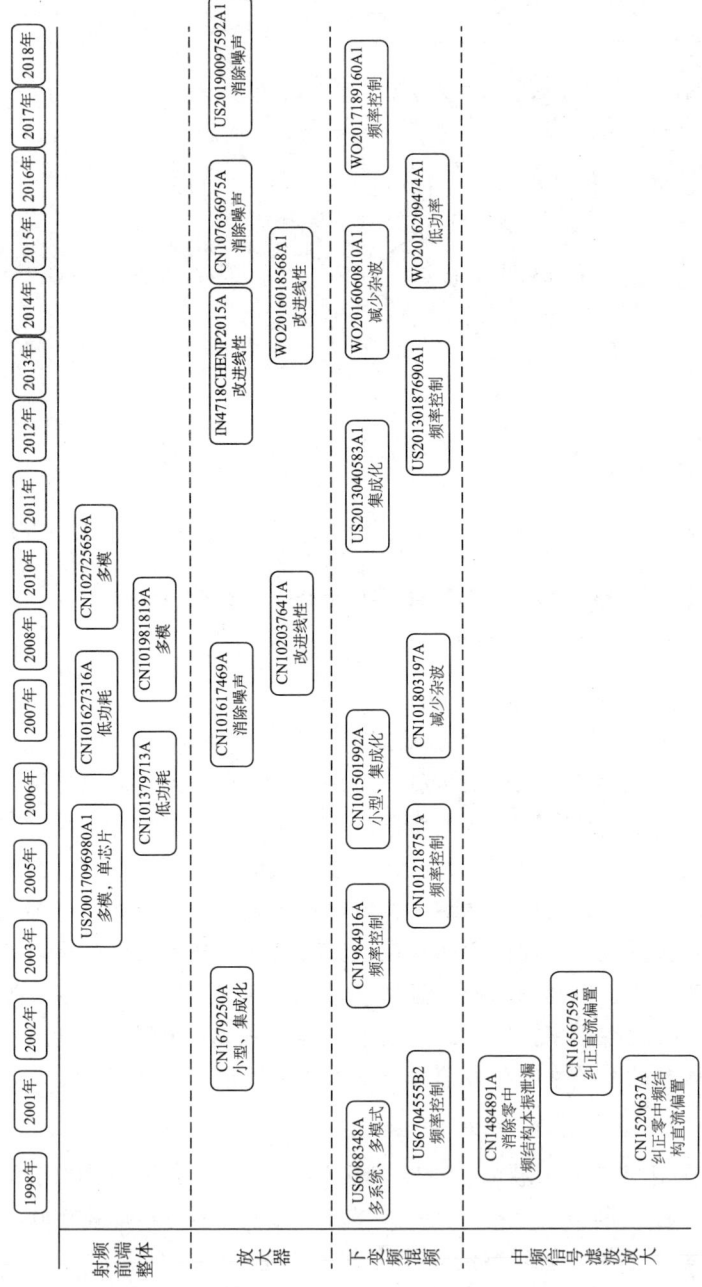

图 3 高通射频前端处理模块技术发展路线

1. 技术分布

从表 5 中可以看出,三星涉及接收机相关技术的申请量最多,高达 3558 项,占总申请量的 87.18%,这也与该公司在半导体器件、无线通信领域的全球地位相吻合;服务和应用次之,共计 423 项,占比 10.37%;系统集成申请量相对较少,共计 100 项,占比 2.45%。

表 5　三星卫星导航技术全球专利申请分布

一级分支		二级分支		三级分支	
名称	申请量/项	名称	申请量/项	名称	申请量/项
接收机	3558	芯片	3118	基带数字信号处理模块	2573
				射频前端处理模块	545
		天线	434	测量型天线	314
				智能天线	10
				普通天线	110
		接收处理	6	捕获跟踪	5
				抗干扰技术	1
系统集成	100	组合定位导航	100	惯性导航系统组合	68
				无缝室内外组合定位	32
服务和应用	423	导航地图	368	地图更新	147
				路径规划	221
		应用	55	智能交通	51
				资源测绘	4

2. 创新动向

三星在卫星导航领域 2015~2019 年的专利申请总量为 1728 项。其中,排名前 5 位的技术分支的专利申请量占比达到 85.13%,分别为基带数字信号处理模块、测量型天线、路径规划、普通天线和射频前端处理模块。

(1) 排名前 5 位的技术分支情况

如图 4 所示,2015~2019 年三星的申请集中在芯片领域(申请量为 872 项),占比达 50.46%,这与其世界知名半导体芯片厂商的业界地位相吻合,同时也说明三星近几年并未放松在芯片领域的专利布局。而芯片领域中的基带数字信号处理模块作为负责卫星信号处理和商业价值最高的核心部件，三星与其相关的申请量（791项）占自身芯片领域专利申请总量的90.71%，位居整体首位，并且自2015年以来一直遥遥领先于其他技术分支。三星射频前端处理模块的申请量为81项，占其芯片领域专利申请总量的9.29%，居于整体第五位，发展趋势相对比较平稳。三星测量型天线的申请量为237项，以占比13.71%位于其卫星导航领域申请量第二位。三星在路径规划（申请量为145项）和普通天线（申请量为117项）两个领域的专利申请量相当，分别居于整体第三位和第四位。值得注意的是，2018年三星在普通天线和测量型天线领域的专利申请量出现一个小的峰值，这与三星扩大在天线领域的专利布局密不可分。

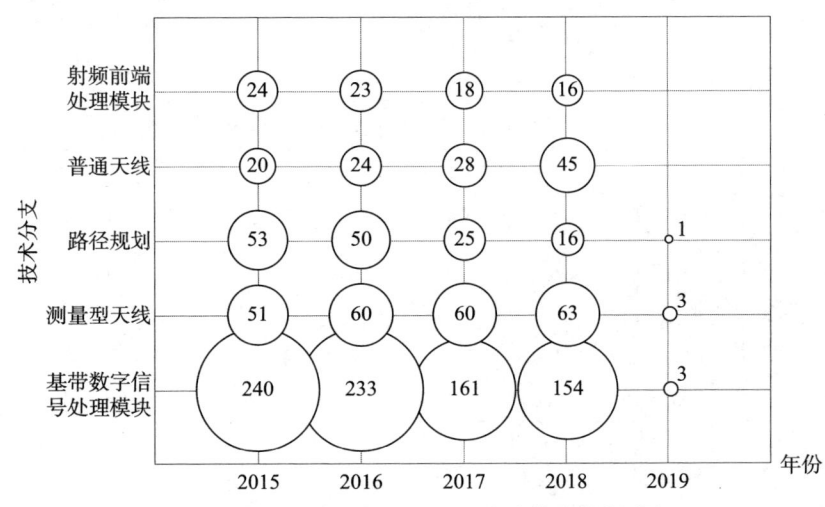

图4　2015～2019年三星卫星导航技术创新动向

注：图中数字代表申请量，单位为项。

（2）持续开展专利布局的重点技术

基带数字信号处理模块以及测量型天线作为三星申请量排名前2位的技术分支，同时也是三星持续开展专利布局的重点。

基带数字信号处理模块作为负责卫星信号处理的核心部件，决定了接收机的定位精度、接收灵敏度、稳定性以及抗干扰和抗多径性能。目前，三星在基带数字信号处理模块方面正向芯片小型化、低功耗、高灵敏度、多星座以及定位导航芯片与通信、多媒体和辅助 GPS 定位技术融合的集成化等方向发展，在卫星导航芯片接收方案方面也呈现出由纯硬件到软件接收机的多样性变化。例如，公开号为 US20190204452A1 的专利通过逐位修改 GNSS 接收机中的本地生成的代码，以便在接收卫星生成的代码信号时减小自相关中的偏移峰值，进而提高 GNSS 接收机的抗多径性能。

三星在测量型天线领域的专利布局主要集中于减低天线干扰、小型化、低成本等方向。公开号为 CN107425283A 的专利用于室外小型基站的 GPS 天线结构，能够减少产品的占用空间，提升产品的美观度，而且无需现场安装，提高了装配效率，节约了成本。公开号为 CN107046165A 的专利具有屏蔽罩和天线的双重功能，节约了产品开发的成本，无需支架部件以及相关的连接部件来固定天线，可以节省无线通信终端内部的空间以及净空区面积，且天线的图案不受限制，容易调试，不影响终端外壳的设计。

(3) 专利布局的新方向

三星在基带信号处理模块领域的专利申请一直都居于龙头地位。随着 5G 时代到来，基于蜂窝移动通信的定位技术正在由米级的深度定位向亚米级定位转换。三星自 2015 年起也致力于研究"GNSS＋5G"的高精度定位，至 2019 年已经申请了接近 20 项相关专利。例如，WO2017105052A1 公开了一种基于中继的通信终端通信方法，包括：获取车辆 GPS 坐标，基于地图信息和 GPS 坐标确定车辆行驶方向，感测车辆的行驶车道，生成包含与 GPS 坐标、行驶方向和行驶车道有关的信息的位置代码，生成包含位置代码的消息并发送。

三、北斗卫星导航专利布局风险与机遇

（一）芯片技术

芯片作为接收机的核心部件，在接收机领域的全球和中国专利申请量占比均接近 75％。三星以 3118 项专利申请位列该领域全球

主要申请人第一位,高通、精工爱普生分别以2704项、1239项位居第二、第三。这三家公司为第一集团。电装、摩托罗拉、诺基亚、国内某研究所、索尼、博通、日本无线为该领域专利申请量的第二集团。申请量排名在前的申请人中,国外是企业占据主导地位,我国以高校、科研院所为主。这反映了我国主要集中于研发,并未达到大规模产业化的程度,芯片的制造与应用方面对国外的依赖较大。芯片领域的重点分支技术包括射频前端处理模块以及基带数字信号处理模块,其中,在该领域全球专利申请中,后者占比约为前者的3倍。

射频前端处理模块主要包括放大器、滤波器、混频器等。提升放大器性能的研究始终是一个热点,以高通为代表的芯片企业对其进行大量专利布局,技术发展的重点始终围绕在改进线性及消除噪声上。国外关于混频器的专利申请较早,如摩托罗拉在1995年即申请了针对消除载频馈送影响和在IF至RF通路中非线性信号失真的专利。我国卫星导航产业起步较晚,国内申请人在该领域的介入时间也晚于全球其他国家/地区的申请人。国内申请人相当一部分是高校、科研院所,它们的申请能否转化为产品还是未知。而国外申请人中,高通、博通、精工爱普生等企业占据主导地位。

基带数字信号处理模块领域早期专注于消除多径误差,以加拿大的诺瓦泰为代表。至2019年,各大公司和科研院所仍在进行基带数字信号处理技术方面的研发,但代表性技术并不多见,申请量也开始逐渐降低。现阶段,基带数字信号处理模块方面的研发仍是重点,研发热点集中于芯片的低功率、小尺寸以及提高解算速度以快速定位等方面。武汉大学、国内某研究所等对基带数字信号处理模块和后期数据处理都进行研究,但是其研发与市场结合不够紧密,研发成果鲜少转化到商业市场。

(二)组合定位导航技术

组合定位导航技术全球专利申请量占系统集成全球专利申请量的83%,重点三级技术分支包括无缝室内外组合定位和惯性导航系统,其中,无缝室内外组合定位在组合定位技术分支中占比较大,约为70%。

无缝室内外组合定位可细分为GNSS＋广域定位技术、GNSS＋局域定位技术和GNSS＋其他定位技术。GNSS＋广域定位技术起步早,申请量最多,已趋于成熟。该分支包括移动网络定位技术和辅助全球卫星定位技术,涉及这两类定位技术的各类定位方法已经在不同蜂窝网络中被标准化。随着5G时代的到来,基于蜂窝移动通信的无缝室内外组合定位技术正在由米级的深度定位向亚米级定位转换,高通近几年也致力于"GNSS＋5G"的高精度定位。GNSS＋局域定位技术是近年研究的热点,代表技术有Wi-Fi、蓝牙、RFID、ZigBee等。GNSS＋其他定位技术中的视觉识别和伪卫星等也是近期的研发热点。

惯性导航系统组合不仅可增强系统可靠性,同时也可降低系统成本,在军事和民用领域拥有巨大市场价值。目前惯性导航系统广泛应用在航空、航天和航海等定位精度要求较高的领域中,因此,该分支在组合定位导航技术中的占比也不容小觑。惯性导航系统是目前的研究热点,国内的科研院校在该方面有很大的研发热情,包括北京航空航天大学、东南大学、国内某研究所和哈尔滨工程大学等。

（三）导航地图和应用

服务和应用在卫星导航所有一级技术分支中增长速度最为迅猛。与前两个分支不同,国内申请较为活跃的创新主体还包括很多创新型企业,如华测导航、四维图新、大疆等。服务和应用包括导航地图和应用。从全球来看,二者各占半壁江山,但在中国,应用方面申请量远高于导航地图申请量,接近后者的2倍,这与目前导航地图技术较成熟有关。在导航地图方面,路径规划专利申请量是地图更新的3倍,处于主导地位；而在应用方面,资源测绘（9058项）和精细农业（7583项）涉及的专利申请量较多。

路径规划除应用经典算法解算外,近些年,其呈现多样化,体现在考虑增加代价函数、提高路径规划选择的便捷性及精确性。日本已具备相当成熟的技术以及产业链,该领域全球专利申请量排名前 10 位的申请人均是日本的公司，分别是爱信艾达（960 项）、电装（878 项）、阿尔派（595 项）、丰田（455 项）、三菱（445 项）、松下（365 项）、先锋（353 项）、纳维泰（323 项）、日产（316 项）和日立（224 项）。而国内申请人中，四维图新也有一定专利储备，可以继续加强专利布局。

申请人在资源测绘方面注重对其他定位技术的研发，如激光、惯性导航系统等。全球排名前 10 位的申请人中，有 4 家来自日本，为三菱（150 项）、自动车株式会社（92 项）、日本电气（83 项）、东芝（73 项）；4 家来自美国，为拓普康（223 项）、法如（128 项）、卡特彼勒（115 项）、天宝（96 项）。可见美国和日本优势巨大。值得注意的是，排名靠前的中国申请人中，高校和科研院所居多。根据中国专利 2017～2019 年的研发活跃度统计得出：精细农业的研发活跃度最高。中国专利申请在该领域起步稍晚，但一直呈增长态势，2013 年后呈指数型增长。精细农业领域全球前 10 位的申请人中，中国占 4 席（大疆、国内某研究所、国家电网、华南农业大学），这足以说明中国在精细农业领域已走在世界前列，宜继续加强专利布局。

四、结论和建议

通过对卫星导航产业整体情况和卫星导航领域专利情况的分析，得出卫星导航产业发展存在的特点：一是全球卫星导航专利申请起步较早，我国在该领域的专利申请后来居上，但主要集中在国内进行布局，全球化布局意识稍弱；二是从技术构成来看，接收机、服务和应用是卫星导航全球专利申请的重点分支，其中接收机中的芯片技术，服务和应用中的应用、导航地图技术是申请人关注的重中之重；三是全球卫星导航专利重要申请人主要来自美国和日本企业，代表为高通和电装，显示出两国在该技术领域较为领先，而中国申请人以高校和科研院所为主。

为促进北斗系统产业高质量发展，提高企业竞争力，以下从专利布局、高价值专利培育和促进转化运用等方面提出建议。

（一）加强重点技术研发，培育高价值核心专利

重点加强对短报文技术、信号调制技术、"北斗＋5G"技术等的研发，培育北斗系统特色技术高价值专利。

随着北斗三号全球卫星导航系统部署完成，作为该系统的优势功能，短报文通信服务将迎来功能性的全面升级。短报文技术作为一项北斗系统特色技术，建议围绕其进行专利重点培育和部署。导航信号体制设计是卫星导航领域竞争特别是产业博弈的核心。中国高校、科研院所已认识到这一基础性技术的重要性，已从调制方式、扩频码等多环节进行新技术研发，并申请专利（例如清华大学的信号制式系列专利申请）。而对于芯片、增强系统等重点技术，车载、移动终端等重点应用领域，企业也应加大技术研发，促进技术攻坚并培育高价值专利。

"5G＋北斗"是引导高价值专利组合的一个着力点。随着5G时代的到来，"北斗＋5G"有望在无人机、车辆监控等更广泛的领域应用，这将进一步促进北斗系统增值服务的应用普及和多样化发展，也能够给北斗系统产业带来更广阔的市场。特别是在我国5G领域的标准必要专利数量居世界领先位置的情况下，应以"北斗＋"为契机，加强卫星导航企业与"5G"企业技术合作，统筹高价值专利培育。

（二）围绕重要技术标准布局标准必要专利

目前，高通和天宝已针对卫星导航系统标准进行了专利布局，其中某些专利可能影响我国相关标准的实施。而我国已发布涉及卫星导航技术的标准33项，需要及时对相关标准进行专利转化，布局标准必要专利。

随着"北斗＋"应用步入深入推进阶段，北斗系统标准体系也会随之越来越完善，后续可能会发布更多涉及相关技术的标准。例如，随着北斗三号全球卫星导航系统星座部署完成，短报文通信服务作为北斗系统一项独特和优势功能，将迎来全面升级。部分企业已积极结合北斗三号全球卫星导航短报文通信技术，针对电力物联网、远洋船舶通信、地质灾害监测等领域开展了方案验证和实验应

用。而从全球范围来看，北斗系统短报文将提供全球服务，为北斗系统开启更多应用，带来更多国际化市场。因此，在北斗系统短报文应用服务使用如此广泛的情况下，后续有望发布针对短报文通信的相关标准。

针对可能发布的技术标准，相关企业应提前进行专利布局，在产品研发和生产过程中，做到知识产权先行，围绕核心技术，进行标准必要专利及其外围保护专利的布局，加强专利与标准的对接。

（三）采取多种手段，促进专利技术转化运用

我国申请人在北斗系统领域虽然申请量增长迅速，申请人数量较多，但整体呈现小、散的分布形态。北斗系统在建设开发过程中，主要依赖高校、科研院所以及部分军工单位，相关专利未充分转化。因此，需采取多种手段，促进卫星导航领域专利技术转化及运用。一是卫星导航领域行业协会可以建立北斗系统专利联盟，并聘请专业知识产权服务机构提供服务，吸引高校、科研机构和企业加入，鼓励联盟内企业开展技术研发合作以及专利许可和转让。二是行业组织搭建服务北斗系统相关企业创新、保障产业健康发展的平台，引导相关企业构建北斗系统专利池，降低专利诉讼的风险。三是建立北斗系统专利数据库，开展分级分类管理，对于高价值专利可以委托专业服务机构开展转化运用，促进专利价值实现。

参考文献

[1] 陈飚. 北斗需谨防专利"核武器"攻击 [EB/OL]. (2013-09-16) [2020-01-01]. http://www.beidou.gov.cn/zt/zscq/201710/t20171011_4246.html.

优化人工智能产业营商环境软硬件及垂直应用领域专利政策支撑分析[*]

邱绛雯　曾燕妮　崔　磊　刘庆琳　谭　雯　郝爱昕
李　岩　杨　华　章　媛　庄彩云　谭岳峰　王国海
王德方　邱立英　詹淑琳　陈　华　袁一民　侯昕煜
　　　　曹　璐　黄付旭　邓　鹏　李明晶

本报告对人工智能产业的发展状况、全球及我国人工智能技术的整体发展趋势进行了分析，重点针对人工智能基础硬件层、核心技术层、智能应用层的全球和中国的专利的发展状况，从优化营商环境的角度为我国政府、产业及创新主体提出在人工智能发展中可采取的措施和建议。

一、人工智能产业发展概况

（一）人工智能是目前世界范围的产业战略焦点

当前人工智能技术以机器学习特别是深度学习为核心，在视觉、语音、自然语言等应用领域迅速发展。世界各国或地区高度重视人工智能发展，美国是第一个将人工智能发展上升到国家战略层面的国家，欧盟、日本等也发布了人工智能相关战略（参见图1）。我国逐渐形成了涵盖计算芯片、开源平台、基础应用、行业应用及产品等环节较完善的人工智能产业链。

---

[*] 本文获第十一届全国知识产权优秀调查研究报告暨优秀软课题研究成果评选一等奖。

本文节选自国家知识产权局2019年优化产业营商环境专利政策支撑分析项目"优化人工智能产业营商环境软硬件及垂直应用领域专利政策支撑分析课题"研究报告（报告共6章，24万余字）。

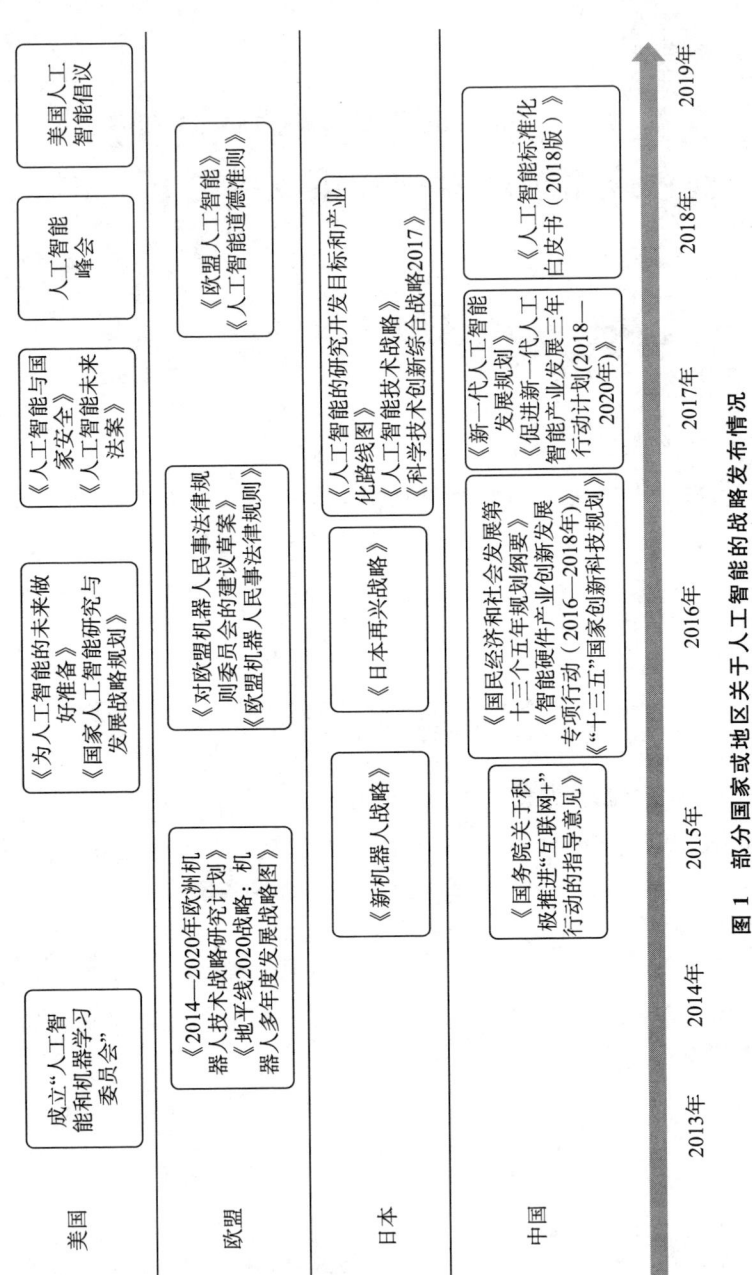

图 1 部分国家或地区关于人工智能的战略发布情况

（二）人工智能产业市场规模稳步增长，我国市场潜力巨大

人工智能的产业链，分为基础层、技术层和应用层。基础层主要包括人工智能芯片及传感器，技术层主要包括语音识别、自然语言处理、计算机视觉及模型算法，应用层主要包括智能机器人、智能驾驶、智能终端、智能医疗、智能家居等。

目前，全球人工智能企业超过5000家，美国在数量上位居第一，中国仅次于美国，北京是企业数量最多的城市。2018年人工智能市场规模已达2697.3亿美元，我国人工智能市场规模约361亿元，且增长潜力巨大（参见图2和图3）。

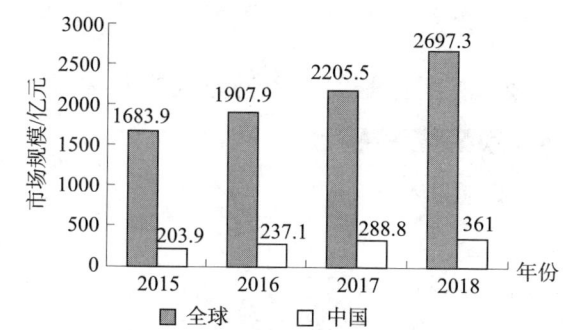

(a) 2015~2018年全球及中国人工智能市场规模

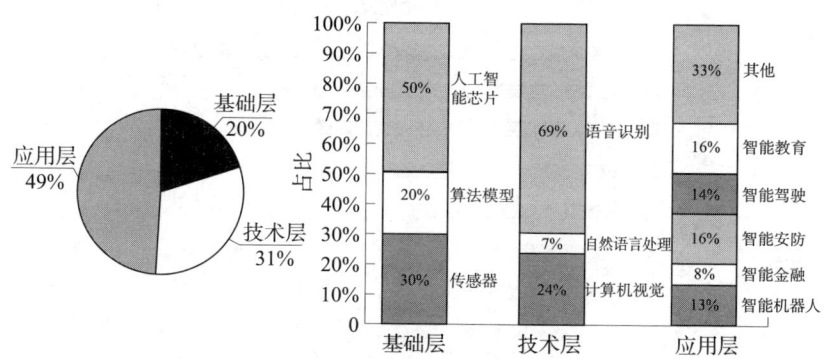

(b) 2019年第一季度全球人工智能产业细分领域市场份额

图2 人工智能市场规模

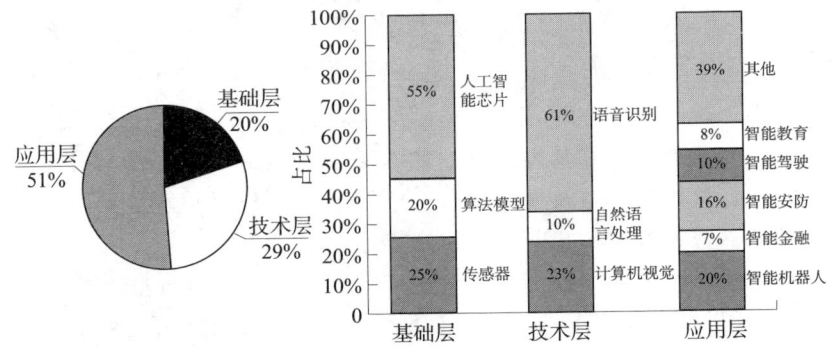

(c) 2019年第一季度我国人工智能产业细分领域市场份额

图2 人工智能市场规模（续）

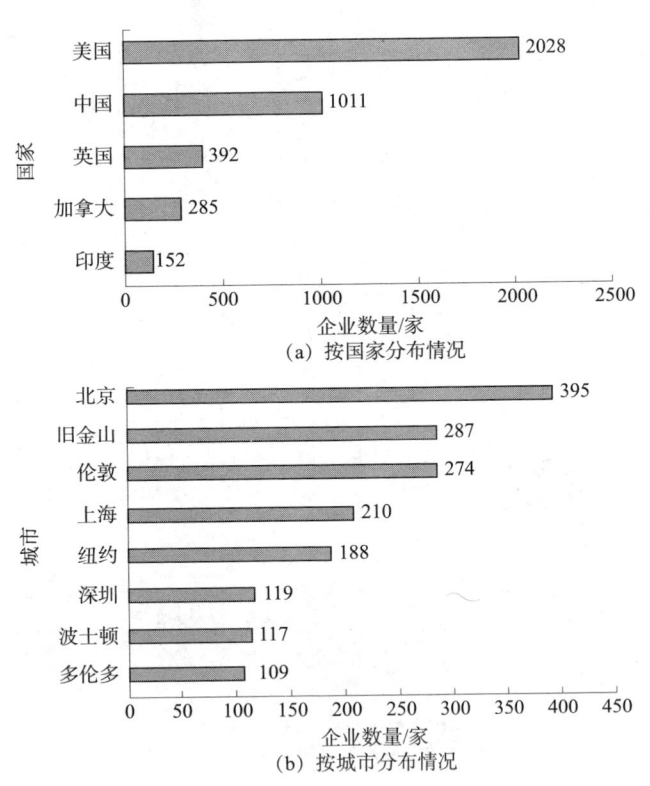

(a) 按国家分布情况

(b) 按城市分布情况

图3 全球人工智能企业主要分布情况

（三）全球及我国人工智能产业面临的问题

全球及我国人工智能产业都面临的问题如图 4 所示。

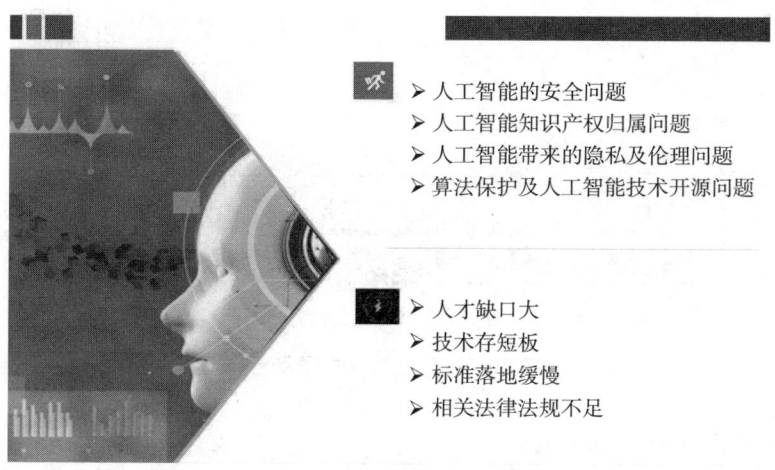

图 4　全球及中国人工智能产业问题

经贸摩擦背景下美国试图全面阻挠我国人工智能产业发展，如图 5 所示。

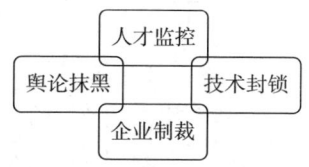

图 5　美国极力阻挠中国人工智能产业发展

二、人工智能总体专利态势分析

（一）专利申请趋势

全球及中国专利申请在 2010 年以后呈现爆发式增长趋势（参见图 6）。截至 2019 年 6 月，人工智能领域全球和中国专利申请分别为 1 181 827 项和 503 360 项。

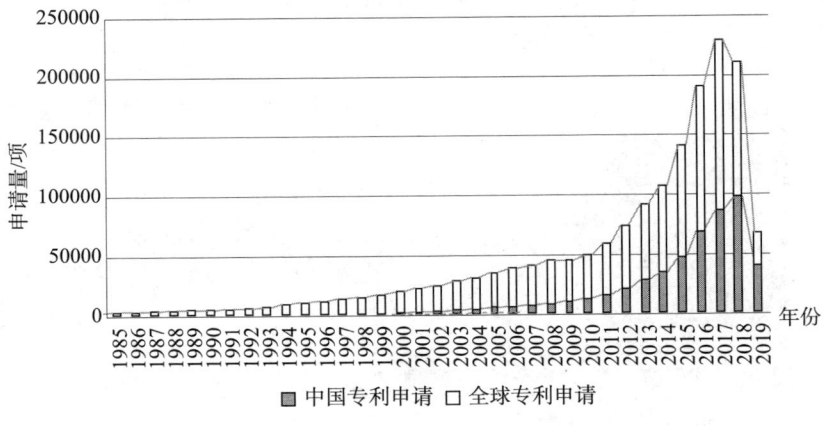

图 6 人工智能领域全球和中国专利申请态势

(二) 产业链状况

将人工智能产业按产业链上、中、下游进行项目分解,结果如图 7 所示。

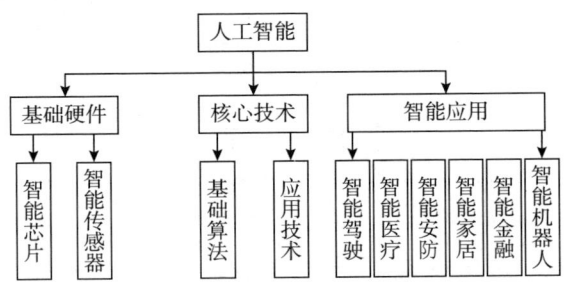

图 7 人工智能产业链项目分解

人工智能产业链各部分的中国代表企业如图 8 所示。

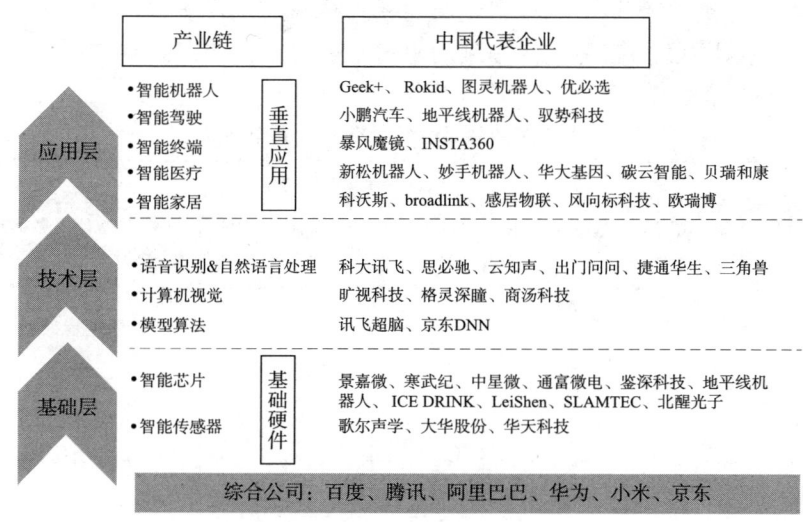

图 8 人工智能产业链中国代表企业

（三）国内创新主体较活跃，专利申请集中在核心技术层及智能应用层

中国的大公司和高校在人工智能领域的专利申请布局较为活跃，如图 9 所示。

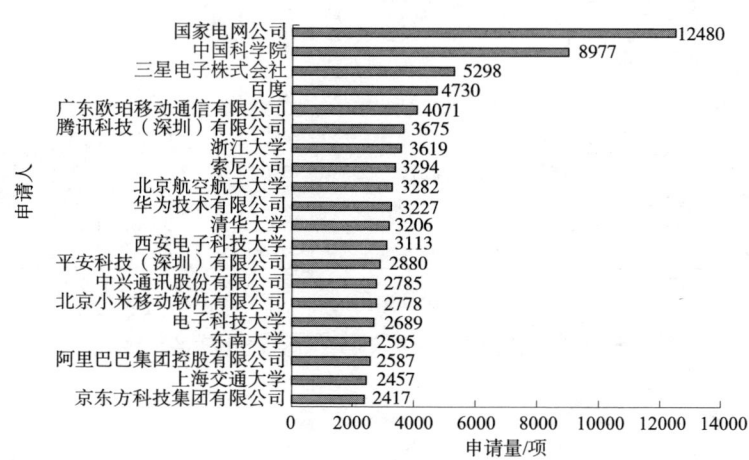

图 9 人工智能领域全球专利申请主要申请人

人工智能领域专利申请集中在核心技术层及智能应用层,芯片领域相对较少,智能应用领域的申请主要集中在智能终端、智能驾驶、智能医疗(参见表1)。

表1 人工智能领域各技术分支专利申请状况　　　　单位:项

年份	技术分支									
	智能芯片	智能传感器	基础算法	应用技术	智能机器人	智能终端	智能驾驶	智能安防	智能家居	智能医疗	智能金融
2000	614	2389	1777	5291	357	3161	982	982	1091	2626	443
2001	645	2654	1962	6012	384	3945	1045	1045	1211	2740	403
2002	725	2866	2038	6261	429	4281	986	986	1532	2932	444
2003	852	3389	2302	6424	457	4977	1073	1073	1969	3256	460
2004	893	3926	2502	6625	492	5219	1230	1230	2265	3784	482
2005	934	4211	2659	7311	477	6036	1312	1312	2516	4203	467
2006	1021	4612	3023	7994	544	6456	1661	1661	2770	4603	606
2007	1027	4562	3385	9010	604	6614	1658	1658	2690	4726	626
2008	1015	5156	3700	9797	705	7375	1845	1845	2894	4676	641
2009	866	4784	3583	9324	641	6706	1829	1829	2801	4738	505
2010	851	5043	3820	9929	645	7634	1912	1912	2776	5178	587
2011	1026	5713	4429	12083	751	9208	2202	2202	3259	5813	678
2012	1245	6588	5797	15830	949	11806	2706	2706	3690	6554	851
2013	1384	7626	7720	18951	1201	13961	3329	3329	4040	7772	1014
2014	1395	8438	10067	21608	1435	16930	4521	4521	4434	8819	1029
2015	1616	9853	13445	27528	1967	22330	7454	7454	5226	10940	1160
2016	2170	11783	20186	32941	3535	28783	13402	13402	5861	13179	1459
2017	2864	12403	30057	39586	4570	30780	18003	18003	5869	14189	1832
2018	2003	7963	33210	35083	4213	17344	12364	12364	4149	11490	1532
2019	516	1912	9410	7947	1056	3668	2927	2927	709	2611	322

三、人工智能芯片领域主要分析结论

(一)美国公司主导技术演进

如图10所示,人工智能芯片的技术演进是由美国公司主导的。

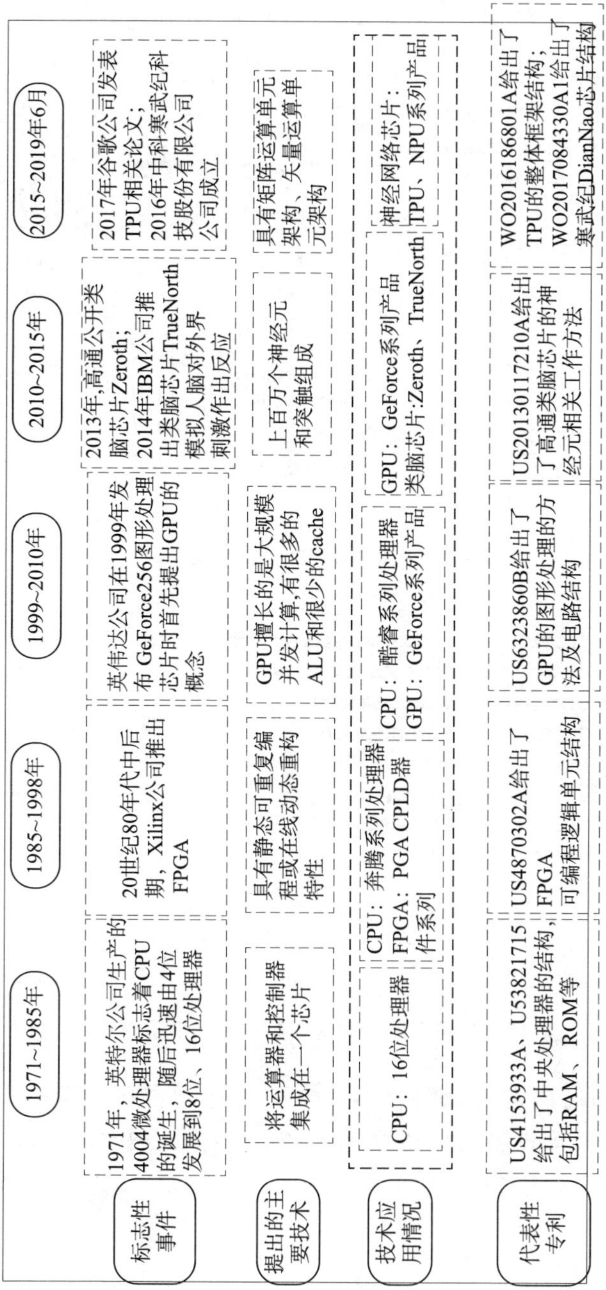

优化人工智能产业营商环境软硬件及垂直应用领域专利政策支撑分析

	1971~1985年	1985~1998年	1999~2010年	2010~2015年	2015~2019年6月
标志性事件	1971年，英特尔公司生产的4004微处理器标志着CPU的诞生，随后迅速由4位发展到8位、16位处理器	20世纪80年代中后期，Xilinx公司推出FPGA	英伟达公司在1999年发布GeForce256图形处理芯片时首先提出GPU的概念	2013年，高通公开类脑芯片Zeroth；2014年IBM公司推出类脑芯片TrueNorth模拟人脑对外界刺激作出反应	2017年谷歌公司发表TPU相关论文；2016年中科寒武纪科技股份有限公司成立
提出的主要技术	将运算器和控制器集成在一个芯片	具有静态可重编程或在线动态重构特性	GPU擅长的是大规模并发计算，有很多的ALU和很少的cache	上百万个神经元和突触组成	具有矩阵运算单元架构、矢量运算单元架构
技术应用情况	CPU: 16位处理器	CPU: 奔腾系列处理器 FPGA: PGA CPLD器件系列	CPU: 酷睿系列处理器 GPU: GeForce系列产品	GPU: GeForce系列产品 类脑芯片: Zeroth、TrueNorth	神经网络芯片: TPU、NPU系列产品
代表性专利	US4153933A、US53821715给出了中央处理器的结构，包括RAM、ROM等	US4870302A给出了FPGA可编程逻辑单元电路结构	US6323860B给出了GPU的图形处理方法及电路结构	US20130117210A给出了高通类脑芯片的神经元相关工作方法	WO2016186801A给出了TPU的整体框架结构；WO2017084330A给出了寒武纪DianNao芯片结构

图10 人工智能芯片技术演进情况

（二）我国通用芯片技术明显落后于美国

1. 2015年后中国的通用芯片专利申请量超越美国（参见图11），但是在通用芯片领域掌握相关技术的重要申请人中排名前四位的均来自美国，美国处于绝对的领导地位（参见图12）。

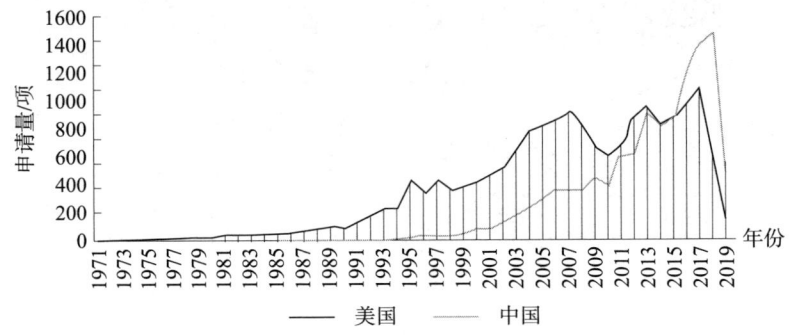

图11　中美通用芯片申请量趋势

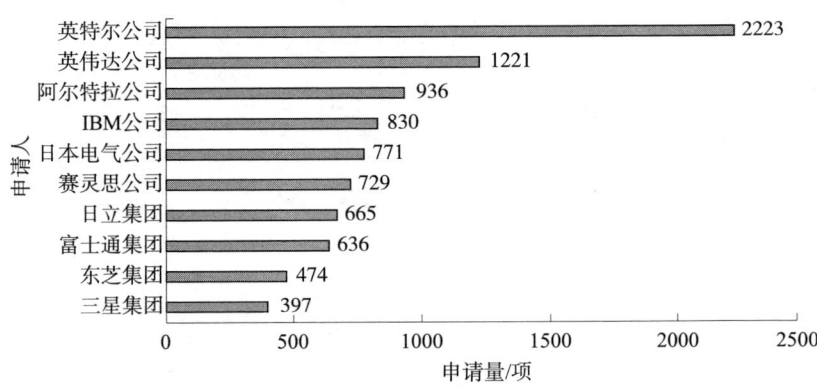

图12　通用芯片主要专利申请人申请量排名

2. 中国通用芯片高价值专利数量处于被美国"碾压"态势。专利价值度在8以上的专利申请量，美国大约是中国的6.8倍（参见图13）。

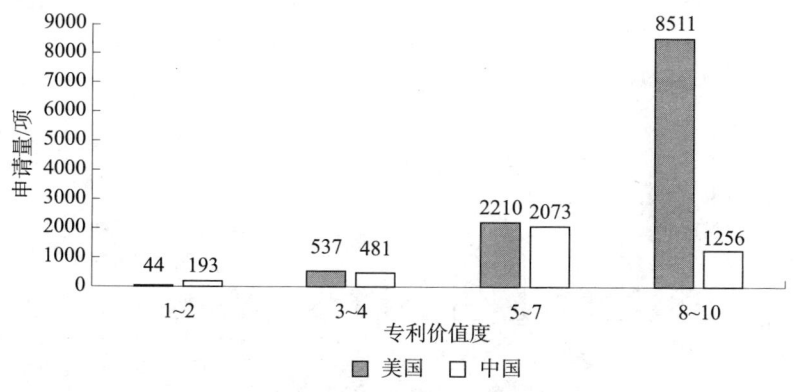

图 13　通用芯片中美专利价值度情况

3. 美国的基础性专利较多，基于基础性专利扩展出的外围专利扩展同族数远超中国（参见图14）。

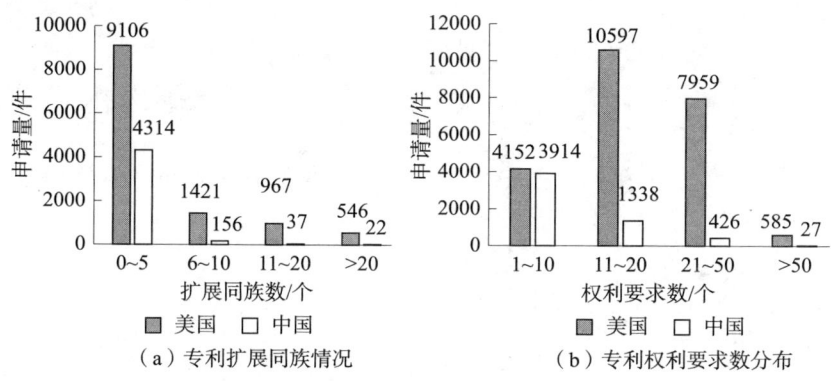

（a）专利扩展同族情况　　　　（b）专利权利要求数分布

图 14　中美通用芯片基础专利扩展同族数和权利要求数分布

4. 美国专利的价值度较高，重要专利、基础性专利的数量远高于我国（参见图15）。

5. 人才团队方面，通用芯片专利申请量前50名的团队中，国内团队仅有3个，其他大部分为英特尔公司、英伟达公司、阿尔特拉公司等行业巨头的研发团队；也存在亚洲人带领的团队，如Liwei Ma 在英特尔公司带领的团队在人工智能芯片领域的专利申请量达到52项。

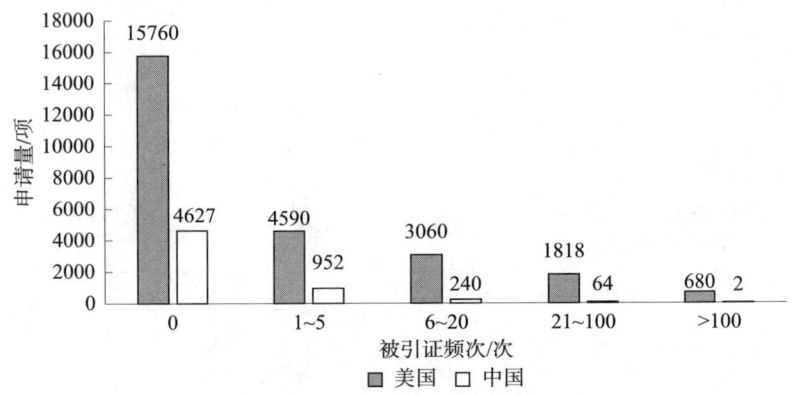

图 15 中美通用芯片专利被引证频次分布

（三）专用芯片方面，我国与美国差距较小，具备"弯道超车"机会

1. 中美两国专利申请量呈同步增长趋势，专利申请量基本持平（参见图16）。全球专用芯片重要申请人有5位来自美国，2位来自中国。其中，IBM公司、谷歌公司、英特尔公司占据前三位，中国科学院位列第四位，中科寒武纪科技股份有限公司（以下简称"寒武纪"）位列第七位（参见图17）。

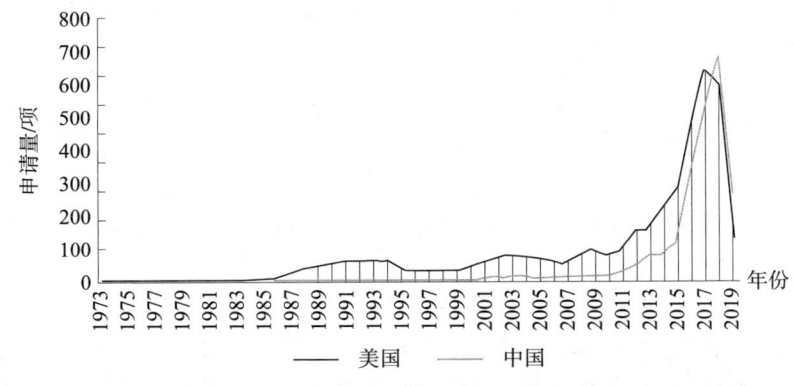

图 16 中美专用芯片申请量趋势对比

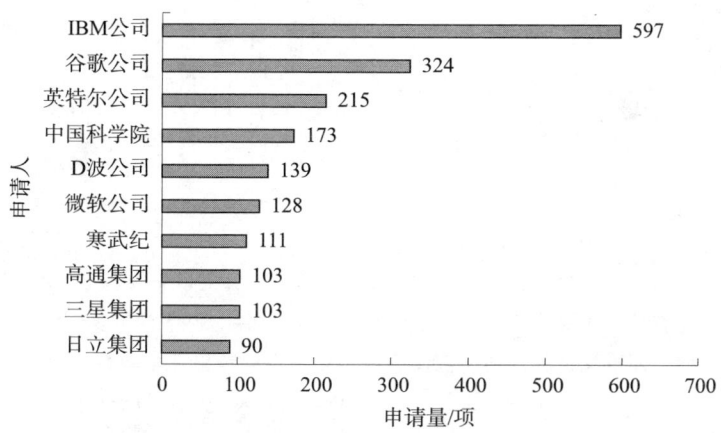

图 17 专用芯片全球主要申请人

2. 专用芯片高价值专利数量（价值度在 8 以上），美国大约是中国的 4.6 倍（参见图 18）。

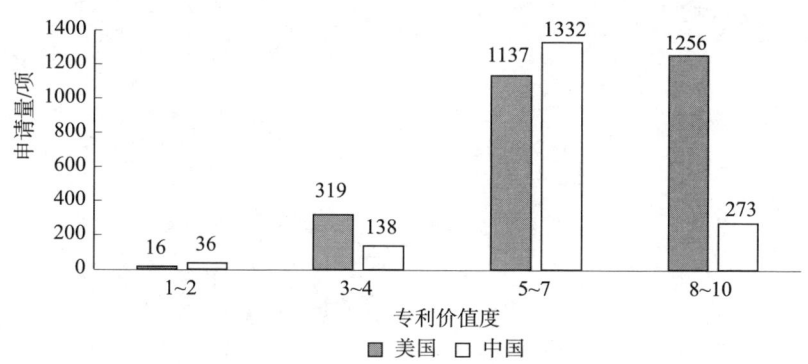

图 18 中美专用芯片专利价值度分布

3. 在深度学习处理器（DPU）方面，专利申请量排名前三位的分别为美国、中国和日本，分别占全球申请量的 39%、37% 和 10%（参见图 19）；在类脑芯片方面，专利申请量排名前三位的分别为美国、中国和日本，分别占全球申请量的 49%、19% 和 12%（参见图 20）；在量子芯片方面，专利申请量排名前三位的分别为美国、日本和中国，分别占全球申请量的 43%、21% 和 15%（参见图 21）。

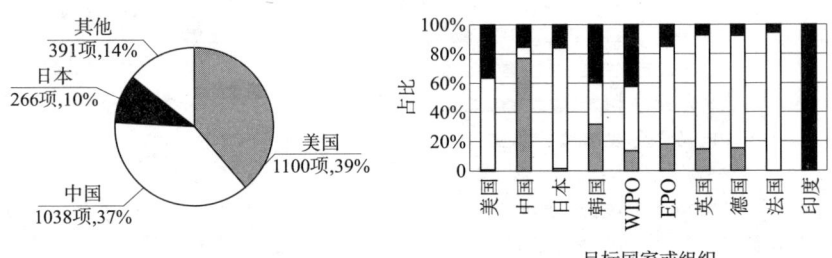

图 19 深度学习处理器主要国家或组织专利申请量及专利有效性分布

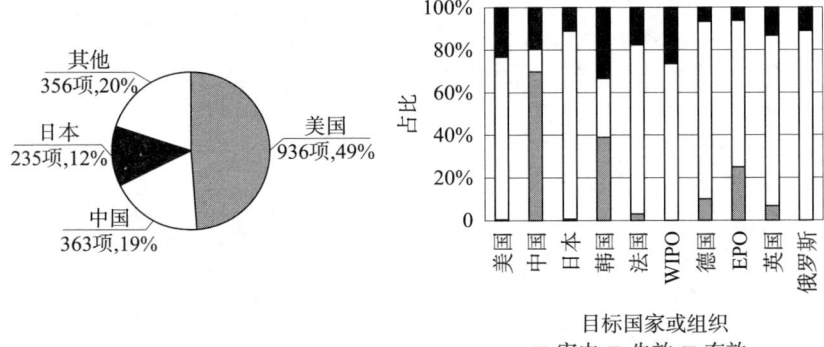

图 20 类脑芯片主要国家或组织专利申请量及专利有效性分布

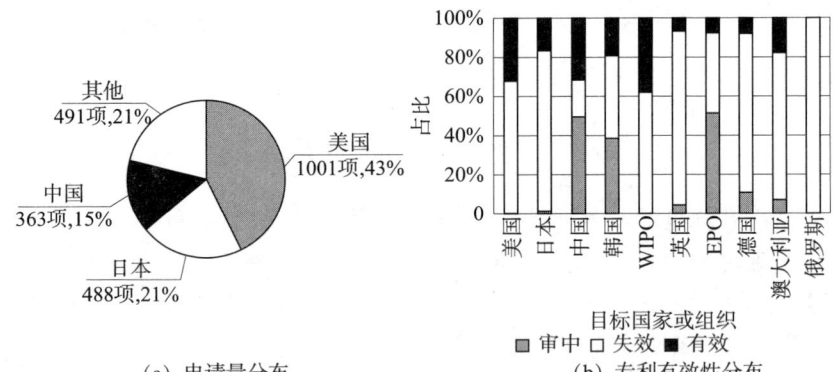

图 21 量子芯片主要国家或组织专利申请量及专利有效性分布

就专利有效性情况来看,美国在DPU、类脑芯片和量子芯片的有效专利量最多,但中国的有效专利量与失效专利量的比值在全球最高,说明我国有效专利量相对失效专利量占比较高,专利稳定性较高。

4. 如图22所示,在专用芯片领域,中美两国专利申请的技术构成存在较明显差异:中国技术占比排名依次为DPU、类脑芯片和量子芯片,三者差别较大;美国DPU、类脑芯片和量子芯片三者的占比相差不大。

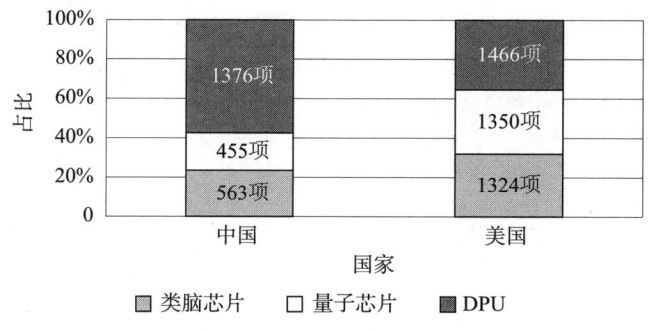

图 22 中美专用芯片专利申请技术构成对比

5. 主要创新主体在DPU领域主要将运算、存储器和控制作为布局的重点(参见图23),在类脑芯片领域将神经元和突触作为布局重点(参见图24),在量子芯片领域将量子线路、量子计算等作为布局重点(参见图25)。中国的高校和科研院所在专用芯片领域研究较多,美国创新主体主要为几家芯片巨头。

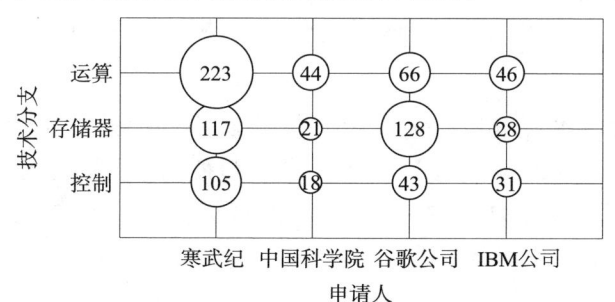

图 23 DPU领域主要创新主体专利技术布局

注:图中数字代表申请量,单位为项。

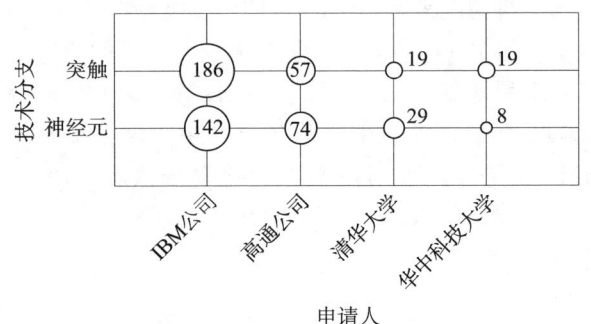

图 24 类脑芯片主要创新主体专利技术布局

注：图中数字代表申请量，单位为项。

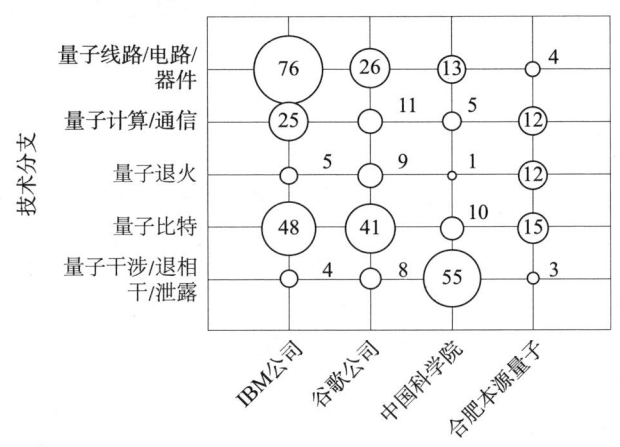

图 25 量子芯片领域主要创新主体专利技术布局

注：图中数字代表申请量，单位为项。

6. 专用芯片领域国内人才团队较多，排名前 50 位的团队中，国内人才团队达到 20 个，占比 40%；国外也有由亚洲人带领的团队，如 Lin Yang 所在的 Gyrfalcon Technology Inc. 在美国硅谷专注人工智能芯片领域，研发能力较强。

（四）中国在营商环境方面，省市级政策与国家推进的政策有所差异，专利申请量随政策相应提升；人工智能芯片相关政策提升芯片企业融资活跃度

如图26所示，中国从2010年开始出台人工智能芯片产业相关支持政策，2016年以来对人工智能芯片相关产业给予较高重视，2016～2019年总共出台了50项支持发展人工智能芯片相关产业的政策。

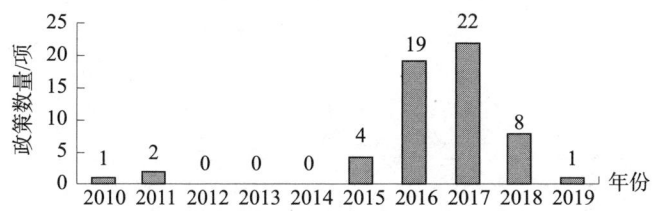

图26　人工智能芯片产业国内相关政策出台数量

如图27所示，中国国家级政策关注点在集成电路和芯片，省级政策关注点在半导体器件和材料，市级政策关注点在材料和集成电路。省市级政策与国家推进的政策有所差异，各省市相关政策中较多涉及半导体、材料以及集成电路等制造领域，而对具有"弯道超车"机会的人工智能专用芯片涉及较少。

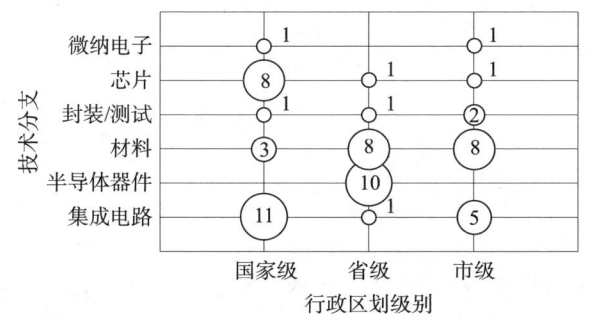

图27　国内各行政级别人工智能芯片相关政策关注点分布

注：图中数字代表申请量，单位为项。

国内出台的人工智能芯片相关产业政策数量在2016年以前较少，而由图28可以得知人工智能专用芯片的申请量在2015年之后

出现爆发式增长。

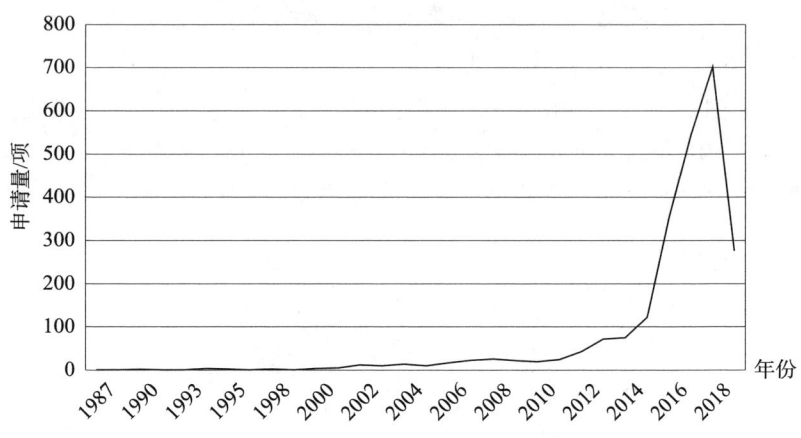

图 28　中国人工智能专用芯片专利申请量趋势

如图 29 所示，各人工智能专用芯片的申请量在 2015 年之后均出现较快增长。可见，国内出台的支持人工智能专用芯片相关产业的政策较大地推动了国内人工智能芯片产业的发展。

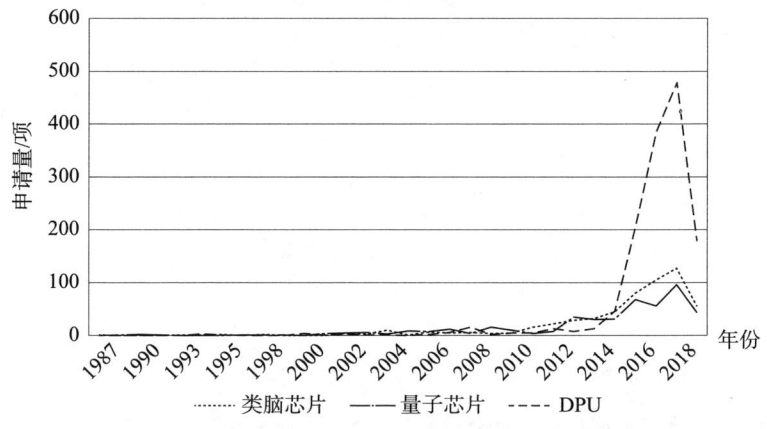

图 29　中国人工智能专用芯片各分支专利申请量分布

在人工智能芯片融资方面，中国在人工智能专用芯片方面的相关支持政策和资金支持都是近几年才陆续发布，相对于美国，布局较晚。中国多以基金等支持科研院所,美国直接支持企业巨头。近几年,中国某些由国家控股的投资公司对某些人工智能芯片初创公司进行了投资。

四、基础算法领域主要分析结论

(一)中美专利申请量大致相同,但美国布局较早;高价值专利占比方面,美国高价值专利占比远大于中国

1. 如图30所示,传统机器学习、深度学习的申请趋势是相似的,都是在2012年左右快速增长,而迁移学习、强化学习、联邦学习由于是较晚提出的算法,因而近几年申请量才有所增长。

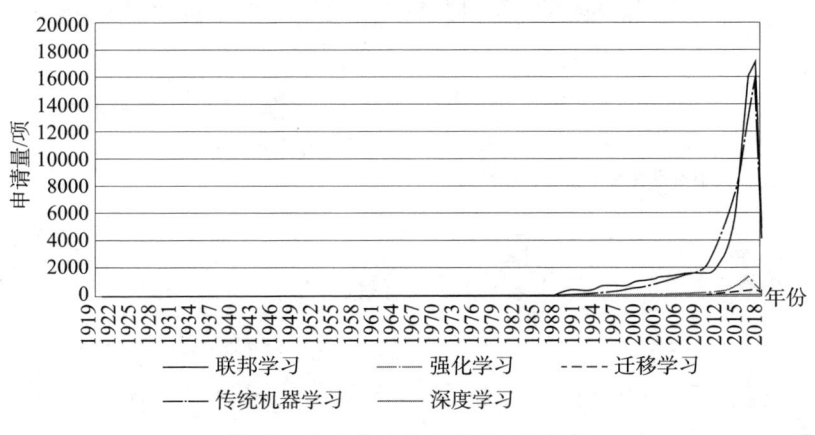

图30 全球基础算法专利申请趋势

如图31所示,中美两国的基础算法申请量均主要集中于传统机器学习、深度学习,且中国的传统机器学习和深度学习领域的申请量均多于美国。

2. 如图32所示,在人工智能算法的深度学习领域,中美专利申请总量大致相同,但是美国布局起步较早。中国和美国的专利申请量和论文发表量都是逐年上升,且中国专利申请量在2016年超过了美国。如图33所示,中国专利的价值度主要集中在5~7,而美国专利的价值度集中在8~10,可见美国的高价值专利占比较大,专利质量较高。

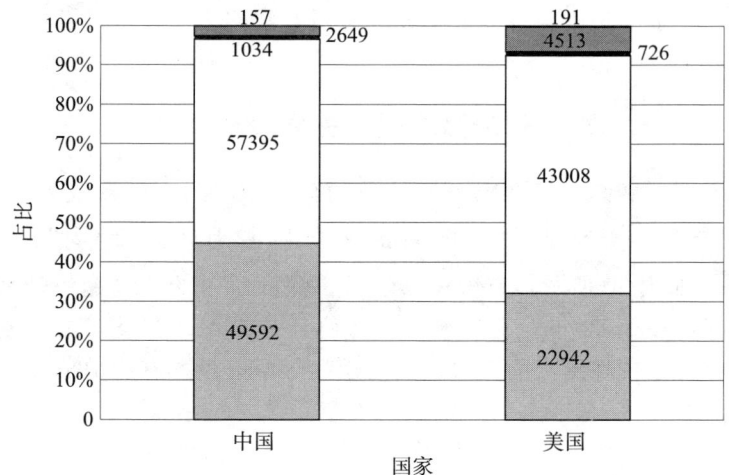

图 31 中美基础算法专利申请技术分布

注：图中数字代表申请量，单位为项。

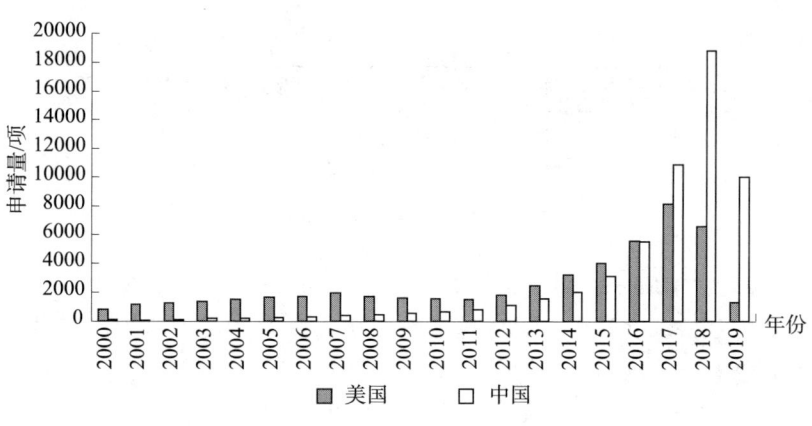

图 32 中美深度学习专利申请量趋势

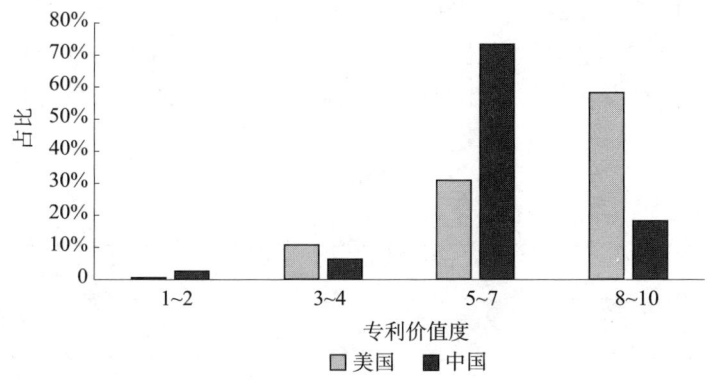

图33 中美深度学习专利价值度分布情况

（二）国内高质量论文数量攀升，但未与高质量专利增加速度同步，国内学术界对专利申请保护的重视程度远小于美国

如图34所示，在人工智能算法领域，中国和美国专利申请量和论文发表量都是逐年上升，中国专利申请量在2016年超过了美国，中国论文发表量也一直多于美国论文发表量。如图35所示，美国学者在发表论文的同时，也进行了申请专利，可见美国学者对

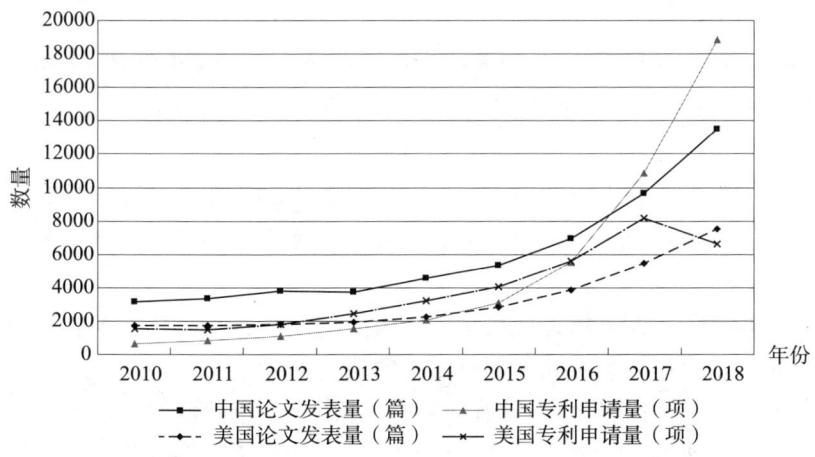

图34 中美人工智能算法领域专利申请量与论文发表量趋势

专利布局关注度更高。这种现象之所以出现，一方面是因为国内高校对于专利申请的意识还不够强，另一方面是因为人工智能算法专利申请涉及专利保护客体问题，目前阶段，纯粹的人工智能算法很难得到专利权的保护。

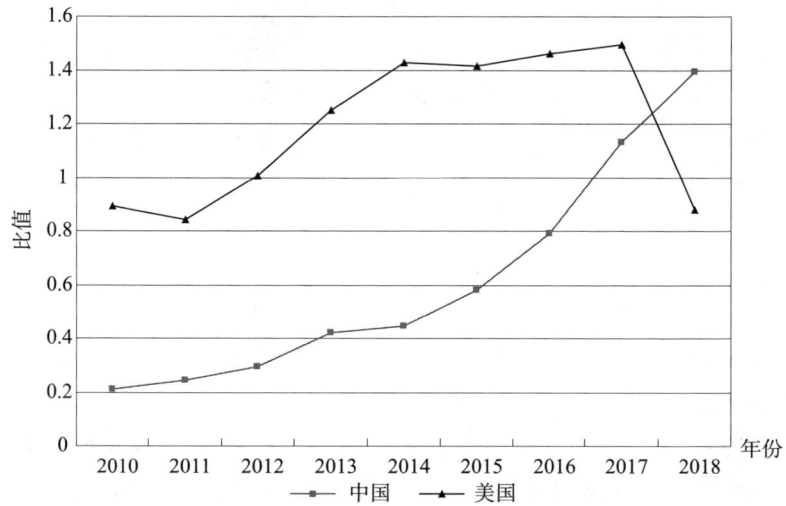

图 35　中美人工智能算法领域专利申请量与论文发表量比值趋势

注：图中比值是由"专利申请量/论文发表量"计算得到的数值。

（三）国内校企合作较为分散，基础研究进行应用转化的路线轨迹并不明显，国外校企合作模式更加利于成果转化

1. 从研究内容方面分析可知，原创性的深度学习算法提出者多是国外学者；国内学者论文数量大，但提出原创性深度学习算法的论文较少。

国内研究人员的论文数量大，但是在人工智能算法领域内的重要程度以及热门程度都远不及国外的研究学者。另外，国外学者的合作人员相对比较固定，国内学者的合作人员跨越范围较广。

2. 国外机构合作方式同科研人员的合作方式具有相似性，较为稳定和集中，只有当研究内容达到一定的成熟度，才开始跟企业

合作，将成果进行转化。国内的特点与国外相反，机构合作较为分散，合作机构性质基本上都是高校或者研究机构，将基础研究进行应用转化的路线轨迹并不明显。

（四）国内顶尖算法研究学者和发明人团队在国内的分布不均匀，发明人团队均值专利产量呈现不均衡的现状

如图36所示，顶尖发明人团队所属机构的地区分布整体呈现区域不均衡现象，其中广东、北京、浙江发明人团队申请的专利数量较多。同时不同区域发明人团队均值专利产量也呈现不均衡的现象。

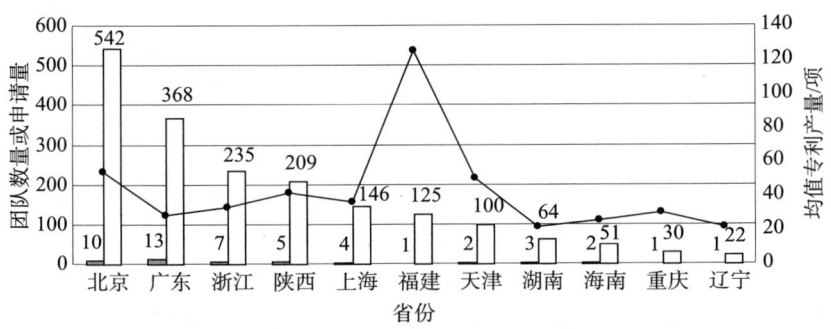

图36 中国顶尖发明人团队地区分布及专利产出情况

（五）中美客体审查政策均随着社会和产业发展而动态调整

从时间维度分析，涉及商业方法相关客体的审查政策，美国发展较早，随着不断的修改变化，体系较为完善；国内发展较晚，但是也能够随着科技进步和审查实践需求及时地进行动态变更。我国在2019年11月已经起草了与人工智能领域相关的适应政策，而美国仅处于圆桌商讨阶段。从客体审查的政策内容变更角度来考虑，有专家认为美国2019年10月17日更新的客体适格性审查标准的解释外延有所扩大，也就是我们通常意义上所说的放宽了客体标准；然而在审查中是否如此，还需进一步的数据支撑。国内在2019

年11月的相关政策征求意见稿中,对客体审查的相关标准只是进行了更加详细的解释,以便于更好地进行审查标准统一,并未体现出放宽客体标准。在2019年的政策变动中,两国对于专利客体适格性的定义都作了进一步详细的解释,并且给出了与现有专利申请相适应的审查示例,以利于更好地确保审查实践中的审查标准一致性。

五、智能应用领域主要分析结论

(一)智能应用领域整体上中美专利申请体量相当,布局相似

在智能应用各个领域,中美在专利申请体量上比较接近,布局的主要热点在于智能终端、智能驾驶、智能医疗(参见图37)。

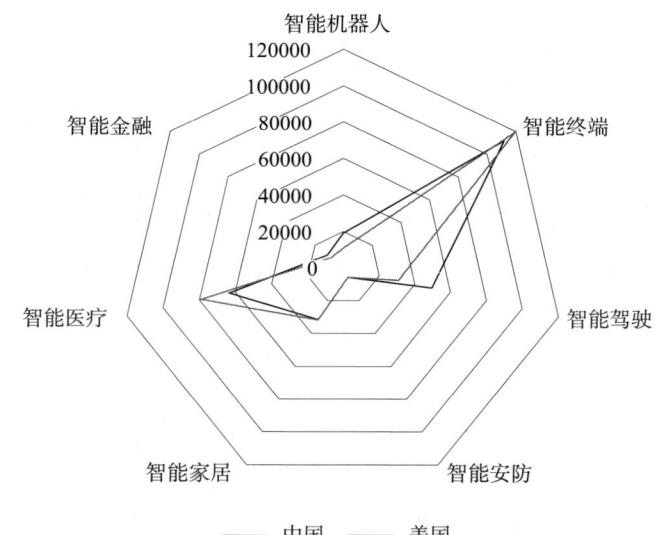

图37 智能应用领域中美专利申请分布

注:图中数字代表申请量,单位为项。

（二）我国智能驾驶整体起步较晚，虽然近几年发展势头迅猛，但与国际领先水平仍存在差距，同时尚未形成完整的无人驾驶法律体系

1. 如图 38 所示，全球与智能驾驶汽车技术相关的专利申请量排名前十位的公司中，主要以汽车制造企业为主，仅有谷歌公司、百度公司两家互联网科技企业。美、日、德等国以传统汽车制造企业为支撑发展智能驾驶技术，而我国智能驾驶技术主要掌握在互联网科技企业手中。

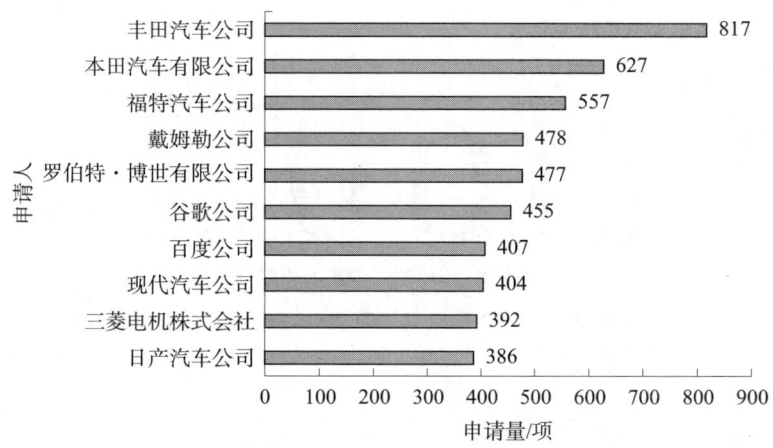

图 38　智能驾驶全球专利申请人排名

以百度公司为例，该公司自 2013 年启动无人车项目以来，在国内一直独占鳌头，其推出的无人驾驶平台 Apollo 提供了一个开放、完整、安全的软件平台。至 2019 年，百度公司已经围绕 Apollo 与 90 多家汽车制造企业达成了合作。互联网科技企业与传统车企协同发展，有助于促进我国自动驾驶技术的提高。

2. 谷歌公司和百度公司在智能驾驶领域的历年专利申请量趋势对比如图 39 所示，专利价值度对比如图 40 所示，技术分布对比如图 41 所示。

百度公司在智能驾驶领域专利申请量略高于谷歌公司，但起步较晚。百度公司在智能驾驶领域专利价值度主要集中在 5～6，而谷

歌公司专利价值度集中在10，百度公司在专利申请价值度方面仍待加强。在技术分支上，谷歌公司重点布局在环境感知、决策控制、定位与导航等方面；其中，环境感知领域申请量大于其他分支，其中不仅涉及对象检测，同时也涉及相关硬件设备。而百度公司布局分支不仅包括环境感知、决策控制、定位与导航，还涉及对智能驾驶汽车进行测试和调试的平台测试技术。

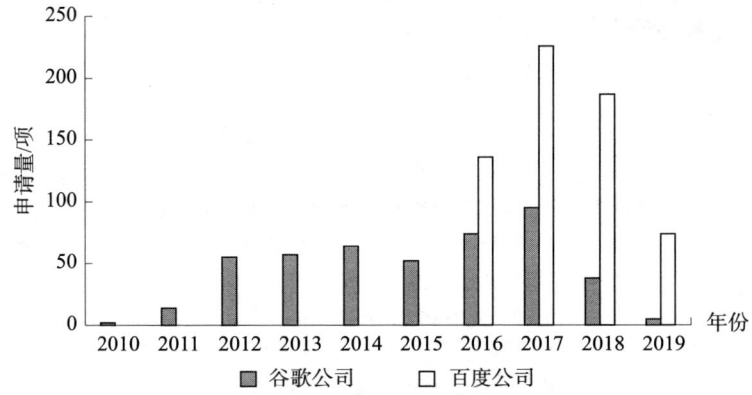

图39　智能驾驶领域谷歌公司、百度公司历年专利申请量趋势

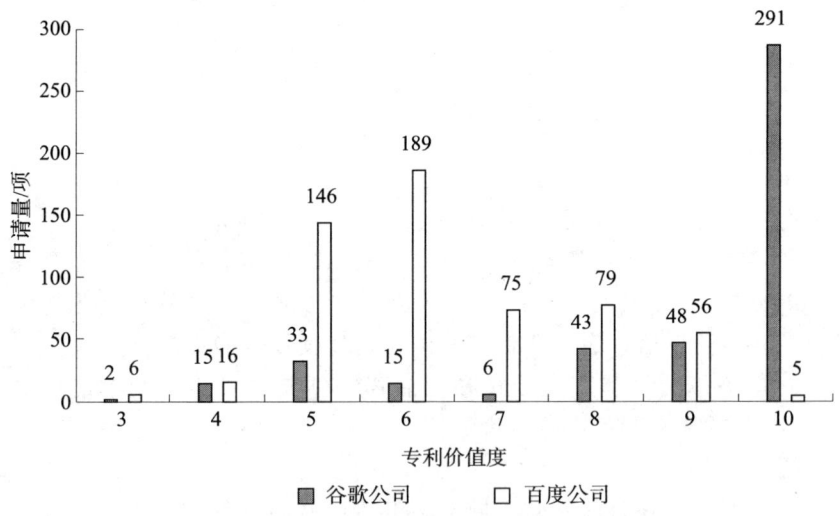

图40　谷歌公司、百度公司智能驾驶领域专利价值度分布

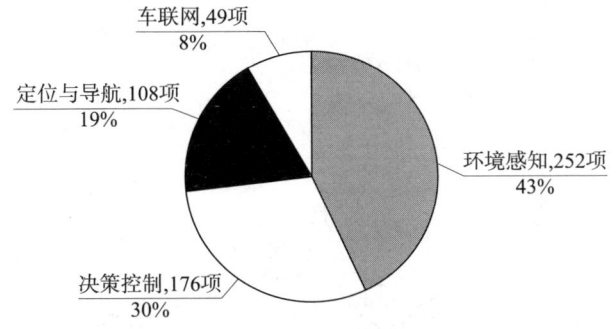

(a) 谷歌公司专利技术分布

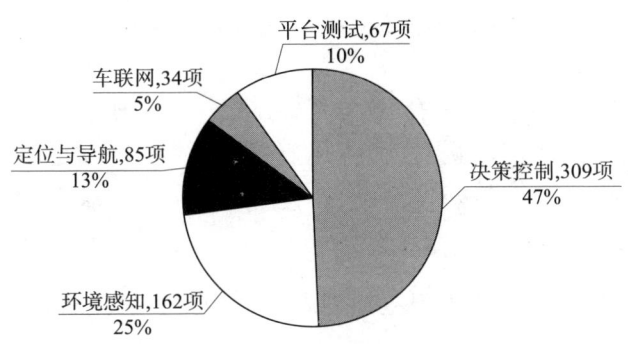

(b) 百度公司专利技术分布

图 41　谷歌公司、百度公司智能驾驶专利技术分布

3. 在智能驾驶汽车立法层面，美国针对智能驾驶汽车的法律规制较为健全，2011 年内华达州公布了美国第一部无人驾驶汽车道路测试法案；2017 年 7 月，美国通过了自动驾驶法案，美国智能驾驶法律规制上升至全国性法律层面。而我国至 2019 年 6 月仅规定了智能驾驶汽车道路测试相关规范，并未上升至立法层面。这在一定程度上制约了我国智能驾驶产业的发展（参见图 42）。

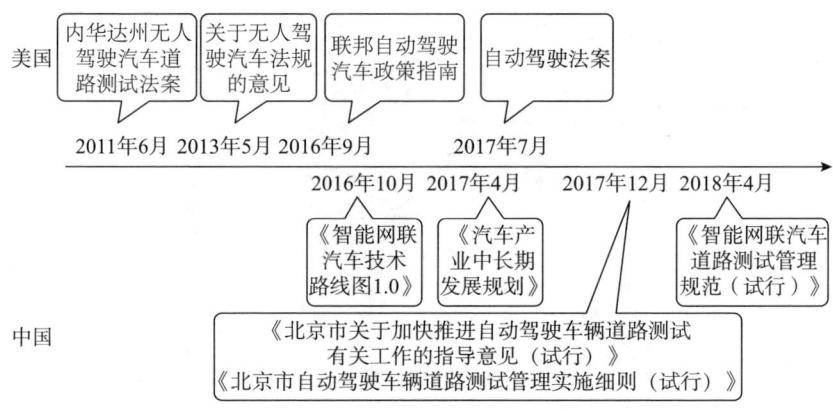

图 42 中美智能驾驶汽车方面立法情况

（三）智能医疗全球布局呈现欧、美、日、韩四强并立的趋势；中国智能医疗市场规模庞大，政策利好，但缺乏领导性创新主体；相关立法以及措施尚不完善，对行业发展一定程度上形成制约

1. 智能医疗领域中国主要创新主体中，科研院所占据了相当一部分，且主要创新主体与他国相差较大，在国际上尚不具备全球竞争力。但中国智能医疗市场产业规模庞大，增长速度快（参见图43）。

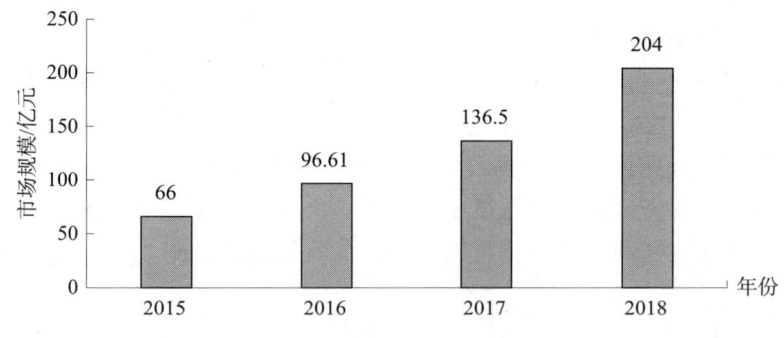

图 43 智能医疗中国市场规模

2. 在智能医疗领域，中美专利申请量相当（见图44），但基于价值度分析中美智能医疗领域的专利申请质量，中国远远落后于美国（参见图45）。

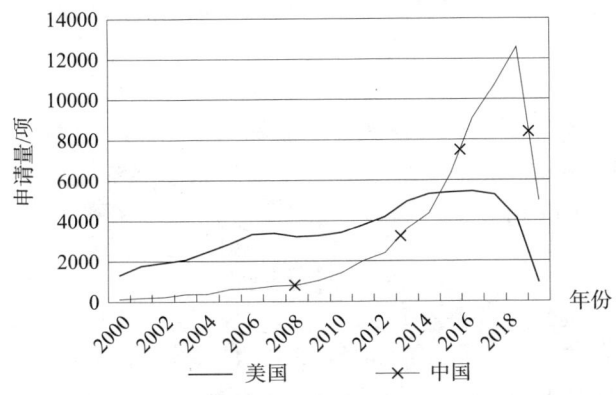

图44　智能医疗中美专利申请量趋势

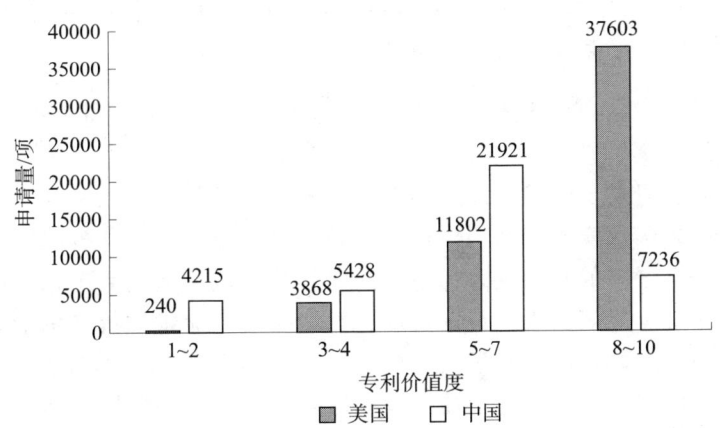

图45　智能医疗中美专利价值度分布

3. 中国在人工智能战略起步上与美国相差不大。中国在人工智能医疗领域出台了较多鼓励性的利好政策，智能医疗行业整体营商环境良好。

智能医疗是涉及数据隐私安全问题的重点领域。相较于美国，我国关于智能医疗数据隐私安全的立法比较晚，并且未对医学研究与公民医疗健康信息保护之间的关系作出明确的法律限定,有待于进一步完善。

4.数据信息孤岛问题与医疗产品审批问题是目前制约智能医疗产品研发和落地的主要瓶颈。对于数据信息孤岛问题,我国目前措施或政策的普及面窄,缺乏有力的全面性推行措施。智能医疗产品审批方面主要存在以下问题:一方面,医疗器械分类要求高,审批难度大;另一方面,智能医疗产品技术更新快、周期短,动态审核难以应对。后续应逐步推进符合当前技术发展阶段的智能医疗产品审批程序的建立。

六、措施建议

(一)在政策利好的环境下,加强推进政策实行力度,建立长期引导机制。在智能应用方面,建立和完善相关的法律法规以及措施;在人工智能芯片方面,加强对专用芯片的投入力度

目前,国内对于人工智能产业的政策十分利好,但在人工智能涉及的安全、伦理道德问题上,政策或立法尚不完善。对于智能应用产品的研发与落地会涉及的隐私与安全问题,建议相关立法部门一方面要确保安全,适当保护好隐私,另一方面以人工智能产品与隐私安全之间的平衡关系为主要导向,分阶段、适当界定技术研发与隐私安全之间的法律范围,促进智能应用产业中政策鼓励与立法保护相互支撑发展。对于人工智能企业缺乏数据支撑的问题,我国已存在区域性的、小范围的政策或措施用以解决该问题,但尚未形成惠及全国各地的信息共享平台。从长远发展来看,解决人工智能企业缺乏数据支撑的问题,是促进相关领域人工智能技术发展的基础。相关部门应加大政策推动力度,建立惠及全国各地的标准化数据信息共享平台。

对于人工智能主体(指相应的设计者、生产者等)权利与义务不明确的问题,可在人工智能主体的权利与义务方面进行立法。通过立法的方式,一方面可以保障人工智能主体享受政策优惠的权

利,另一方面也促使人工智能主体在产品研发与落地运营过程中履行相应的义务。在人工智能芯片方面,政策倾向于传统芯片产业的下游制造领域,在具有"弯道超车"机会的神经网络芯片、类脑芯片、量子芯片上涉及较少,建议加强专用芯片政策制定、资金投入,省、市级政策的制定要加强贴合国家级政策,建立长期引导机制。

(二)加大人工智能通用芯片顶尖人才、重点关键技术人才的吸引投入力度,鼓励基础算法领域研究能力较强地区开展原创性探索研究计划

通用芯片领域中美差距较大,美国的英特尔公司、英伟达公司以及阿尔特拉公司等行业巨头处于垄断地位。为了健康发展人工智能产业,除了加大通用芯片研发力度,还应加强在通用芯片方面的人才引进。

人工智能的发展在很大程度上依赖于算法的先进程度。人工智能算法领域中主流的深度学习算法已经进入成熟发展阶段,可鼓励科研人员在除深度学习之外的原创性算法中探索人工智能。

(三)为高校和科研院所提供高质量知识产权服务以促进科研成果形成高质量专利,并因地制宜鼓励科研院所和高校创办企业促进科研成果市场化,坚持产学研用一体化发展道路

目前人工智能领域很多核心技术掌握在高校和科研院所手中,为它们提供高质量知识产权服务以形成高质量专利尤为重要。虽然基础算法领域缺乏原创探索类的论文,但是高质量论文方面我国还是具有一定优势,近年来中国的高质量论文数量已经开始超越美国,跃居世界第一。我国科研院所和高校的专利申请与美国具有一定的差距,我国应当鼓励科研院所和高校积极申请专利、加大对专利撰写质量的扶持,将高水平论文转变成高价值专利。

在人工智能领域,产学研合作模式已经产生一定的有益效果,比如芯片公司龙芯中科技术股份有限公司、寒武纪的前身即为中国

科学院的研发团队;基础算法领域国内排名较前的焦李成所属机构为西安电子科技大学,该校非常重视科研成果的转化,因此在人工智能领域的专利申请能够尽早尽快布局。可见,通过高校创办企业促进成果市场化是一个比较成功的模式,可以进行推广,建议在基础算法研究能力较强的高校例如南京大学、北京大学等,参考西安电子科技大学等的成功模式,成立人工智能领域的创业基金,创办相应的产业以进一步促进科研成果市场化。

应继续加强引导高校与行业巨头的合作,促进高校的智力成果快速落地。例如在类脑芯片方面,华中科技大学虽与华为技术有限公司有共同合作的专利申请,但数量较少。政府还需鼓励高校与企业之间的沟通合作,积极构建专用芯片应用生态体系。

(四)促进理论研究型机构和技术应用型机构的合作交流

我国算法理论研究方面的团队主要分布在江浙地区、上海、北京等地区;算法应用方面的则主要分布于北京、广东地区。不同地区所具有的优势有所区别。理论研究政策应根据不同地区理论与实际应用发展的情况针对性倾斜。例如,以西安为核心的西部地区的算法实际应用较强,而基础算法的理论研究偏弱,应该以引导高校基础理论研究为主;江浙发达地区的政策倾向应以加强基础科研成果转化为主,通过政策引导基础算法领域的理论研究型机构与技术应用型机构人才的相互交流合作。

相较于理论研究,广东地区的算法应用相对较强。结合人工智能与数字经济广东省实验室(广州)计划选址琶洲的良好契机,广东地区应大力推广聚焦人工智能理论研究人才聚集的政策,培育一批人工智能新兴产业,为全省数字经济高质量发展提供有力支撑。例如,可以推进中山大学人工智能研究团队与南京大学的周志华团队之间的合作,设置人工智能基础算法领域的本科生、研究生合作培养。

(五)紧跟人工智能发展趋势,探索与中国人工智能产业相适应的专利审查政策

虽然中美两国针对人工智能领域特别是涉及算法的审查政策在

修订时间上略有不同，但是两国在人工智能算法与审查政策的适应性上保持相对一致。中国人工智能基础算法中的深度学习算法目前虽然在数量上略微占据优势，但总体而言，发展起步晚、专利价值度较低、申请专利的驱动力不足，与美国尚有一段距离，因而，在算法的客体审查政策上不宜放开。

（六）建立重点企业、重要分支技术清单，实施针对性的高价值专利培育政策

百度公司、腾讯科技（深圳）有限公司、华为技术有限公司、阿里巴巴集团、寒武纪等人工智能企业，对高质量专利服务也有明确的需求，因此选取一批人工智能领域重点企业、重要分支技术实施针对性的高质量专利培育，对人工智能产业发展具有良好的支撑作用。具体地，可以从现有专利申请着手，建立有效的评估体系，筛选高价值专利，遴选出重点企业和重要分支技术，进行高价值专利培育，包括高质量挖掘布局、高效率审查、形成专利联盟、构建专利池等。

外观设计和著作权冲突调研报告[*]

林广海　秦元明　马云鹏　王　晨　苏志甫　冯　刚　刘晓瑜

一、我国目前立法、司法保护的探索与实践情况

（一）现行法规定

我国对于外观设计的专利权保护和对于作品的著作权保护在保护条件、权利内容、保护期限、保护机制等方面既存在明显的不同，也存在一定的相似之处，

其中，二者在保护对象上的交叉成了外观设计专利权与著作权权利冲突的根源。专利法保护的外观设计是指对产品的整体或者局部的形状、图案或者其结合以及色彩与形状、图案的结合所作出的富有美感并适于工业应用的新设计，著作权法保护的作品是指文学、艺术和科学领域内具有独创性并能以一定形式表现的智力成果。著作权法对作品的保护是对思想表达的保护，这种表达也需要通过文字、色彩、图案及其结合等形式予以呈现。因而同一符号载体可能既符合专利法所保护的外观设计的授权条件，同时又符合著作权法所保护的作品的构成要件。

实用艺术品是外观设计专利权与著作权在保护客体上发生重叠的典型情形。著作权法并未将实用艺术作品作为单独的作品类型予以规定。《实施国际著作权条约的规定》第6条规定："对外国实用艺术作品的保护期，为自该作品完成起二十五年。美术作品（包括动画形象设计）用于工业制品的，不适用前款规定。"根据上述规定，《保护文学和艺术作品伯尔尼公约》（以下简称《伯尔尼公约》）成员国国民的实用艺术作品，无论是否在中国取得工业产权保护，

---

[*] 本文获第十一届全国知识产权优秀调查研究报告暨优秀软课题研究成果评选二等奖。

均受著作权法保护，保护期为 25 年；美术作品用于工业产品的，不是实用艺术作品，仍旧按照美术作品保护；该规定只适用于外国国民。根据参与立法者的解释，之所以作出上述特殊安排，是为了落实《伯尔尼公约》的相关规定。著作权法未将实用艺术作品明确列为著作权保护客体的原因在于：一是实用艺术作品同纯美术作品不易区分，有些美术作品创作出来的时候属于纯美术作品，但是可以用在工业产品上；二是实用艺术品同工业产权中的外观设计不易区分，工业产权保护在手续和保护期方面显然不具备著作权保护的优势，但如果都用著作权保护，将会严重影响工业产权体系的发展；三是实用艺术品同工艺美术品不好区分。❶

（二）司法实践中的不同做法

从司法实践情况来看，外观设计专利权与著作权权利冲突的表现主要有三种情形：一是外观设计专利权与他人在先著作权的冲突，主要涉及专利权人未经著作权人许可，在其外观设计中使用他人作品，从而导致其专利权的实施将损害他人在先的著作权；二是外观设计专利权保护与实用艺术作品著作权保护的冲突，主要涉及已经申请外观设计专利的平面或立体设计能够同时按照实用艺术作品的标准寻求著作权的保护；三是已经失效的外观设计专利与著作权保护的冲突，即从专利法的角度而言，已经失效的外观设计专利将不再受保护，专利权人另行依据著作权法寻求对相关外观设计进行著作权的保护，应否得到支持。

1. 已经申请外观设计专利的平面或立体设计能否作为实用艺术作品保护的典型案例

在英特莱格公司与可高（天津）玩具有限公司侵犯著作权纠纷案中，法院对于实用艺术作品的保护条件进行了如下阐述："涉案实用艺术品不具备美术作品应当具备的艺术高度，即使被控侵权产品与涉案作品构成相似或基本相同，也不能作为实用艺术作品获得著作权法保护。"

---

❶ 姚红. 中华人民共和国著作权法释解 [M]. 北京：群众出版社，2001：58.

最高人民法院在对乐高公司与广东小白龙动漫玩具实业有限公司等侵害著作权纠纷系列案作出的民事裁定中就实用性与艺术性兼备的客体作为美术作品获得保护的条件进一步明确了意见：不同种类作品对独创性的要求不尽相同，美术作品的独创性要求体现作者在美学领域的独特创造力和观念；对于既有欣赏价值又有实用价值的客体而言，其是否可以作为美术作品保护取决于作者在美学方面付出的智力劳动所体现的独特个性和创造力，那些不属于美学领域的智力劳动则与独创性无关。❶

2. 已经失效的外观设计专利能否受到著作权保护的典型案例

在谢某诉叶某、海宁名扬公司侵害著作权纠纷案中，法院认为，谢某诉请所依据的图案作品，已在先被授予外观设计专利权，外观设计专利权的保护范围是与其附着的产品紧密相连的，只局限于与外观设计专利产品在相同或相近类别的产品上使用相同或相似的图案；同时，在该保护范围以外，涉案图案作品仍然可以依据著作权受到保护，两者并不冲突，且正是由于其保护范围的不同而同时存在。

在北京特普丽装饰装帧材料有限公司（以下简称"特普丽公司"）诉常州淘米装饰材料有限公司侵害著作权纠纷案中，法院认为，在涉案专利权失效之前，特普丽公司基于涉案图案取得的著作权和外观设计专利权分别受到我国著作权法和专利法的保护，其他人如果实施了侵权行为，特普丽公司有权依照著作权法或者专利法追究其民事责任。专利权失效后，其权利客体进入公有领域，这一规则不能简单适用于在作品基础上获得的外观设计专利。在作品基础上获得的外观设计专利，权利人同时拥有专利权和著作权，两种权利并行不悖，外观设计专利权保护期届满后，权利人丧失的仅仅是专利法保护的相关权利，而其享有的著作权依然存在。

---

❶ 最高人民法院知识产权案件年度报告（2013年）摘要［EB/OL］.（2014-04-24）［2018-12-02］. https：//www.chinacourt.org/article/detail/2014/04/id/1281638.shtml.

二、国际条约与外国立法及司法的情况

（一）国际条约的规定

相关问题主要在《伯尔尼公约》第 2 条第 7 款予以规定❶。该规定有两点值得注意：第一，成员国可以将工业品外观设计纳入版权保护的范畴，并自行设定受保护的条件，即该条是选择性规定；第二，将工业品外观设计纳入版权保护的范畴，是一种互惠做法，不适用国民待遇原则。

（二）主要国家或组织的立法情况❷

在美国，工业品外观设计主要由专利法予以保护。美国专利法第 16 章为外观设计，其中第 171 条❸规定了可获得外观设计专利的情况，第 172 条、第 173 条分别规定了优先权和外观设计专利保护期限的内容。

英国对外观设计提供了双重保护，即外观设计专门法的保护和版权法的保护。根据相关规定和司法判决，所有的工业品外观设计都有可能获得版权法的保护。但与此同时，如果某一工业品外观设计已经适用于产品之上，并且批量生产，则只能获得外观设计法的保护。

日本的外观设计保护制度始于 1888 年，但其著作权法没有明确规定美术工艺品是否属于应用美术品，实践中只要能证明其具有

---

❶ 保护文学和艺术作品伯尔尼公约［EB/OL］.［2018-12-02］. https：//www.wipo.int/wipolex/zh/treaties/text.jsp? file_id＝283696. 该款中规定："本同盟各成员国得通过国内立法规定其法律在何种程度上适用于实用艺术作品以及工业品平面和立体设计，以及此种作品和平面与立体设计受保护的条件。在起源国仅仅作为平面与立体设计受到保护的作品，在本同盟其他成员国只享受各该国给予平面和立体设计的那种专门保护；但如在该国并不给予这种专门保护，则这些作品将作为艺术作品得到保护。"

❷ 美国和英国的立法情况引自：李明德. 美国知识产权法［M］. 2 版. 北京：法律出版社，2014：370-384.

❸ 该条规定：就产品而发明的任何新的独创性的和装饰性的外观设计，其发明者可依美国专利法的规定和要求获得专利；该法与发明专利有关的规定，适用于外观设计专利，除非另有规定。

纯粹美术作品性质，就认为可以受到著作权法的保护。

德国采用外观设计专利权和著作权的双重保护模式保护工业产品外观设计。其法律依据分别为德国工业产品外观设计注册法和德国著作权法。

法国对于外观设计存在"双重保护机制"，即具有艺术美感的工业品只要具有新颖性和原创性，则既能获得著作权保护，也可以通过注册外观设计获得外观设计专利权保护。未经外观设计权利人的同意，任何人被禁止以制作、提供、出售、进出口等目的使用包含受保护外观设计的产品。

欧盟理事会在2001年12月通过了《共同体外观设计条例》，在欧盟范围内对于外观设计提供注册的保护和未注册的保护。

（三）主要国家的实践情况以及经验借鉴❶

美国在1954年"梅泽诉斯坦因案"中提出了一个重要的区分方法——"分离特性与独立存在"原则。为了说明这个理论，该案还提出了"观念上可分离"的概念，即"只要设计者在进行艺术判断时未受功能性因素的影响，就可以进行实用性和艺术性的分离"，适用于实用性和艺术性交织在一起，物理空间上没有清晰界限的情况。

德国、法国等国家，是以专门法律和版权法的双重保护模式来保护工业品外观设计的，在设置外观设计授权条件时并没有像我国那样通过立法来限制冲突的发生。欧盟是根据各成员国的版权法中有关外观设计的内容，对涉及外观设计的权利冲突作出规定：如果根据欧盟成员国的版权法，在外观设计专利权人使用他人作品而未经授权，或者具有显著识别性的标记被使用于在后的外观设计中，而标记的权利人或作品的著作权人有权禁止该使用时，作品或标记的权利人可以要求有关成员国拒绝授予外观设计专利权或将已授予的外观设计专利权宣告无效。此时，该在后的外观设计并非自始无效，而是外观设计的权利人可以进一步修改外观设计以获得维持权利的机会。

---

❶ 主要参考引用：黄碧婷. 外观设计权利冲突问题研究［D］. 广州：华南理工大学，2013.

通过研究这些国家或地区解决这类权利冲突问题的实践发现，若对产品的外观进行了包括外观设计保护在内的多种重叠保护，该国家或地区的法律一般不会对其进行直接而又明确的限制。采取双重保护模式的欧盟成员国，也没有将"不得与在先权利冲突"或其他类似规定作为外观设计专利授权的限制条件，而是通过其他方式弥补在先权利或通过修改设计以尽量减少权利冲突。我国目前采取的"只要在先权利人能够有证据证明在后权侵犯其在先的合法权益，在后权就会被绝对禁止"的做法对于最大化地实现社会效益方面有不利影响，可以参考借鉴德、法等国的做法。

如前所述，以日本做法为代表的保护模式是对外观设计单独立法。日本现行的外观设计法实行的是实质审查制度，对新颖性和创造性提出了更高的要求，在一定程度上避免了因发生权利冲突而留下后患。在具体处理知识产权之间的冲突时，日本对冲突双方采取平衡利益分配的方式。

三、原因分析和解决方法

（一）行业与社会对于不同权利保护的需求

1. 实用艺术作品和实用艺术品的界定

实用艺术作品（works of applied art）的概念源自《伯尔尼公约》。从《伯尔尼公约》修订的具体规定可以得出以下几层含义：第一，《伯尔尼公约》中所指的对"实用艺术作品"的保护可分为著作权和非著作权（如外观设计保护）两种方式，成员国可对后一种方式自行规定保护条件和登记要求；第二，成员国可以就两种保护方式任选其一，但《伯尔尼公约》并没有禁止同时提供两种保护；第三，不论哪种方式，保护期限最低为 25 年；第四，保护在成员国间是互惠的。各成员国可以将实用艺术品作为作品来保护，也可以仅保护其外观设计，故对实用艺术作品不提供著作权法保护而是提供专利法保护也不违背《伯尔尼公约》的要求。❶

---

❶ 陈锦川. 著作权审判［M］. 北京：法律出版社，2014：15.

基于不同的立法本意,对于"实用艺术品"这个概念,在著作权保护中,侧重"实用"两字,以区别于一般的不被复制应用的重思想意境的艺术作品,例如仅在博物馆等特定场所展示的纯美学欣赏的艺术作品;但在外观设计专利保护中,则侧重"艺术"两字,以区别于一般艺术价值不高的普通工业产品。

"实用艺术品"的概念要远远大于属于著作权授权条件的"实用艺术作品"的概念,主要包括专利法意义上的含"外观设计专利"的工业品、著作权法意义上属于美术作品范畴的"实用艺术作品"的有形载体以及前两项之外的其他具有新式独特造型的产品。❶

2. 外观设计专利权和著作权对实用艺术品保护的争议

中国是《伯尔尼公约》《与贸易有关的知识产权协定》的缔约方。《实施国际著作权条约的规定》中出现了"实用艺术作品"一词,但未明确什么作品属于实用艺术作品,并且该规定仅适用于外国实用艺术作品。这种超国民待遇的规定一直受到质疑;但是,在司法实践中,也存在如果中国的实用艺术品满足著作权法的要求,也可以作为美术作品给予保护的情况。给予实用艺术品等同美术作品的长期限保护,也同样饱受争议。

3. 实用艺术品保护模式选择的考量

在现实层面,经调研发现,外观设计专利权相比著作权更受青睐,主要原因在于:一是外观设计专利权比著作权具有更多技术性色彩;二是外观设计专利权比著作权具有更高的社会认可度;三是外观设计专利权比著作权具有更高的地方政府认可度,甚至可能受到奖励或者更大的奖励。

(二)理论分析

1. 知识产权权利冲突的特殊内容

知识产权权利冲突可以理解为:由同一知识产权客体依法衍生的两项或者两项以上相互矛盾或抵触的权利的现象,即同一知识产

---

❶ 管育鹰. 实用艺术品法律保护路径探析:兼论《著作权法》的修改[J]. 知识产权,2012(7):56.

权客体在某种条件下同时归属于多个主体的法律形态。❶

《最高人民法院关于全国部分法院知识产权审判工作座谈会纪要》指出，知识产权权利冲突主要包括两大类，即同类知识产权的冲突与不同类知识产权间的冲突。同一类型权利的冲突，如发明、实用新型及外观设计专利权之间的冲突；不同类型权利的冲突，如外观设计专利权与商标权或著作权发生冲突，如商标权与在先使用的商品的特有的名称、包装、装潢权利发生冲突。

2. 知识产权权利冲突的成因分析

知识产权权利冲突在各类权利冲突中表现得比较突出，其原因主要有以下几点。

第一，知识产权的权利特性。知识产品是人们的智力成果，巧合雷同现象时有发生，加之知识产权具有一客体多权利的特点，当这些权利为不同主体享有时，极易产生权利冲突。❷

第二，单行的立法模式。绝大多数国家的知识产权法律体系采用了分散型的单行立法体例。即便某一单行法在制定、修订过程中会或多或少地注意与相关知识产权单行法的协调，其程度往往也相当有限，依各单行法获得的知识产权就有可能发生冲突。

第三，并行的执法模式。分散立法的模式奠定了知识产权各部门法由不同部门分头执法的基础。各执法机关往往从本部门的角度及其适用的相关法律法规出发，排除知识产权基本原则的适用，缺乏协同调节机制。这既为知识产权权利冲突的产生提供了土壤，也不利于知识产权权利冲突在实践中的解决。

第四，内在的利益驱动。从现实生活来看，利益驱动是相当一部分知识产权权利冲突产生的动因。一些经营者存在"搭便车"的意图，他们不惜引人误认或误解而将同一或类似知识产权客体依照法定程序申请获得了与原权利人不同的知识产权，使自己本应构成侵权的行为披上了合法的外衣。严格地讲，这不是真正意义上的知

---

❶ 冯晓青，杨利华. 知识产权权利冲突及其解决原则 [J]. 法学论坛，2001 (3)：51.
❷ 高利红，葛钊含. 知识产权权利冲突刍议 [J]. 河北师范大学学报（哲学社会科学版），2002，25 (4)：32.

识产权的权利冲突，而是一种"假性冲突"。❶

3. 处理知识产权权利冲突的原则

在处理知识产权权利冲突时，应当考虑如下几个原则。

第一，保护在先权利原则。保护在先权利原则是处理冲突的基本原则。这是权利位阶的具体体现，也是维护法律秩序安定的内在要求。保护在先权利原则决定了在处理权利冲突时，要充分考虑并保障在先权利人的利益，不仅要求在后权利的取得不应当侵犯在先权利，而且如果在后权利是以侵犯在先权利的方式取得的，在先权利人还可以通过诉讼禁止在后权利的行使；即使在后权利的取得具有合法性，也可以赋予在后权利人消除与在先权利之冲突的义务。❷

第二，诚实信用原则。这一原则排除了以欺诈、仿冒、引人误认或误解等方式利用他人市场信誉与优势获取经济利益的合法性，也排除了因恶意仿冒他人知识产权或欺诈知识产权主管部门而取得权利的合法性。一方面，该原则要求在后权利人在取得权利的过程中不得具有不正当意图，对他人的在先权利应尽到避让义务，在行使权利的过程中亦应当充分尊重在先权利，对在先权利给予足够的容忍和保障；另一方面，它也约束在先权利人，要求在先权利人规范合法地行使权利，不得滥用权利，不得利用其在先地位获取不正当利益。

第三，权利与义务平衡原则。法律作为社会利益的调节器，应兼顾众多的社会利益。知识产权制度本身是平衡知识产权人个人利益与社会公共利益的调节器。在处理知识产权权利冲突时，兼顾利益之间的平衡是很有必要的。这可以使不同的知识产权各得其所、相互协调，使知识产品得到最有效的利用。在立法与司法中，应当充分地考虑当事人各方的权利、义务形成的过程、特定的历史背景，合理平衡当事人的权利与义务。❸

---

❶ 冯晓青，杨利华. 知识产权权利冲突及其解决原则 [J]. 法学论坛，2001（3）：52.

❷ 北京市第一中级人民法院知识产权庭课题组. 知识产权权利冲突的司法解决 [J]. 人民司法，2009（1）：87.

❸ 吕国强. 论知识产权的权利冲突及其协调机制 [M] //王立民，黄武双. 知识产权法研究. 北京：北京大学出版社，2006：1-17.

第四，利益兼顾原则。虽然保护在先权利原则是基本原则，但在有些例外情况下，尤其是在后权利存在正当性或者在后权利已经获得应当加以保护的利益时，保护在先权利原则并不能完全公平合理地解决权利冲突。在该种情况下，应当从公平合理出发，给予各方利益足够的兼顾，在考虑利益最大化的情况下，以更灵活的方式处理权利冲突。

基于此，有学者提出，在立法上，应设立知识产权共存制度，扩展知识产权合理使用制度。在相互冲突的权利之间，只要不构成行业竞争，则应在保留权利人专有权的前提下为社会公众提供不同形式的使用空间。在扩展知识产权合理使用制度、对知识产权在先权制度予以保护的同时，对知识产权"在先权利"与"在后权利"的关系以立法方式进行界定，也是对保护在先权利原则另一个角度的遵守与适用。❶

（三）关于实用艺术品保护模式的建议

基于实用艺术品的特殊属性，到底是允许外观设计专利权和著作权两种保护模式交叉并存还是实行分类保护更为合理呢？

1. 重叠保护（交叉保护）存在的问题

（1）学理分析

该模式存在以下问题：权利人在选择方面存在困难及不确定性；确权程序及侵权救济程序复杂，造成维权成本高；权利保护差异较大，权利人、使用者均存在预期困难；对于权利人的利益产生多重影响，进而对于权利人的行为产生复杂引导。

（2）我国社会现实中消极因素造成的不利影响

当事人倾向于采取多重主张维权，旨在实现索赔金额的最大化等。另外，从著作权保护客体本身的独创性高度标准看，种类繁多，包括分离特性与独立存在原则、艺术统一标准、高阶层标准、艺术品质标准、公众认知标准等，难以形成统一的区分标准；从利用受保护客体进行工业化生产方面看，存在权利人举证困难，以及

---

❶ 苏励凯. 知识产权权利冲突之保护在先权利原则的探讨［J］. 科技信息，2008(6): 149.

权利人许可进行工业化生产与侵权进行工业化生产可能产生逻辑矛盾等问题。

因此,从重叠保护(交叉保护)存在的上述问题看,合理区分外观设计与作品并实现分类保护或许是更为合理的保护路径。

2. 外观设计制度更加符合实用艺术品的市场需要

一方面,实用艺术品完全符合外观设计专利的定义:实用艺术品也依托于产品,其本身也是形状、图案、色彩等构成,也有适用于工业应用的可能性,其艺术性也完全满足外观设计对美感的要求。一直以来实用艺术品就是外观设计专利的保护对象,有大量的申请分布于装饰品、厨具、玩具、服装、纺织、灯具、家具等领域。在专利法领域中判断实用艺术品时,更倾向于"实用品",而非"艺术性"。另一方面,外观设计产品由于受功能、技术的限制,可能妨碍美学的展现,但其中部分产品仍然可能同时成为艺术品。

3. 著作权法中将实用艺术作品作为作品类型单独列出

对于涉及实用艺术品的案件,如果独创性和艺术性达到美术作品要求的,人民法院在裁判中一般按照美术作品予以保护。

但是,有的观点也认为:①无论是从《伯尔尼公约》设立的初衷、我国著作权法的立法宗旨,还是从智力劳动成果的本质属性来看,著作权客体应具备足够高的艺术性,实用艺术作品单列可能降低著作权法对"实用艺术作品"艺术性的高度要求,势必模糊其与外观设计专利保护对象之间的界限,挤占外观设计专利的保护地盘,不利于不同知识产权法各自立法宗旨的实现;②实用艺术作品实际上是美术作品的一种特殊类型,单独列出势必出现"如何区分美术作品与实用艺术作品"的问题,同时会造成公众误判,以为所有的"实用艺术品"都属于著作权法的保护对象,不去申请外观设计专利,最终导致外观设计专利制度在事实上被"空壳化"。著作权法修改和司法实践中都在不断对上述问题进行探索和研究。

4. 延长外观设计专利保护期限

在我国,对于真正的创新设计权利人来说,10年的保护期对于一些生命力较长的产品来说可能不够。这个问题对于实用艺术品来说也同样存在。基于外观设计的特点,适当加长外观设计专利保护的期限，既能满足发明创造程度高的外观设计创新主体的需求，也可以迫使更多的企业主动创新出更多顺应大众审美的高水平的产品设计。同时，外观设计专利保护期限的延长不仅是我国创新主体的需求，也可以减少实用艺术作品 25 年版权保护期限对外观设计制度带来的冲击。由于外观设计专利权在保护力度和强度上相较于著作权对创作者更有益，因此我国权利人在可被外观设计专利保护的实用艺术作品上首先期望用外观设计专利来保护，在专利保护到期后，权利人如果还想继续维护自己设计的利益，可以寻求著作权的保护期限。这也就引发了我国司法界对于一种权利进入公有领域后是否还能用另一种权利继续维持原权利人利益的冲突。解决这种冲突除了明确著作权和外观设计的保护属性外，将外观设计专利保护期限延长，与实用艺术作品保护期限一致，由于期限所导致的权利冲突问题即可迎刃而解。在给予了权利人同样长期限的保障下，如果权利人在 25 年期限届满前主动放弃专利保护，那么也就不能再以要求著作权保护的方式来主张权利。

修法背景下商业秘密刑事司法实证研究*

姜淑珍　刘丽娜

2019年底，中共中央办公厅、国务院办公厅印发《关于强化知识产权保护的意见》，明确要求推进刑事法律和司法解释的修订完善。2020年初，我国与美国签署的第一阶段经贸协议，要求降低商业秘密的刑事追责标准，提高违法犯罪成本。而实践中侵犯商业秘密犯罪查办难是众所周知的"秘密"。该类犯罪具有极强的隐蔽性，侵权产品、销售额、获利额等的主要证据往往掌握在侵权人手中，部分权利人或因发现得晚，或因顾忌提供太多细节性证据会有扩大泄密的风险，也难以提供有效证据线索。如何锁定秘点、计算侵权人非法获利数额或者权利人损失数额等成为难题。为了解决主要办案难题，本文以裁判文书网等公开渠道刊载案例为基础，结合北京市检察机关办案实践，对立法及司法解释层面完善提出拙见。

一、商业秘密刑事司法保护主要难点

（一）权利人担心二次泄密，锁定侵权秘点困难

按照《中华人民共和国刑法》及相关司法解释规定，商业秘密的认定需要符合三个要件：一是非公众知悉，二是权利人采取了保密措施，三是具有实用性和经济价值。有民法学者认为，在侵犯商业秘密罪的审理过程中，庭前查阅证据及庭审时的全面质证将会使被告更全面地掌握原告的商业秘密，原告的商业秘密将再度遭到难以预测的侵犯。[1] 刑事诉讼程序中对律师阅卷权的保障，也使部分

---

* 本文获第十一届全国知识产权优秀调查研究报告暨优秀软课题研究成果评选二等奖。

[1] 李晓明，辛军. 对侵犯商业秘密罪的再研究 [J]. 法学，2002（6）：34.

权利人产生担心，故而不愿意提供具有细节性的证据材料，给检察机关认定上述三要件带来困难。如田某某侵犯商业秘密案，权利人是一家年产值达 40 亿元的民营企业，在发展中遇到了被内部员工侵犯商业秘密而难以维权的问题。田某某从权利公司离职前，非法下载文件共计 162 次，以网络共享传输的方式拷贝文件 7 万余次，其中涉及非参与设计文件 3 万余个；之后到深圳某公司任职，以项目副总经理的身份使用窃取的设备图纸和技术方案，设计、生产出涉嫌侵权的设备并出售 55 台，销售金额总计 1200 余万元。尽管被告窃取的文件数量及侵权产品的销售金额都很大，但是由于权利人担心向鉴定机构等诉讼参与人提供太多研发信息可能会进一步扩大泄露损失，故仅同意提供与侵权产品相关的有限范围内的信息。经鉴定，41 张设计图纸和 1 个技术方案均具有非公知性，其中侵权产品中使用了 4 张设计图纸和 1 个设计方案。这就意味着还有大量未能进行比对、鉴定的图纸，如何锁定秘点、确定商业秘密范围成为难题。

（二）新型作案手段层出不穷，权利人损失认定难

按照相关司法解释的规定，"权利人的重大损失"可以按照权利人所受损失的数额认定，也可以按照侵权人违法所得数额认定，任一项超过 50 万元就符合立案追诉标准。但实践中有部分侵权人出于规避侦查等目的，采取混同其他商品销售、低于成本销售、在原商业秘密基础上再创作等形式，给司法认定带来困扰。如某信息科技有限公司、孙某某、曹某侵犯著作权案。该案系员工离职前窃取原公司源代码，侵权公司明知却仍将该源代码运用于侵权产品中。该侵权公司对侵权产品与非侵权产品的销售账目混同、记载内容一致，且销售金额达 100 余万元，很难从账目中进行区分；销售对象达 200 多个，数量大、取证涉及面极广；为了抢占市场，侵权公司还采取花 4999 元购买软件、赠送 5000 元油卡的方式推销。上述情况使得"违法所得数额"更加难以认定。再如郑某某等三人侵犯商业秘密案，三人在权利公司分别负责产品销售、技术研发、售前管理，掌握了相关技术，离职后共同出资成立了一家公司，对外

销售与权利公司产品相同的"电子文件交换系统"。经鉴定,上述系统数据库的34张数据库结构表与权利公司的相同,但源代码不同。被告人承认使用了权利公司的数据库结构表,但重新编写了源代码,导致软件侵权及对应重大损失数额的认定困难。数据库结构表是软件的重要组成部分,且该案中权利公司对数据库结构表采取了保密措施,应属商业秘密的保护范畴;但对于数据库结构表在软件中的所占比例,无客观判断依据。能否将数据库结构表认定为软件中重要、核心功能部分,进而对整个软件的获利、损失数额予以推定,存在较大争议。针对诸如此类的问题,有学者通过对30份涉及侵犯商业秘密罪的判决书的分析发现,司法部门对于"重大损失"的认定较为混乱。❶

(三)关键证据由侵权人掌握,调查取证线索获取难

由于商业秘密属于无形财产,侵权人"复制粘贴"后权利人一般难以察觉,从作案到案发往往会经历较长时间,而相关证据又往往集中在被告手中,有的在案发前已经被销毁或隐匿,因此案件查办难度较大。如上海某技术有限公司及李某某等三人侵犯商业秘密案,三人均曾在北京某计算机系统工程公司工作,参与或经手相关数据管理。之后该三人均离职并供职于该上海公司。该上海公司先后向社会第三方销售3套系统软件。经鉴定,该系统软件分别有188个、106个和122个源代码与该北京公司相应软件的非公知源代码具有同一性。权利公司发现后最先申请民事诉讼,相隔数月后才刑事报案。因未能及时起获相关电子设备,案件查办一度陷入困境。

(四)侵权产品销往境外案例时有发生,跨境证据收集与审查难

调取侵权产品可以说是查破此类案件的核心,只有将侵权产品与被侵权产品进行比对,才能认定二者是否具有同一性,对是否属

---

❶ 刘蔚文. 侵犯商业秘密罪中"重大损失"司法认定的实证研究 [J]. 法商研究,2009(1):88.

于商业秘密及权利人损失展开调查。境外证据不仅取证难,对证据的审查也相对困难。如许某某等二人侵犯商业秘密案,该二人原系某电子科技股份有限公司职员,分别担任外贸部主管和生产采购部采购员职务,公司明确规定保守商业秘密的要求。2012~2014 年,二人通过某贸易有限公司向境外出口销售 39 万只核心程序侵权的电表产品。因侵权产品均已销往境外,虽然经过外事途径从国外调取到了相关侵权产品实物,但被告认为不排除侵权的核心程序系他人后期加入的可能,也不排除境外公司通过其他途径获取涉案核心程序的可能。如何进一步审查证据的程序合法性、内容真实性,成为办理案件的焦点。

二、北京市检察机关攻克办案难题的主要做法

北京市检察机关不断完善办案机制,创新性地推出了专业同步辅助审查等办案机制,完善侵犯商业秘密犯罪行为的认定标准,破解难题。2019 年全市检察机关批准逮捕 6 件此类案件中的 8 人,起诉 4 件此类案件中的 6 人,达 2015 年来之最。

(一)邀请有专门知识的人辅助办案,夯实客观证据

北京市检察机关从 2016 年 10 月起就推出了专业同步辅助审查机制,发展到 2019 年已进入相对成熟阶段,为办案提供了很大帮助。2019 年在 3 起侵犯商业秘密案件中,承办检察官在侦查初期就申请技术人员辅助办案,为电子数据的提取、保存等提供专业意见,促成案件成功办理。较之单纯的技术性证据辅助审查,在专业同步辅助审查中技术人员的职责范围要大得多。其相当于办案组辅助人员,可以辅助开展引导侦查、审查工作,不仅为电子数据合法性、真实性、完整性提供专业基础,还能够辅助承办人在海量数据中筛查出与案件有关联性的证据。如上述上海某技术有限公司及李某某等三人侵犯商业秘密案,侦查人员对犯罪嫌疑人的个人电脑进行了查扣并委托鉴定,但涉案电脑镜像内容较庞杂,鉴定机构仅记录了全部电子数据内容,需要进一步挖掘与犯罪事实相关的证据与线索。检察官申请技术人员同步审查,通过解析电脑中保存的邮件

内容,在海量证据中发现了犯罪嫌疑人发送权利公司技术资料及参与侵权公司运营的核心证据,推动案件取得实质性突破。

(二)强化审查与补充侦查,确认跨境证据证明力

针对跨境调取证据的难题,检察机关不放过一丝细节,积极补强原证据,厘清案件真相。如上述许某某等二人侵犯商业秘密案,承办检察官从三个方面入手开展补充侦查与审查证据工作。一是联系相关外事主管部门工作人员,对涉案物品的来源、提供人、提供时间以及提取人、提取时间等进行审查,确认证据的关联性、合法性、真实性。二是通过调取涉案当事人电子邮件及与第三方的合同,核实境外方是否有伪造证据的空间。审查涉案当事人与境外公司相关合同等,核实境外第三方与许某某有较好合作关系,侵权产品系其提供,且权利人并没有知识产权转移或共享等情况,第三方缺乏伪造证据的动机。三是通过引导侦查调取许某某的电子邮件,提取到其发给他人的涉案电表程序,排除了其辩解的对相关商业秘密毫不知情的可能。以上工作从一定程度上佐证了侵权物品并非伪造的事实。

(三)从第三方入手获取证据,攻克权利人损失认定难题

对于侵权产品合理利润或被侵权产品合理利润的认定均应当尽可能充分综合可收集的证据予以认定,不能仅凭单方出示的材料。如田某某侵犯商业秘密案,其所在的深圳某公司仅提供了销售合同,不能提供侵权产品利润率,而权利公司的生产登记、账目统计均按照全部商品进行管理,也只能提供其公司所有生产型号机床的整体净利润率8%,无法将此直接认定为被侵权产品的利润率。检察机关积极引导侦查机关向行业协会调取该型号产品行业平均利润率。该协会出具材料证明,根据105家企业上报的网络统计数据得出的行业平均利润率为16.6%。由于行业平均利润率较为客观中立,因此按照该比例对侵权产品的销售金额进行计算,认定权利人的经济损失数额为215万余元,得到判决认可。再如上述某信息科技有限公司、孙某某、曹某侵犯著作权案,行为人零利润经营,在难以查获销售金额的情况下,更难以认定权利人损失。检察机关根据取证实

际，以可能同时涉嫌构成侵犯著作权罪为突破口，积极引导公安机关向第三方调查取证，核实到行为人委托他人制作侵权作品花费共计16万元，将该数额作为侵犯著作权罪的非法经营数额，成功办理此案。

（四）精细化审查定罪与量刑情节，力争全面评价犯罪行为

行为人通过窃取等非法手段获取相关信息的，虽然因权利人不愿意提供相关证据等原因导致对部分信息难以进行"非公知性"判断，但其同样属于权利人财产利益，理应受法律保护。为了充分保障自主研发积极性，检察机关通过精细化审查，从罪名选择和量刑情节等角度入手，体现罪刑相适应原则。如田某某侵犯商业秘密案，除了少量文件被非法用于侵权产品以外，还有大量文件未投入使用。田某某自述下载上述设计文件是为了用于学习参考。为准确认定该行为性质，检察机关组织专家论证会并达成共识，根据存储在计算机信息系统的数据的性质、行为人的主观目的和客观行为、危害后果等综合判断行为所侵犯的法益。田某某除了侵犯商业秘密以外，并没有将数据用作其他用途，相关数据也不属于国家秘密、公民个人信息等，故认定为侵犯商业秘密罪一罪，其他事实作为量刑情节予以评价。

三、立法及司法解释完善建议

（一）建立秘密保持命令制度，提高诉讼参与人对商业秘密的保密义务

虽然《中华人民共和国刑事诉讼法》等法律法规对商业秘密案件作出了可以不公开审理的规定，但是除了公职人员以外，鉴定机构、律师及相关证人等诉讼参与主体都可能因为参与诉讼而知悉相关信息。如果不给予特殊保护，会产生权利人害怕举证的问题；但是如果保护过度，也可能会妨碍涉嫌侵权方当事人的查阅案件资料权和有效辩护权。为兼顾二者利益，建议参考借鉴日本等国的秘密

保持命令制度。❶ 在法律文书、证据等诉讼材料中，如果含有商业秘密内容，法院经持有人申请，可下达对该商业秘密限制使用或限制开示的命令。一旦下达，受秘密保持命令约束的人就要遵守禁止事项，不能因为诉讼以外的目的而使用，或对未受秘密保持命令约束的人开示；违反命令的，将承担较严厉的刑事责任。这也符合《中美第一阶段经贸协定》对保护商业秘密免于政府机构或第三方专家、顾问未经授权的披露的规定内容的要求。

（二）提高跨境犯罪惩罚力度，从源头上防止商业秘密外泄

为保护企业自主创新，防止境外不法分子勾结窃取，建议参考美国等的做法，对意图在境外使用的，加大刑罚惩治力度。如美国1996年通过的商业间谍法，借由重罚惩治窃取或挪用商业秘密为境外使用的人，可处最高达15年的监禁，对单位可处最高1000万美元罚金。❷

我们可以增设类似规定，将在境外使用的列为行为犯，处类似刑罚，同时明确：只要有证据证明相关商业秘密流向境外，无须查明究竟被谁使用以及是否被使用，均推定为在境外使用，除非行为人有合理辩解。此外，建议进一步加强国际司法交流与协助，完善有关多边或双边的司法协助协定、引渡条约操作细则，合理运用跨国社团组织、跨国企业的国际化资源，在取得涉外证据材料、公证文书等方面创造便利条件。

（三）增强被告人说明义务，提高违法犯罪成本

结合案件特征，增强犯罪嫌疑人或被告人说明义务，避免有人游走在灰色地带窃取他人创新成果。建议结合刑事诉讼的特点，适度参考《最高人民法院关于民事诉讼证据的若干规定》等民事法律规定，提高刑事推定的适用力度。按照相关民事司法解释规定，有证据证明一方当事人持有证据却无正当理由拒不提供的，如果对方

---

❶ 李慧娟. 知识产权诉讼程序研究［D］. 武汉：华中科技大学，2012：12.
❷ 江燕. 美国商业间谍法简介［J］. 西南政法大学学报，1999（11）：101.

当事人主张该证据的内容不利于证据持有人，则可以推定该主张成立。在刑事诉讼中，对于实际由被告人或犯罪嫌疑人掌握或控制、侦查机关难以获取的证据，按照正常逻辑，有关证据能够认定犯罪事实的，除非被告人或犯罪嫌疑人提供有效反对线索，否则按照现有证据认定。

（四）增加兜底条款适用的原则性规定，赋予司法人员依法裁量空间

《中华人民共和国刑法》及相关司法解释对侵犯著作权罪、危害计算机信息系统安全罪等规定了侵权数量、非法经营数额、违法所得数额等多种评价标准，但是对侵犯商业秘密罪仅规定了"造成权利人损失"一种，适用上难免会有局限性。随着作案手段的更新迭代，一些侵权行为有打击必要但因规定不明而难以追责。如为了抢占未来的市场份额，零收益或者负利润经营的，就难以按照侵犯商业秘密罪认定。故而建议增加对兜底条款适用的原则性规定，赋予司法人员依法裁量空间。建议综合市场份额抢占程度、侵权行为与损害结果之间的因果关系、非法经营数额等多种因素考虑，设置兜底条款。我们既要积极保护权利人的创新成果，也要警惕打击面过宽、阻碍新的发展。如未经同意非法使用他人商业秘密，在此基础上增加创作，对于没有原商业秘密，就不可能研发出涉案侵权产品的，建议将全部的违法所得作为犯罪金额进行整体认定，再根据具体情节酌定从轻或者减轻处罚。如果双方已经达成谅解，且系初犯、偶犯，情节较轻的，可以从宽处理，不再追究刑事责任。

赋予科研人员职务科技成果所有权或长期使用权调研分析报告[*]

唐素琴　杨淑萍　赵　宇　张　妍

一、引　言

赋予科研人员职务科技成果所有权或长期使用权（以下简称"赋权"）[❶]，是探索科技成果完成人与所属单位共享职务科技成果的新机制，是科技成果权益分配的重大突破。该举措的正当性不仅需要理论论证，更需要实证的支撑。项目组 2018 年和 2019 年分别获得国家知识产权局和中国科学院的软课题支持，就赋权改革面向科研院所、高校、科技型企业、地方政府科技管理部门等不同主体进行了广泛调查，期望通过本报告的实证分析和研究，呈现出赋权改革的动态变化和利益关联者的不同思考，为我国正在进行试点的赋权改革提供一定的借鉴。

二、赋权的含义和政策立法发展趋势

（一）赋权的含义及特征

1. 赋权的含义

"赋予科研人员科技成果所有权或长期使用权"的说法最早出自 2016 年 11 月中共中央办公厅和国务院办公厅印发的《关于实行以增加知识价值为导向分配政策的若干意见》。这一概念与四川省

---

[*] 本文获第十一届全国知识产权优秀调查研究报告暨优秀软课题研究成果评选二等奖。

[❶] 为简化起见，本报告没有对"赋权""职务科技成果权属混合所有制"以及"科研成果共有制"进行区分。这几个概念本质上建立了单位和成果完成人之间的"共有"关系，所以 2018 年国家知识产权局相关研究项目的题目是"科研成果共有制"。

委在 2015 年《中共四川省委关于全面创新改革驱动转型发展的决定》中提出的"职务科技成果权属混合所有制"一脉相承，因为其核心内容是改变现有立法中单位作为职务科技成果唯一权利人的做法，探索科研人员与所属单位作为科技成果共同所有人的机制。这一概念从本质上建立了单位和成果完成人之间的"共有"关系，所以理论上又可以称为"职务科技成果共有制"。

2. 赋权的特征

赋权政策旨在激发科研人员创新创业积极性，落实以增加知识价值为导向的分配政策。与《中华人民共和国促进科技成果转化法》（以下简称《促进科技成果转化法》）相比，赋权的突破在于"所有权"的突破。赋权是在"职务科技成果"和"非职务科技成果"两种类型之外，增加了单位和成果完成人（团队）"共享职务科技成果"的第三种模式。它将科技成果转化后奖励变为成果形成时或转化前奖励；对成果完成人的奖励从现金、股权等物质奖励变为权属奖励；赋权后，成果完成人（团队）身份发生变化，与单位不再是纯粹的管理关系，而是兼具管理及合作伙伴关系。

（二）赋权政策立法的发展趋势

赋权政策立法经历了"中央授权—地方探索—中央批复—地方试点—中央确认—地方扩大试点—中央扩大试点—地方立法—中央出台试点实施方案"的曲折发展过程。表 1 体现了赋权政策立法的发展趋势。对该趋势进行了解，有助于在实施或进一步落实赋权试点时有清晰的认识。

表 1　赋权政策立法的发展趋势

发展历程	文件名称	特点
中央授权 （2015 年）	《关于在部分区域系统推进全面创新改革试验的总体方案》	在包括四川省在内的 8 个区域启动创新改革试验工作
地方探索 （2015 年）	《中共四川省委关于全面创新改革驱动转型发展的决定》（川委发〔2015〕21 号）	首次在地方文件中提出"开展职务科技成果权属混合所有制试点"

续表

发展历程	文件名称	特点
中央批复（2016年）	《国务院关于四川省系统推进全面创新改革试验方案的批复》（国函〔2016〕112号）	原则同意《四川省系统推进全面创新改革试验方案》
地方试点（2016年）	《四川省职务科技成果权属混合所有制改革试点实施方案》（川科政〔2016〕5号）	提出探索开展"先确权、后转化"的有效机制
中央确认（2018年）	《国务院关于优化科研管理提升科研绩效若干措施的通知》（国发〔2018〕25号）	提出开展赋予科研人员职务科技成果所有权或长期使用权试点
地方扩大（2018年）	《关于扩大职务科技成果权属混合所有制改革试点的指导意见》（川科政〔2018〕9号）	探索横向委托项目及财政资金形成的成果分类，扩大改革试点范围
中央扩大（2018年）	《国务院关于推动创新创业高质量发展 打造"双创"升级版的意见》（国发〔2018〕32号） 《国务院办公厅关于印发科技领域中央与地方财政事权和支出责任划分改革方案的通知》（国办发〔2019〕26号）	提出"试点开展赋予科研人员职务科技成果所有权或长期使用权"
地方立法（2019年）	《北京市促进科技成果转化条例》	首次通过地方性法规明确科技成果的有关权益可以"全部或者部分给予科技成果完成人"
中央试点实施方案（2020年）	《科技部等9部门印发〈赋予科研人员职务科技成果所有权或长期使用权试点实施方案〉的通知》（国科发区〔2020〕128号）	分领域选择40家高等院校和科研机构开展试点，探索建立赋予科研人员职务科技成果所有权或长期使用权的机制和模式

三、对赋权改革的调查及问题分析

（一）研究项目基本情况及调查概况

项目组 2018~2019 年承担了 3 个与赋权有关的研究项目❶，为此进行了较大规模的调查访谈。本报告汇集了 3 个项目的调查内容，但以 2019 年 10 月在中国科学院开展的覆盖全国 12 个分院 80 家院属单位的调查问卷为本报告的核心内容。原因有二：其一，该问卷时效性强，反映被调查者对赋权改革的最新认识；其二，该问卷是针对职务发明人最翔实的问卷。以下首先简介座谈访谈情况，然后重点介绍问卷调查情况。

（二）座谈访谈相关问题分析

座谈访谈采取了单独座谈与集体座谈两种方式。除中国科学院相关院所集体座谈外，项目组还相继单独访谈了清华大学、西南交通大学、上海交通大学、腾讯公司、京东方公司、中关村科技园区管委会、西安市科技局、武汉东湖新技术开发区管委会等单位。

1. 中国科学院部分研究所对赋权的态度

2019 年 7 月，课题组组织了包括中国科学院理化技术研究所、生物物理研究所在内的 13 家研究所的科研管理代表进行了座谈，相关观点综述如下：

一部分研究所认为，无论是赋权还是按照《促进科技成果转化法》奖励，目的都是促进科技成果转化工作，两种方式殊途同归。个别研究所表示明确反对，认为赋权可能带来难以操作、降低效率、过分强调个人利益而忽略单位利益等问题。更多的研究所则对赋权效果持质疑态度。它们认为：第一，当前影响科技成果转化的主要障碍不是科研人员没有所有权的问题，而是欠缺高质量可供转化的科技成果；第二，实行赋权将加大权益激励的不均衡性；第

---

❶ 三个项目分别是国家知识产权局 2018 年"国家财政资助研究机构科研成果共有制调研论证"、2019 年"专利法及其实施细则产权激励相关问题调研论证"，2019 年中国科学院科技促进发展局"职务科技成果政策研究和试点方案"。

三,赋权是否符合国有资产管理要求仍值得商榷;第四,实行赋权对非应用领域人员发出错误的导向信号;第五,赋权将面临众多实际操作层面的问题,如不能妥善处理,制度的投入产出比将低于预期。

2. 部分高校对赋权的态度

项目组调研了清华大学、西南交通大学和上海交通大学。三所高校的观点和态度均有不同:西南交通大学是赋权的积极推动者和支持者;上海交通大学受访者对于赋权虽然支持,但与西南交通大学的做法又不同;清华大学受访者则认为该制度实施意义不大。

西南交通大学是赋权制度的先行者和支持者,其受访者建议修订相关法律并开展职务科技成果非国有资产化试点。上海交通大学刘群彦认为:赋权会对管理人员的预期形成稳定的效果,消除决策者进行成果转化决策的思想障碍;但赋权并不需要从成果产生之初就实施分权,建议通过事中分割来完成团队持股与收益返还。清华大学王玉柱认为:科技成果转化的当务之急是需要加强技术经理人的专业素质培养,为职务发明人提供更专业的科技成果转化服务;另外,高校应以教书育人为主流导向,不能一刀切地把老师统统带入成果转化创办公司的发展路径中;目前的科技成果转化服务体系相对比较完善,整体转化链条较为顺畅,没有必要再实施赋权。

3. 企业对实施赋权的态度

项目组调研了京东方公司和腾讯公司。京东方公司苏京认为:企业是自主经营的市场主体,希望将对职务发明人予以产权激励作为一种建议体现在文件而不是立法中,不同的企业依据自身具体情况来决定是否采纳。腾讯公司王为等人提出:从企业与高校、科研院所开展产学研合作的角度来看,职务发明权属增加权利人后将加大产学研合作的管理难度,影响产学研的工作效率,这与赋予科研人员职务科技成果所有权或长期使用权的初衷是想简化交易环节的想法是矛盾的。

4. 部分地方政府对赋权的态度

项目组调研了西安市科技局、武汉东湖新技术开发区管委会和中关村科技园区管委会。主要观点概括如下：首先，地方推动试点的动力来源于上级文件政策精神。2019年1月，国务院办公厅印发《国务院办公厅关于推广第二批支持创新相关改革举措的通知》（国办发〔2018〕126号），明确在8个改革试验区域推广以事前产权激励为核心的职务科技成果权属改革，各地区根据实际情况开展相关试点工作。其次，地方试点工作成效尚不明朗。截至本次调研活动开展之时，很多地方还处于落实中央文件而未有主动开展试点的阶段。最后，缺少专业转化人才和机构是科技成果转化的痛点和难点。

（三）问卷调查及分析

项目组通过问卷星在线开展了3次问卷调研。一是2018年6月开展的主要针对高校和科研院所的调研，分为管理人员和科研人员的4套问卷调查，共回收有效问卷478份；二是2019年6月开展的针对科研院所、高校、企业等主体涉及职务科技成果产权激励方式等问题的调查，共回收174份有效问卷；三是2019年10月开展的专门针对中国科学院系统科研人员涉及职务科技成果共有权试点等的调查，共回收447份有效问卷。以下将重点分析2019年10月针对中国科学院系统科研人员的问卷及其反映的相关问题。

1. 科研人员调研问卷分析

（1）当前职务科技成果转化现状的相关分析

① 对《促进科技成果转化法》实施后奖励落实及激励的评价

从图1可以看出，74.05%的受访者明确本单位已经实施了职务科技成果转化的奖励，回答"否"的受访者只有2.68%。由此可见，职务科技成果转化奖励已是一项普适性激励政策，覆盖单位和人员范围较广。

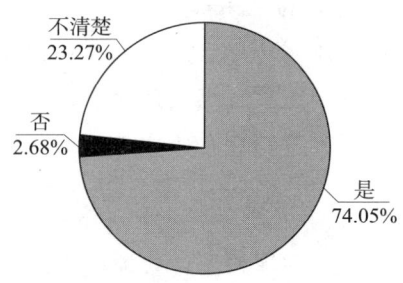

图1 受访者所在单位实施职务科技成果转化奖励情况的评价情况

② 科研人员对单位落实职务科技成果转化激励的评价

本题旨在了解科研人员对落实《促进科技成果转化法》激励的主观感受，以及检验当前奖励制度的实施效果。从图2可见，回答"显著提高"和"小幅提高"的受访者合计74.49%，说明现有激励措施基本达到激发科研人员职务科技成果转化积极性的预期目的。13.42%的受访者表示成果转化积极性无明显变化，可能基于两方面原因：一是目前激励的程度不够，激励方式有待改进，科研人员需要其他因素的改进来提高其转化积极性；二是这部分受访者有可能并不关注激励状况与个人的关系。

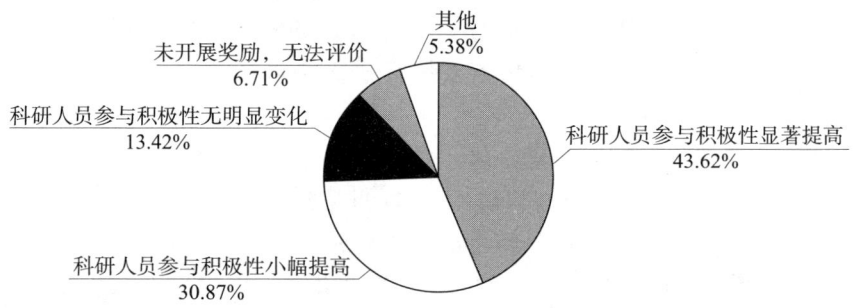

图2 受访者对其单位落实职务科技成果转化激励的评价情况

③《促进科技成果转化法》实施后，实施职务科技成果转化的项目数量、合同金额与以前相比的变化情况

如表2所示，《促进科技成果转化法》实施后，45.64%受访者

认为其课题组的转化项目明显增多。可以看出激励机制提出后,职务科技成果转化的活跃度确实有所加强,科研人员除了科研工作外,亦将工作内容扩展至成果转化领域。职务科技成果转化合同金额总量明显增多的只有 23.04%。这说明虽然转化项目明显增多,但转化的合同金额增长不大或收益不够显著,效果显现需要有一个过程。同时也从侧面说明,影响职务科技成果转化成效的有多种因素,仅仅依靠科研人员的积极性提升并不能从根本上解决职务科技成果转化的成效问题。政策的制定者应从多个方面为提高职务科技成果转化成效进行考虑。

表2 职务科技成果转化项目数量、合同金额变化情况

选项	选择人次	比例
科技成果转化项目数量明显增多	204	45.64%
科技成果转化项目数量无明显变化	120	26.85%
科技成果转化项目数量明显变少	6	1.34%
科技成果转化合同金额总量明显增多	103	23.04%
科技成果转化合同金额总量无明显变化	71	15.88%
科技成果转化合同金额总量明显变少	1	0.22%
不清楚	81	18.12%
本题有效填写人次	447	

注:受访者可选择多个选项。

④ 目前职务科技成果转化中存在的主要障碍和问题

表3中数据显示,科研人员认为排在前三位的障碍和问题分别是"缺乏转化专业人才,科研院所与企业对接能力较弱"(58.84%)、"技术成果不成熟,达到转化条件的较少"(56.15%)、"科技成果转化体系诸要素配置不完善"(44.3%)。以上表明科研人员认为职务科技成果转化体系不完善(譬如缺乏专业转化人才)和技术成果不成熟(即科技成果供给端的问题)是目前最突出的问题。

表3 对职务科技成果转化存在的主要问题与障碍的认知情况

选项	选择人次	比例
目前的科技成果转化激励不足	170	38.03%
科技成果不成熟，达到转化条件的较少	251	56.15%
接收科研院所科技成果的企业转化能力较弱	149	33.33%
缺乏转化专业人才，科研院所与企业对接能力较弱	263	58.84%
科技成果转化体系诸要素配置不完善	198	44.30%
担心国有资产流失的风险，推动科技成果转化工作有顾虑	147	32.89%
其他	17	3.80%
本题有效填写人次	447	

注：受访者可选择多个选项。

需要关注的是，在科研人员认为上述三个要素是制约职务科技成果转化的主要障碍的情况下，是否还需要特别关注提高科研人员积极性的措施？已有激励措施还没有释放出最佳效果时，在制度上再激发科研人员积极性是否能从根本上提升职务科技成果转化效果是值得怀疑的。

⑤ 科研人员对于管理人员获得职务科技成果转化激励的态度

为提高科研管理人员特别是专业转化人员的积极性，大多数科研人员都认为可对职务科技成果转化管理人员实施转化激励，只是对于奖励比例存在不同的观点（参见表4）。这表明，给予职务科技成果转化管理人员一定的激励在科研人员的群体中具有较高认同度。再结合前述对职务科技成果转化的主要障碍和问题的认知，我们认为当前需要更多地考虑在给予职务科技成果转化管理人员激励方面进行有益尝试，破除成果转化难的困局，培养高素质的专业转化人才。

表4 科研人员对于职务科技成果转化管理人员获得转化激励的态度调研结果

选项	选择人次	比例
可以奖励，奖励比例最高占全部奖励份额的10%	92	20.58%
可以奖励，奖励比例最高占全部奖励份额的20%	79	17.67%
可以奖励，奖励比例最高占全部奖励份额的30%	62	13.87%

续表

选项	选择人次	比例
可以奖励，奖励比例最高占全部奖励份额的40%	18	4.03%
可以奖励，奖励比例最高占全部奖励份额的50%	60	13.42%
可以奖励，奖励比例可超过全部奖励份额的50%	128	28.64%
不应当予以奖励	8	1.79%
本题有效填写人次	447	

(2) 对赋权奖励的相关分析

① 科研人员对实施赋权的态度

从图3可以看出，科研人员对实施职务科技成果共有持积极态度，愿意参与试点的受访者占总人数的93.74%。

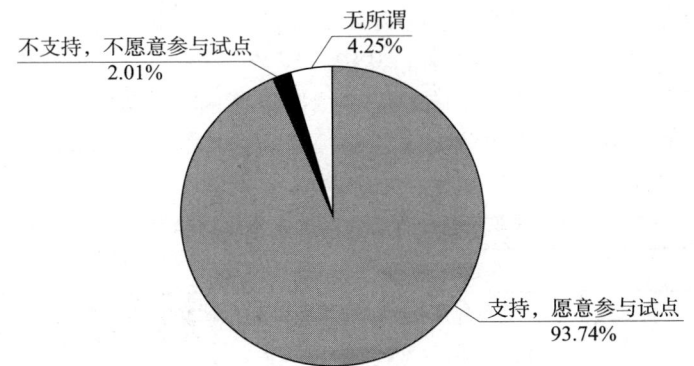

图3 科研人员对实施职务科技成果共有的态度调研结果

② 科研人员向单位提出赋权意向的情况

结合图3来看，有93.74%的科研人员对实施成果共有持积极的态度，表明愿意参与试点。但图4则显示，科研人员愿意将赋权付诸行动，准备向单位提出申请的仅为34.90%，50.78%的人表示不确定。由此可见，科研人员从主观感受上对赋权持积极态度，但从理性上讲，由于实施的各种不确定性，其对亲身参与实施赋权仍持观望态度。

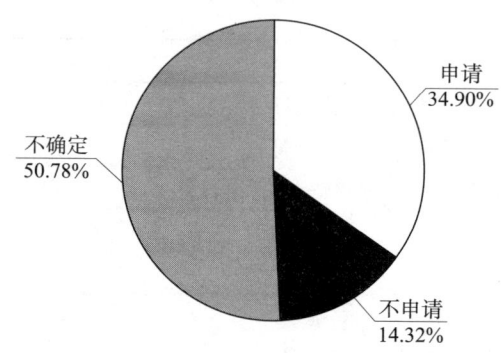

图 4　科研人员申请实施职务科技成果共有意向调研结果

③ 科研人员认为当前实施赋权的主要障碍和问题

本题是上一题的重要补充。表 5 表明，目前科研人员对于实施赋权处于观望的主要原因在于操作层面的不确定性，以及国有资产管理带来的审计、巡视风险。其中，82.77％的受访者认为赋权实施的操作细节不明确是影响其提出赋权申请的最主要障碍。当前实施赋权试点中，试点单位制定便于操作的内部管理制度和操作流程是首要任务。

表 5　关于实施职务科技成果共有的主要障碍和问题调研结果

选项	选择人次	比例
不符合现行的国有资产管理制度，担心后续有审计、巡视风险	242	54.14％
对职务科技成果共有权实施的操作细节不明确，担心在执行层面有障碍	370	82.77％
担心与工商、税务等行政审批机关的操作流程、优惠政策不匹配	210	46.98％
其他	14	3.13％
本题有效填写人次	447	

注：受访者可选择多个选项。

④ 消除赋权障碍的措施

表 6 显示，科研人员认为的消除赋权障碍和问题应采取的措施

中,排在前三位的分别是"试点工作应尽量细化,最好附上实施说明便于落实"(75.62%)、"试点须经中科院国有资产、人事等相关部门配合并辅之配套措施支持"(71.36%)和"试点工作应配合其他科技创新改革方案一起推出,提高科技成果转化要素协同性"(66.00%)。只有不到一半的受访者认为宣传赋权的积极意义对消除障碍有帮助。

表6 科研人员认为的消除赋权障碍和问题应采取的措施调研结果

选项	选择人次	比例
试点须经中科院国有资产、人事等相关部门配合并辅之配套措施支持	319	71.36%
试点工作应尽量细化,最好附上实施说明便于落实	338	75.62%
试点工作应配合其他科技创新改革方案一起推出,提高科技成果转化要素协同性	295	66.00%
宣传职务科技成果共有制的积极意义,提高相关人员推动试点的积极性	208	46.53%
其他	16	3.58%
本题有效填写人次	447	

注:受访者可选择多个选项。

⑤ 赋权后职务发明人的义务

表7表明:对于赋权后职务发明人应承担的义务,多数科研人员认同主动推动职务科技成果转化;但对于承担专利维护费、离职后将专利权利转回单位、如在一段时间内未完成职务科技成果转化则应该放弃专利权等,科研人员认同率较低,尤其对于专利维护费,科研人员倾向于使用课题组经费部分或全部承担,而非个人资金承担,表现出科研人员将个人义务与课题组义务相混同的趋势。

表7 赋权后职务发明人应承担的义务调研结果

选项	选择人次	比例
主动推动职务科技成果转化	366	81.88%
使用个人资金承担部分或全部专利维护费	79	17.67%
使用课题组经费承担部分或全部专利维护费	201	44.97%

续表

选项	选择人次	比例
离职前，同意办理专利权利人变更，由双方共有变更为单位所有	159	35.57%
约定分割确权后一段期限内，如未实施成果转化，发明人应放弃专利权	96	21.48%
其他	10	2.24%
本题有效填写人次	447	

注：受访者可选择多个选项。

⑥ 赋权后应采用的提高效率的决策机制

对于赋权后职务科技成果的使用、处置决策机制，选择表8涉及的三种解决方案的受访者各占约1/3，说明参与问卷调研的人尚未对决策机制形成一个比较聚焦的答案。但从另一个角度来看，科研人员倾向于提前约定将使用权、决策权集中授权给其中一方，以减少决策成本；但对于授予哪方决策则存在不同的想法，选择提前约定由单位决策和由发明人决策的分别占全部受访人数的34.00%和30.65%。

表8 赋权决策机制调研结果

选项	选择人次占比
提前约定，发明人应与单位使用、处置意见保持一致	34.00%
提前约定，单位应与发明人使用、处置意见保持一致	30.65%
成果转化前，双方协商使用、处置	34.90%
其他	0.45%

2. 科研人员与管理人员调研问卷对比分析

以下对比分析的分别是2019年6月和10月的两次问卷，其中科研人员有效问卷447份，管理人员有效问卷95份。❶

---

❶ 2019年6月针对高校、科研院所、企业等多元主体的调研的有效问卷为174份，其中管理人员有效问卷95份。

(1) 对职务科技成果转化主要障碍和问题的认知的对比分析

从图5看,科研人员、管理人员对于职务科技成果转化存在的主要障碍与问题的认知,既统一又有所不同。统一的看法是技术成果的成熟度低、转化人才缺乏、转化体系诸要素配置不完善是排在前三的制约因素。双方关于职务科技成果的供给和整体转化环境对目前转化工作的阻碍作用的认知是趋同的,但作为成果供给主体的科研人员认为,缺乏转化专业人才是难以开展成果转化的最主要原因。双方认知存在明显差异的地方是,管理人员更担心国有资产流失的风险。此外,管理人员选择"职务科技成果产权激励措施不足"的比例较低,即很多管理人员认为科研人员的激励力度已足够;相反,科研人员由于是被激励的主体,因此仍有相当比例的人员认为当前激励不足。

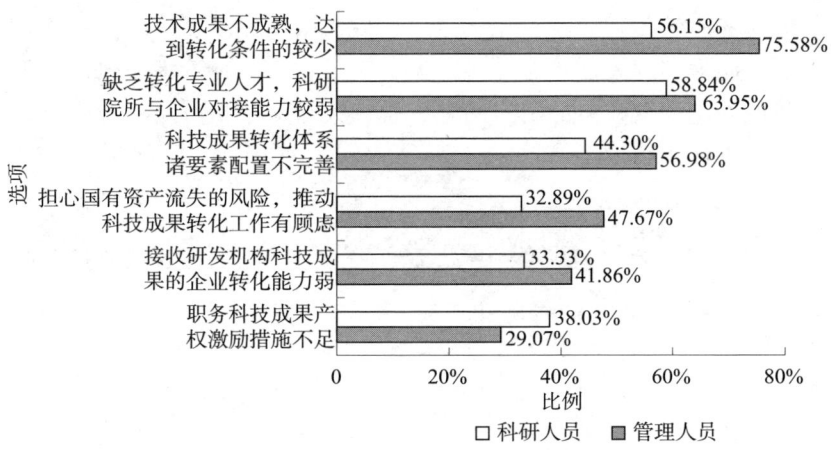

图5 管理人员、科研人员对职务科技成果转化主要障碍和问题的认知对比

(2) 对实行赋权态度的对比分析

从图6可以看出,对于实行赋权的态度,管理人员与科研人员有明显差异。明确支持本单位赋权试点的管理人员、科研人员分别占其对应受访人数的26.74%、93.74%,体现出科研人员对于开展赋权试点持特别积极的态度;但与此对比,管理人员基于落实管理职能的现实,除考虑激发科研人员积极性这一因素外,还会考虑到

实行赋权试点的管理、决策成本和投入产出比等管理要素,因此对于本单位实行试点普遍持谨慎观望的态度。

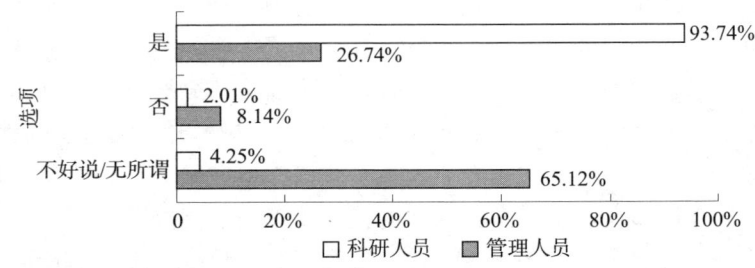

图6 管理人员、科研人员对实行赋权的态度对比

(3) 对实施赋权可能存在的阻碍的认知的对比

从图7可见,管理人员、科研人员对于执行层面可能存在的问题和障碍都非常关心,比例分别为90.70%和82.77%。由于工作职责的不同,管理人员相对于科研人员更加担心审计、巡视风险以及与其他部门优惠政策的衔接问题。管理人员对于执行层面存在问题的预期更加明确。

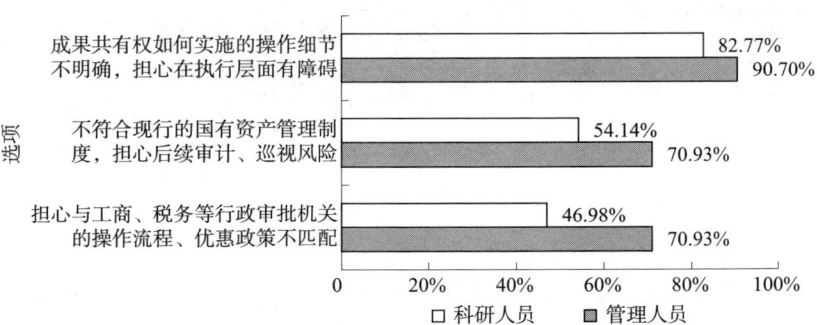

图7 管理人员、科研人员对实施赋权可能存在的障碍的认知对比

四、对实施赋权试点改革的政策建议

(一) 参与赋权试点以自愿申请为原则

通过调研分析可知,实施赋权将对各单位的科技和产业化管理带来不小的冲击，不仅增加管理成本，而且因为实施赋权的成效目前尚无普适的案例，各单位尤其是管理人员持观望态度的居多。因此建议各单位依据本单位的学科特点、科技管理水平、转化方式等情况，以自愿为原则申请开展赋权工作。

（二）制定赋权工作方案是试点单位的首要任务

确定为赋权试点的单位，首先需要根据本单位实际情况，认真研究执行层面的操作细节，制订详细方案和相关制度，必要时聘请律师等专业人士草拟职务科技成果产权分割协议，以保障单位的合法权利，稳步开展赋权工作。其次，试点单位应及时组织对科技管理人员及科研人员开展针对赋权工作的培训，培训内容包括国家政策文件、相关法律制度、配套政策的解读。定期组织已开展试点单位进行经验交流，总结并推广优秀试点工作经验。发现问题应及时出台解决措施，若发现严重问题应进行调整，及时止损并考虑终止试点。

（三）加快转移转化专业服务人才队伍建设

赋权试点对知识产权管理和科技成果转化人员提出了更高要求。建议通过知识产权培训、加强知识产权与理工科交叉人才培养等方式，提升现有成果转化人员能力；制定对从事专业转化工作的人员和相关管理人员的激励措施，吸引更多复合型人才从事科技成果转化工作；主管部门通过考察、筛选、推荐较为成熟的知识产权转化服务中介机构，试点单位通过签订长期协议解决科技成果转化专业人才匮乏问题。主管单位需要协调各相关部门形成联动机制，制定或修订相关配套措施，指导试点单位制定具体操作规程，共同稳步推进赋权试点工作。

（四）牢牢把握成果转化是赋权宗旨的主线

实施赋权试点时，需牢牢把握"促进科技成果转化"这一主线。一是在面向科研人员进行宣传时，强调职务科技成果转移转化的义务，强调科研人员进行转化的责任，让有热情的科研人员带着有市场潜力的职务科技成果进入市场。二是试点单位可参考科学技术部的试点协议范本，结合本单位知识产权管理实际，与科研人员签订赋权协议,将"促进成果转化、实现应用价值"作为确定双方权利义务的宗旨,在保障单位基本权益的情况下,为职务科技成果转化创造条件。三是及时了解、评价科研人员职务科技成果赋权后的转化状况,形成跟踪报告制度;对于一定时间内尚无转化或无转化成效的职务科技成果,实行强制退出试点制度,避免出现科研人员"分权"后转让权利或搁置不转化的情况。

2019年中国知识产权发展状况评价报告[*]

龚亚麟　韩秀成　梁心新　邓仪友　夏淑萍　雷　怡　王　淇
陈泽欣　刘　谦　王晓浒　朱　丹　赵　铭　周　航　杨晓芳

党的十八大以来，党中央、国务院对知识产权作出一系列重大决策和部署，出台一系列政策措施，推动我国知识产权事业取得历史性成就。2019年，党的十九届四中全会指出："建立知识产权侵权惩罚性赔偿制度，加强企业商业秘密保护。"中共中央办公厅、国务院办公厅印发《关于强化知识产权保护的意见》，为新时代全面加强知识产权保护提供了基本遵循。随着我国经济社会发展水平不断提高，创新形式层出不穷，创新驱动发展已经成为经济发展的核心动力，知识产权在经济社会发展中的重要性日益凸显。《2019年中国知识产权发展状况评价报告》（以下简称"报告"）构建了面向全国及各地区知识产权高质量发展的评价体系，并且为了更好地反映我国的知识产权发展状况，加入了国际比较的内容，形成知识产权发展状况国际比较评价指标体系[❶]。报告评价体系形成了全国和各地区知识产权发展监测评价机制，客观反映了全国和各地区知识产权发展水平和工作成效，体现了随时间变化的我国全国和各地区知识产权的发展特征。

一、从关键指标回顾我国知识产权2010年以来的发展

（一）综合发展成效显著，实施知识产权战略影响深远

全国知识产权发展状况指数以2010年为基期年份，设置2010年综合及创造、运用、保护、环境发展指数为100，并对2010～

---

[*] 本文获第十一届全国知识产权优秀调查研究报告暨优秀软课题研究成果评选二等奖。

[❶] 报告涉及的指标体系及其指标释义参见国家知识产权局知识产权发展研究中心官网发布的报告全文：http://www.cnipa-ipdrc.org.cn/UpLoad/2020-09/202091892354.pdf。

2019年的全国数据进行测算。如图1所示，2010年以来，全国知识产权综合发展指数稳步上升，2019年达到279.2。

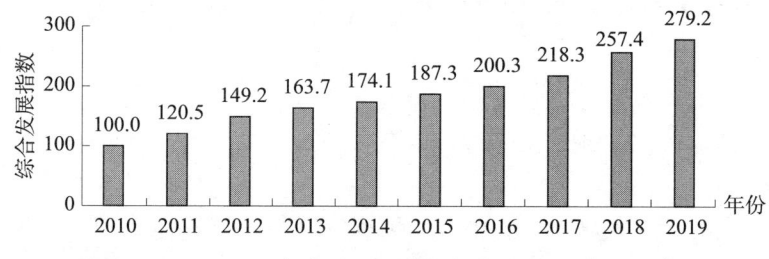

图1 2010~2019年全国知识产权综合发展指数变化情况

2008年，我国颁布《国家知识产权战略纲要》（以下简称《纲要》），启动实施国家知识产权战略。《纲要》指出："到2020年，要把我国建设成为知识产权创造、运用、保护和管理水平较高的国家。知识产权法治环境进一步完善，市场主体创造、运用、保护和管理知识产权的能力显著增强，知识产权意识深入人心，自主知识产权的水平和拥有量能够有效支撑创新型国家建设，知识产权制度对经济发展、文化繁荣和社会建设的促进作用充分显现。"国家知识产权战略实施以来，特别是党的十八大以后，我国知识产权事业发展发生了巨大变化，取得了历史性成就。总体来看，国家知识产权战略的实施对我国建设创新型国家和知识产权强国产生了重大而深远的影响，发挥了积极而重要的作用。

（二）知识产权创造蓬勃发展，开启高质量发展"新时代"

国家知识产权战略实施以来，我国知识产权创造快速发展，已经成为名副其实的知识产权大国。评价结果（参见图3）显示，全国知识产权创造发展指数持续上升，尤其是党的十八大以后，增幅明显加快，2019年，达到270.5。快速增长的指数背后，是知识产权创造各指标相应领域取得的发展成绩。2019年，我国国内发明专利授权量为35.4万件（不含港澳台），是2010年的4.8倍；国内商标注册量为602.8万件（不含港澳台），是2010年的5.2倍；

国内著作权登记量[1]为 418.6 万件（不含港澳台），是 2010 年的 9.5 倍。世界知识产权组织（WIPO）有关数据显示，至 2019 年，我国受理的发明专利申请量已经连续 9 年位居世界第一，已经成为继美国、日本之后第三个国内有效发明专利拥有量突破 100 万件的国家，是世界上第一个年发明专利申请量突破 100 万件的国家。

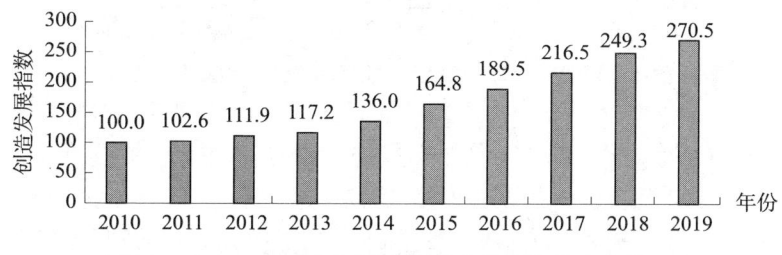

图 2　2010～2019 年知识产权创造发展指数变化情况

（三）知识产权运用效益凸显，促进经济创新增长

知识产权经济效益是知识产权战略实施的核心目标之一。从知识产权运用发展指数变化趋势（参见图 3）来看，自 2010 年以来，我国知识产权运用水平整体上呈现平稳增长的态势。其中，2014～2017 年增速放缓；2018 年有了较大幅度的增长；2019 年为 234.0，保持了上年运用水平。

知识产权运用效益提升，有力地促进了经济社会发展。2018 年我国专利密集型产业增加值达到 10.7 万亿元，占 GDP 的比重达到 11.6%。专利密集型产业成为经济高质量发展的重要支撑。2018 年，版权产业的行业增加值占 GDP 的比重达到 7.37%，较 2010 年提升 0.8 个百分点。

知识产权运营体系建设逐步完善，市场主体运用知识产权的能力逐步提高。2019 年，专利申请权和专利权转让数量为 21.3 万件，是 2010 年的 35.7 倍；商标转让数量达到 44.6 万件，是 2010 年的 7.0 倍。2018 年我国技术市场成交合同项数为 41.2 万项，金额达到 41.2 亿元，分别是 2010 年的 1.9 倍和 5.8 倍。

---

[1] 著作权登记量为当年作品自愿登记量与当年计算机软件著作权登记量之和。

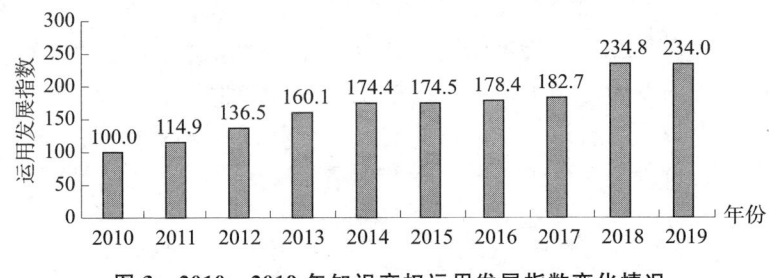

图3 2010~2019年知识产权运用发展指数变化情况

(四)知识产权保护全面加强,保护水平显著提升

随着知识产权保护制度体系建设不断完善,我国逐步构建了严保护、大保护、快保护、同保护于一体的知识产权保护格局。如图4所示,2019年我国知识产权保护指数增至314.8,保护水平显著提升。2019年,我国知识产权保护社会满意度得分为78.98分,较2012年提升15.29分。知识产权保护成效获得社会各界普遍认可。

司法审判方面,中共中央办公厅、国务院办公厅于2018年2月印发实施《关于加强知识产权审判领域改革创新若干问题的意见》,司法保护体系建设全面加强,审理案件数量成倍增长,审判质效大幅提升,知识产权司法保护水平、司法公信力和国际影响力明显提高。2014年底,北京知识产权法院、广州知识产权法院、上海知识产权法院相继设立。2017年起,南京、苏州、武汉、成都等21个城市先后设立跨区域管辖的知识产权专门审判机构。2019年成立最高人民法院知识产权法庭,完善知识产权技术类案件上诉审理机制。2019年全国地方人民法院新收知识产权民事、行政、刑事一审案件量分别达到399 031件、16 134件、5242件,分别审结394 521件、17 938件、5075件。知识产权检察监督方面,审查逮捕、起诉工作持续加强,有效打击了侵犯知识产权犯罪行为。2019年全国检察机关批准逮捕涉及知识产权犯罪案件数为4346件,提起公诉的涉及侵犯知识产权犯罪案件为5433件。

图 4　2010～2019 年知识产权保护发展指数变化情况

（五）保护意识显著增强，知识产权环境发展取得实质进展

国家知识产权战略实施以来，我国知识产权法律法规不断修订完善，建立了基本完备的知识产权法律制度体系。2018 年中共中央印发《深化党和国家机构改革方案》，重新组建国家知识产权局，整合商标管理与原产地地理标志职责，由国家市场监督管理总局管理。我国知识产权管理体制改革取得了突破性进展，有效地提高了管理效能。如图 5 所示，自 2010 年以来，知识产权环境发展指数连续提升，2019 年达到 297.4。总体来看，我国在知识产权环境发展方面取得了实质性进展。一方面，知识产权服务体系更加健全，为支撑我国建设创新型国家和促进高水平对外开放等发挥了重要作用。在知识产权服务业发展方面，2019 年专利代理机构（含分支机构）和商标代理机构数量由 0.6 万个增加到 5.1 万个❶。知识产权市场服务领域不断涌现出新的知识产权服务类型，例如知识产权战略咨询、信息检索、价值评估、金融保险等。在市场服务人才队伍方面，执业专利代理师数量由 2010 年的 0.6 万人增加到 2019 年的超过 2.0 万人。随着我国知识产权质押融资工作在全国范围内广泛推行，知识产权质押融资已经成为实现知识产权价值、服务中小微企业的知识产权金融服务的重要模式。2019 年，我国国内专利质押融资金额达到 1044.0 亿元（不含港澳台），是 2010 年的 12.9

---

❶ 截至 2019 年底，专利代理机构数量（含分支机构）与商标代理机构数量之和，不包括知识产权信息服务、运营服务、维权援助等机构以及其他类型知识产权服务机构的数量。统计口径详见报告附录一"知识产权服务机构数量"指标解释。

倍；国内商标质押融资金额达到370.8亿元（不含港澳台），是2010年的2.6倍；版权质押担保金额为73亿元。另一方面，创新发展、尊重知识、诚信守法等知识产权文化日益深入人心，知识产权保护意识显著提升。2010～2019年，每万人口专利申请量由8.1件增加到29.9件，每万人口商标申请量由7.0件增加到53.3件，每万人口著作权登记量由3.4件增加到30.0件。创新主体寻求知识产权保护的意愿较为强烈。

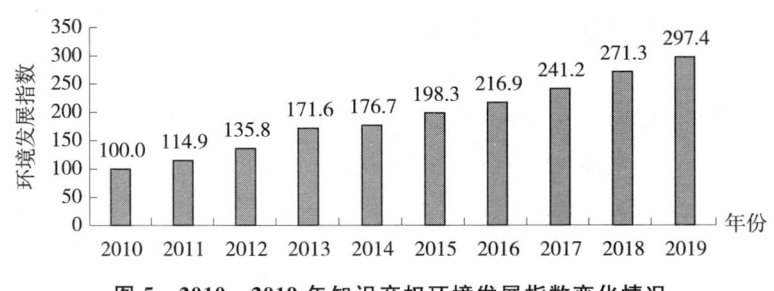

图5　2010～2019年知识产权环境发展指数变化情况

二、地区知识产权发展状况

（一）2010～2019年地区知识产权综合发展趋势

如图6所示，2010～2019年我国各地区知识产权综合发展指数的位次变化呈现出区域分布相对固化的特征。从2019年位次来看，第一组为广东、上海、江苏、北京、浙江和山东。2010～2019年上述地区持续位居前六位，位次相对稳定，波动较小。第二组为安徽、四川、福建、湖北和辽宁。与2010年相比，该组中多数地区发展成效提升明显。第三组为陕西、天津、湖南、河南和重庆。该组各地区位次变化明显的同时，出现跨组变化的情况。第四组（河北、云南、黑龙江、吉林和江西）和第五组（广西、贵州、新疆、甘肃和内蒙古）位次跨组变化的现象进一步加剧。第六组为山西、宁夏、青海、海南和西藏。该组各地区位次变化趋于稳定。

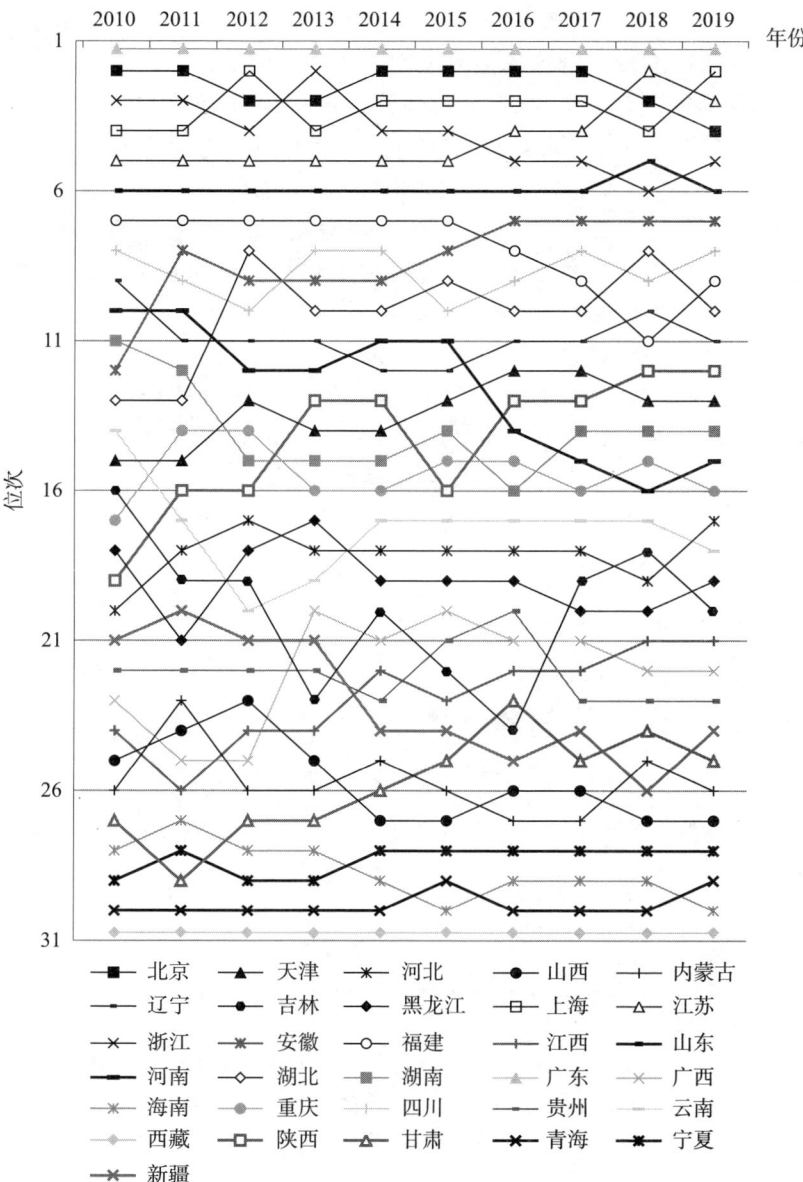

图6 2010～2019年各地区知识产权综合发展指数位次变化

(二)2019年地区知识产权综合发展状况

1. 知识产权区域不均衡发展现象仍在持续

2019年,全国31个省区市的知识产权综合发展指数阶梯状分布特征仍然持续,区域差异与我国经济发展呈现出的梯度推进特点紧密相关。整体来看,我国知识产权发展东部优于中部、东北部及西部地区,但2019年部分中西部地区与东部地区之间的发展差距进一步缩小。2019年知识产权综合发展指数具体可归为四个梯队,西藏首次提升至第四梯队。

2. 知识产权环境区域差异更加明显

如图7所示,按照知识产权综合发展指数地区排序,将四个一级指标要素指数和综合发展指数相比较,可见各地区知识产权创造、运用、保护和环境的发展状况等四项要素指数与综合发展指数的地区间差异情况大体一致,不同要素之间相辅相成,波动幅度也相对一致。

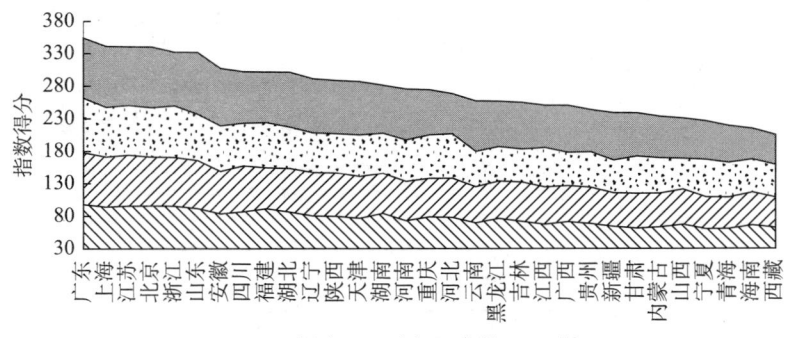

图7 2019年各地区知识产权发展结构

其中,各地区知识产权环境发展指数区别相对较大,排名相对靠后地区在知识产权环境发展方面更显薄弱,需进一步强化知识产权制度和体系建设,注重营造区域良好创新生态,形成区域特色知识产权发展路径。

3. 保护、运用是区域知识产权发展结构优化重点

从各一级指标发展指数得分与知识产权综合发展指数得分的比

值所反映的贡献情况来看，2019年各地区知识产权创造发展指数对综合发展指数的贡献均超过100%参考线（参见图8），绝大多数地区知识产权环境发展指数对综合发展指数的贡献超过100%参考线（参见图9），少数地区知识产权保护发展指数对综合发展指数的贡献超过100%参考线（参见图10），各地区知识产权运用发展指数对综合发展指数的贡献均未超过100%参考线（参见图11）。

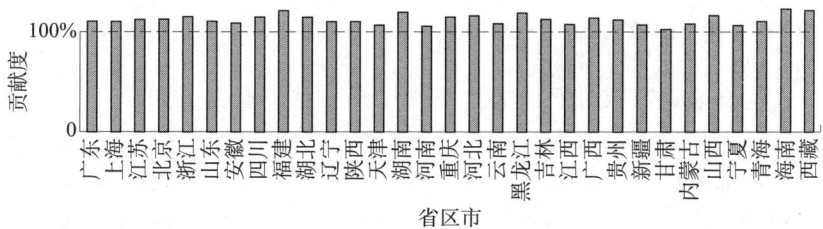

图8　2019年各地区知识产权创造发展指数对知识产权综合发展指数的贡献情况

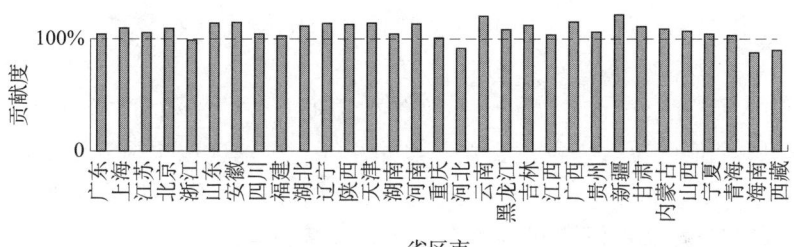

图9　2019年各地区知识产权环境发展指数对知识产权综合发展指数的贡献情况

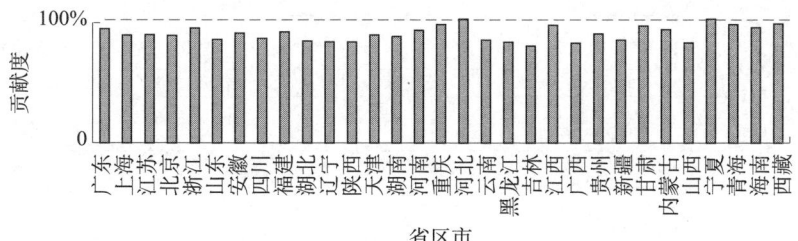

图10　2019年各地区知识产权保护发展指数对知识产权综合发展指数的贡献情况

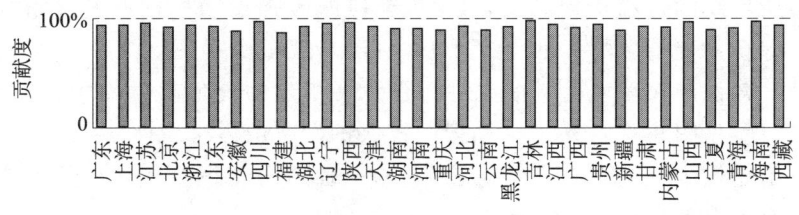

图 11　2019 年各地区知识产权运用发展指数对知识产权综合发展指数的贡献情况

我国知识产权综合发展水平的提升，主要取决于知识产权保护成效及运用效益的提升。区域知识产权发展一方面要强化知识产权保护，加强区域保护能力建设；另一方面要以知识产权护航经济高质量发展为突破点，促进知识产权价值实现，充分发挥创新驱动发展作用。

4. 冀沪闽新知识产权发展速度较快

如图12所示，2019年地区知识产权综合发展指数排名情况与2018年比较，位次变化相对稳定，变化幅度集中在-2～2区间。其中，河北、上海、福建、新疆位次均提升2位，相对较快；天津等11个地区位次未发生变化；黑龙江等5个地区位次提升了1位。

河北、上海、福建和新疆等知识产权综合发展水平提升速度相对较快的地区，促进知识产权发展的要素主要集中在创造与环境，其中上海知识产权运用发展水平提升相对明显。

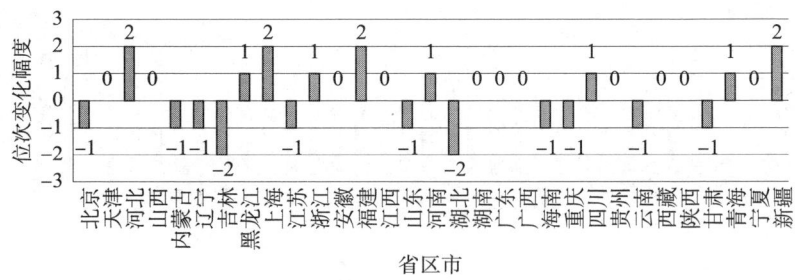

图 12　2018～2019 年各地区知识产权综合指数位次变化情况

(三) 2019年地区知识产权创造发展状况

1. 创造数量稳步增长

2019年四川、山东、福建、湖北、江苏、广东、浙江等地区创造数量指数得分超过90，处于领先地位。其中，四川、山东、福建等地各类型知识产权创造数量发展情况较为均衡。

2. 创造质量提升效果凸显

从创造质量指数得分来看，各地区提升效果显著，超过90分的地区达到6个，依次分别为广东、北京、上海、江苏、浙江和山东。与2018年相比，得分超过80分的地区增加了6个。

3. 创造效率各地区变化存差异

在知识产权创造效率指数得分方面，超过80分的地区达到18个，与2018年相比增加1个地区。总体来看，东部地区创造效率相对稳定，北京、广东、浙江、上海等地较2018年位次未变但分值有所下降；东北地区、中部地区及西部地区得分有增有降，其中安徽、重庆、陕西等地较2018年有所提升，宁夏、甘肃等地有所下降。

4. 创造效率仍然是地区知识产权创造发展指数的主要贡献者

从创造数量、质量和效率二级指数对创造发展指数的贡献情况来看，半数左右地区创造数量和质量指数的贡献未超过100%参考线。但是，绝大部分地区的创造效率指数对创造发展指数的贡献超过了100%参考线。因此，创造效率仍是推动各地区创造水平提升的主要贡献者。

(四) 2019年地区知识产权运用发展状况

1. 运用规模逐步扩大

与2018年相比，2019年各地区知识产权运用规模指数得分普遍提升，其中江苏、广东、北京、上海、山东、浙江、四川、安徽和湖北均超过70。同时，得分在50以下的地区与2018年相比减少2个。

2. 运用效益变化趋势地区差异明显

2019年各地区知识产权运用效益指数变化趋势差异明显：部

分地区得分提升显著,例如上海、四川等;部分地区运用效益得分下降,例如广东、江苏。2019年得分超过70的地区为6个,较2018年减少。

3. 运用规模贡献大于运用效益

从运用规模指数和运用效益指数对运用发展指数的贡献情况来看,各地区运用规模和运用效益对运用发展的贡献情况差异明显,绝大多数地区知识产权运用规模指数对运用发展指数的贡献高于100%参考线。

(五)2019年地区知识产权保护发展状况

1. 东部地区司法保护发展水平较高

2019年,广东和北京知识产权司法保护指数得分分别达到90.0和80.6,明显高于其他地区。各地区经济发展状况是知识产权司法案件活跃性的主要影响因素,经济发达地区司法保护发展水平整体较高。

2. 浙粤闽冀地区行政保护成效突出

2019年,浙江、广东、福建和河北知识产权行政保护指数得分均达到80以上,得分达到70以上的地区还有江苏、北京、上海、山东和安徽。

3. 各地区保护效果提升显著

2019年,各地区知识产权保护效果指数得分明显提升,其中上海得分超过80;得分超过70的地区达到16个,较2018年增加5个。

4. 各地区知识产权保护效果的贡献显著

从知识产权司法保护指数、行政保护指数和保护效果指数对知识产权保护发展指数的贡献情况来看:广东和北京司法保护指数对知识产权保护发展指数的贡献超过100%参考线,大多数地区行政保护指数对知识产权保护发展指数的贡献超过100%参考线,各地区保护效果指数对知识产权保护发展指数的贡献普遍超过100%参考线。

(六) 2019 年地区知识产权环境发展状况

1. 知识产权法律制度体系不断完善

2019 年知识产权制度指数得分中，山东连续 8 年居于首位；得分超过 80 的地区有 9 个，超过 70 的地区有 17 个，和 2018 年相比基本持平。

2. 粤苏浙鲁知识产权服务水平持续领先

2019 年广东、江苏、浙江、山东和北京的知识产权服务指数得分超过 90，上述地区知识产权服务水平持续领先。2019 年知识产权服务指数得分超过 80 的地区有 10 个，较 2018 年有所减少。

3. 各地区知识产权意识整体大幅提升

2019 年各地区知识产权意识得分较 2018 年显著提升，北京和上海得分为 100，得分超过 80 的地区达到 17 个。

4. 东部地区知识产权服务指数对知识产权环境指数提升贡献较高

从各地区知识产权制度、服务和意识指数对知识产权环境指数的贡献情况来看，各地区制度对知识产权环境发展的贡献差异较大；东部地区服务因素对知识产权环境发展的贡献普遍较高；各地区知识产权意识对知识产权环境发展的贡献较高，绝大多数超过 100% 参考线。

三、我国知识产权发展状况的国际比较

(一) 总体发展状况的国际比较

1. 我国知识产权发展水平稳步提升

如图 13 所示，从得分分布上看，2018 年世界知识产权发展状况依然呈现梯队状分布。第一梯队美国、日本的知识产权发展状况总指数得分领先其他样本国家，两国所处优势地位明显；得分大于 50 的第二梯队国家排名相对稳定，得分与美国、日本的差距较 2017 年又有所缩小。我国知识产权发展水平稳居世界中上游，2018 年超越瑞典，世界排位由第 9 位上升至第 8 位。较之 2017 年，我国的知识产权发展状况总指数得分从 63.18 提升至 67.08，与知识产权强国的差距呈现缩小趋势。

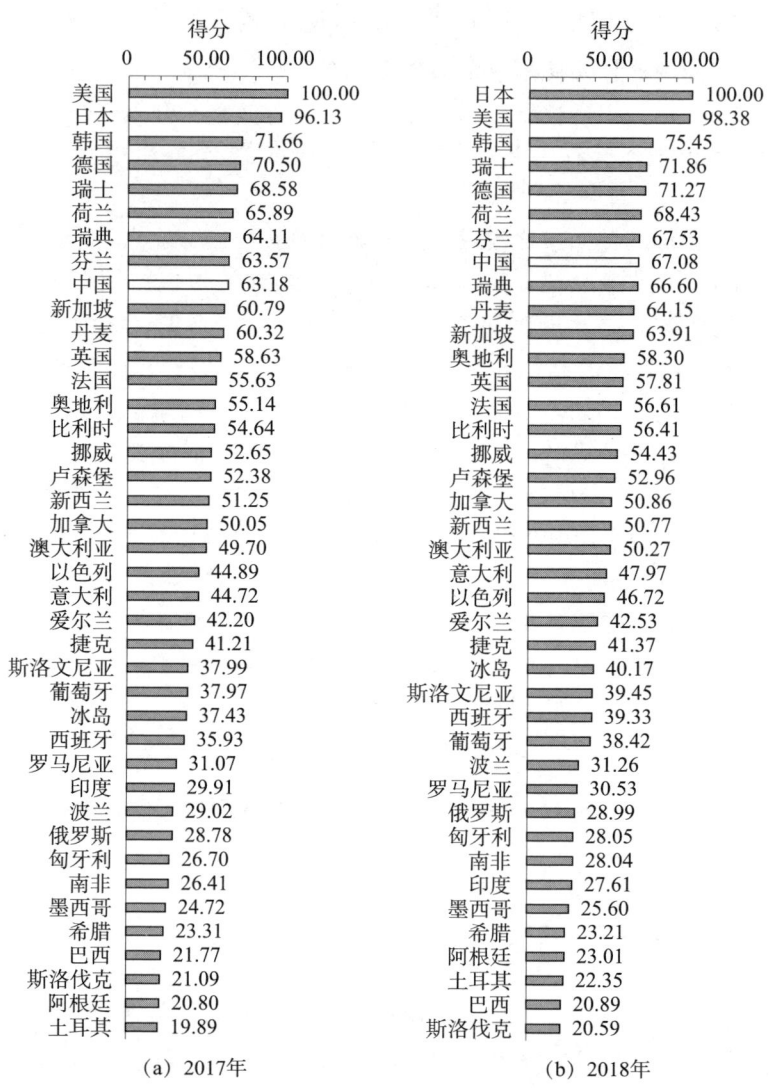

图 13　2017～2018 年世界知识产权发展状况得分对比

2. 我国知识产权地位快速提升

2014～2018 年的 5 年时间内，美国、日本得分稳居前两位，韩国紧随其后位居第三位；由于分差较小，瑞士、德国、荷兰等国排位在 5 个位次左右的范围内平稳波动；我国排名已从 2014 年的第 20 位快速跃升至第八位，平均每年提升近 3 个位次，知识产权发展总体水平快速提升的同时，近年来排名提升速度已趋于平缓。

3. 能力、绩效、环境所处位次不均衡的现象正在改善

2018 年，我国知识产权发展状况总指数下的三个一级指数能力、绩效、环境指数分别处于世界第五位、第三位和第 23 位，与 2017 年相比能力、绩效两个指数排名保持稳定，环境指数排名上升 1 个位次。尽管三个一级指数排名不均衡的现象依然存在，但环境指数排名的提升表明发展不平衡的情况正在逐年改善。从得分来看，我国在三个一级指数上分别得分 80.88、56.21、58.36，得分标准差由 2017 年的 10.86 小幅提升至 11.16。从得分的提升幅度来看，知识产权能力、绩效、环境三个一级指数分别提升 4.11、4.39、2.07，同比分别增长 5.36%、8.46%、3.68%；知识产权绩效指数得分提升最显著，重点体现为二级指数"国际影响力"得分提升，也反映了我国在知识产权运用方面取得的积极成效。

（二）知识产权能力发展状况的国际比较

1. 我国知识产权能力稳中有升

2018 年，我国的知识产权能力指数得分达到 80.88，较 2017 年提升 4.11；排名紧随美国、日本、瑞士、芬兰之后，居第五位。从得分来看，我国与日本、瑞士差距进一步缩小，缩小幅度分别达 5.39 和 1.68；与美国、芬兰的差距则有拉大趋势，分别增加 0.56、0.23；同时，与排位于我国之后的荷兰、比利时的差距进一步扩大，分别扩大 1.16 和 0.91；与新加坡差距有所缩小，缩小幅度为 1.85。2014~2018 年的 5 年时间内，我国在知识产权能力方面的国际排名稳步提升，从第九位提升至第五位；美国、日本、瑞士始终保持在世界前三位。

2. 我国知识产权能力发展结构相对均衡

从各国知识产权创造、管理、保护、运用对知识产权能力指数的贡献情况来看，2018 年，多数样本国家的保护和运用对知识产权能力指数得分的贡献相对较高；我国的知识产权能力呈现均衡发展的态势，创造、管理、保护、运用对知识产权能力指数得分的贡献相对均衡。从下设二级指数的排名来看，2018年，我国创造、保护指数分别位列第五位、第十位，比2017年分别提升2位和3位；管理、运用指数排名保持稳定，依然位列第二位、第十位。

（三）知识产权绩效发展状况的国际比较

1. 我国知识产权绩效与美日差距逐年缩小

2018年，我国的知识产权绩效指数得分达到56.21，较2017年提升4.39。从得分来看，我国与美国、日本第一梯队差距依然明显：与美国的得分差距有所缩小，缩小幅度为4.39；与日本得分差距有所扩大，扩大3.88。

2. 我国知识产权国际影响力明显提升

从2018年各国知识产权绩效指数得分的二级指数贡献情况可以看出，各国知识产权绩效方面主要的短板多在国际影响力方面。除美国外，其他主要国家均呈现出对内的创新贡献度的得分贡献高于对外的国际影响力的特点。美国国际影响力的得分贡献与创新贡献度的得分贡献比例仍接近2∶1，体现了其知识产权极强的外延性。我国的国际影响力和创新贡献度对绩效指数得分的贡献比例约为3∶7，较2017年相对稳定。从下设二级指数的得分来看，2018年，我国创新贡献度指数得分较2017年下降4.22；国际影响力指数得分在PCT申请量500强申请人占比的指标提升作用下，与2017年相比提升3.09，同比增长13.56%。

（四）知识产权环境发展状况的国际比较

1. 我国知识产权环境持续优化

2018年，我国知识产权环境指数得分58.36，较2017年提升2.07，在样本国家中排名上升1个位次，位居第23位。2014~2018年，我国知识产权环境指数的世界排名一直处于相对较低的位置。从得分变化趋势看，2014~2018年的5年间，我国知识产权环境指数得升排位提升8位，由第31位提升至第23位。

2. 知识产权市场和文化环境略有改善

从2018年各国知识产权制度、市场、文化环境指数对知识产权环境指数得分的贡献情况可以看出，在我国知识产权环境指数中贡献最高的依然是制度环境指数，体现出我国近年来在知识产权制度环境方面取得的积极进展；市场环境、文化环境指数的贡献也有所提升。从下设二级指数的排名看，2018年，我国制度、市场、文化环境指数排名均保持基本稳定，分别位列第26位、第31位、第11位。

2019年全国知识产权服务业统计调查报告[*]

雷筱云　赵梅生　姜　伟　陈志伟　马　斌
杨　轩　刘　谦　韩秀成　徐　慧　邓仪友

一、前　　言

根据国家知识产权局、国家发展和改革委员会等9部门《关于加快培育和发展知识产权服务业的指导意见》，知识产权服务包括专利服务、商标服务、版权服务、商业秘密服务、植物新品种服务和其他知识产权服务内容，涉及知识产权代理服务、法律服务、信息服务、咨询服务、商用化服务、培训服务以及其他服务形态。2012年起，国家知识产权局每年组织开展全国知识产权服务业统计调查工作。

为执行国家统计局批准的《知识产权服务业统计调查制度》，2019年6～10月，国家知识产权局知识产权运用促进司对全国知识产权服务业发展情况组织进行了统计调查，调查对象为截至2018年末从事知识产权服务的法人单位。本项调查旨在掌握我国知识产权服务业的总体规模、经营效益、人才结构、地区分布、发展动向等情况，分析存在的问题，监测行业发展信心，为制定知识产权服务业相关政策提供数据支撑。

2019年全国知识产权服务业统计调查采取抽样调查、个体访谈等方式，共回收有效问卷超过5000份，覆盖27个省（区市）。将统计调查数据与企业年报数据、社保缴纳数据等各类数据进行对比、研判，提升可信度。调查结果显示，近年来我国知识产权服务业快速发展，为提升知识产权创造、运用、保护和管理能力提供了

---

[*] 本文获第十一届全国知识产权优秀调查研究报告暨优秀软课题研究成果评选二等奖。

服务保障，有效促进了高水平人才从业，有力支持了稳增长、稳就业，为推进创新创业、助力供给侧结构性改革、促进实体经济高质量发展提供了有力支撑。

二、总体状况

（一）行业规模不断扩大

随着"放管服"改革深入推进、营商环境不断优化，我国知识产权服务机构数量持续增长。截至 2018 年底，我国从事知识产权服务的机构的数量约为 6.1 万家，其中 2018 年新注册的服务机构超过 1.2 万家，与 2017 年相比增长 16%。从事知识产权服务的机构中，专利代理机构有 2195 家，商标代理机构有约 3.7 万家。2018 年代理地理标志商标注册申请的服务机构有 195 家，代理集成电路布图设计申请的服务机构有 256 家，从事知识产权法律服务的律师事务所有 6263 家，从事知识产权公证服务的公证处有 916 家，从事知识产权信息服务的机构有 4884 家，从事知识产权运营服务的机构有 2831 家。

从主要业务形态来看，6.1 万家知识产权服务机构中，单一型服务机构❶约 3.7 万家。其中，只从事代理业务的约 2.5 万家，包含专利代理机构 1057 家；只从事法律服务的机构约 4400 家，其中只从事诉讼服务的机构约 3500 家，只从事知识产权公证服务的机构 916 家；只从事知识产权信息服务的机构约 1900 家；只从事知识产权运营服务的机构超过 1000 家。开展多种业务形态的服务机构约有 2.4 万家，占知识产权服务机构总数的 39.3%。其中，有 2000 多家机构同时从事知识产权代理服务和信息服务，有 1500 多家机构同时从事知识产权代理服务和运营服务。知识产权代理机构的业务形态更加多样化。

从主营业务涉及的知识产权类型来看，专利、商标是知识产权服务业的主要营业范围。专利（43.6%）、商标（41.1%）是最主

---

❶ 单一型服务机构指仅开展一种业务形态的机构，复合型服务机构指同时开展多种业务形态的机构。

要的服务范围，超过了整体的八成；版权（5.4%）、商业秘密（0.6%）、地理标志（0.2%）及植物新品种权（0.1%）所占比例较低（参见图1）。

图1 知识产权服务业主营业务活动词云图

从区域分布情况来看，东部地区知识产权服务机构数量最多，约占 69%；中部地区、西部地区、东北地区分别占 14%、13% 和 4%。从省份分布来看，知识产权服务机构主要集中在广东、北京、江苏、浙江、上海 5 个省市，比例分别为广东 19.8%、北京 13.1%、江苏 8.1%、浙江 7.7%、上海 5.9%，总计超过 54%。

（二）从业人员数量持续增长

据测算，截至 2018 年底，我国知识产权服务业从业人员约为 80.4 万人。具体情况如下。

1. 学历结构

从学历角度来看，调查结果显示（参见图2），截至 2018 年底，知识产权服务业中研究生及以上学历从业人员人数占 13.4%，大学本科学历占 49.9%，总计大学本科及以上学历比例为 63.3%，该数据与 2017 年基本持平。对于研究生及以上学历人员人数占比，不同类型机构中,事业单位最高,为48%;企业相对较低,为21%。

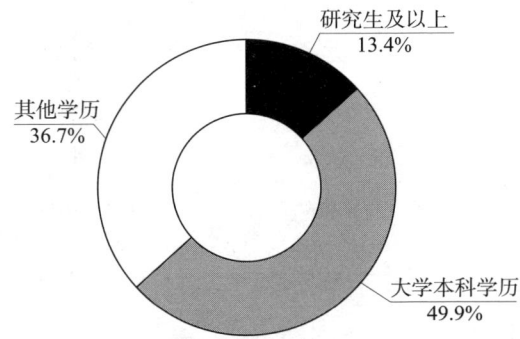

图2 知识产权服务业从业人员学历情况

2. 专业知识结构

从执业资格持有情况来看,调查结果显示(参见图3),知识产权服务业从业人员有专利代理师资格、律师执业证书、资产评估执业资格或其他执业资格的,占从业人员总数的28%,其中专利代理师占比为16.2%。

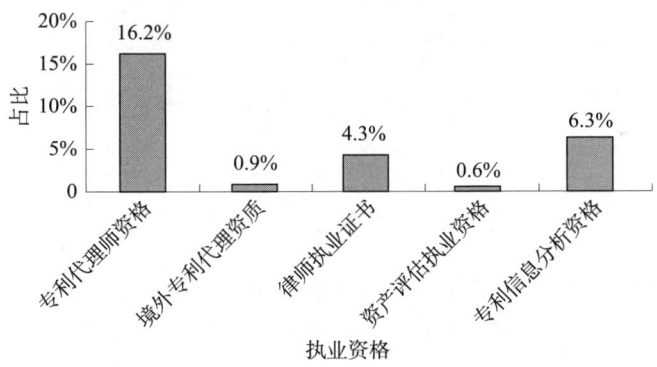

图3 知识产权服务业从业人员执业资格情况

从技术职称来看,如图4所示,知识产权服务业中拥有高级技术职称的人员约占4.8%,拥有中级技术职称的人员占比为8.7%。拥有中级及以上技术职称的人员占比约为13.5%。

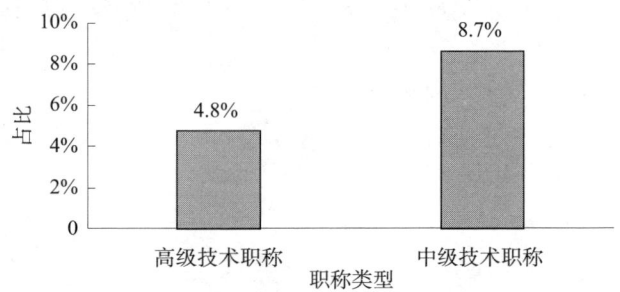

图 4　知识产权服务业从业人员技术职称情况

3. 工龄结构

从从业时间来看，截至 2018 年底，知识产权服务业从业人员从业时间在 5 年及以上的为 42%，5 年以下的为 58%（参见图 5）。

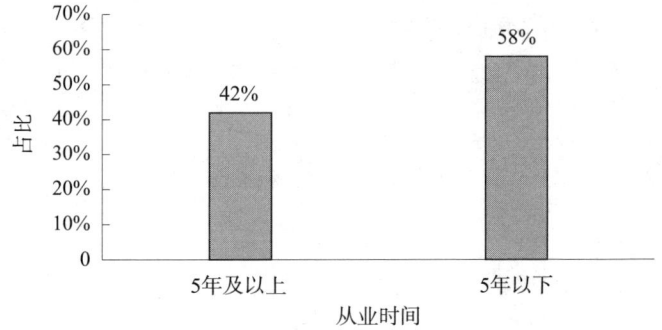

图 5　知识产权服务业从业人员从业时间情况

4. 性别结构

截至 2018 年底，平均每家知识产权服务机构中有 9.68 位女性，女性比例（52.5%）高于男性（47.5%）（参见图 6）。

图 6　知识产权服务机构从业人员男女比例

5. 流动情况

调查结果显示,2018年参与调查机构平均全年新进4.2人,调离(离职)2.8人,占参与调查机构平均人数的比例分别为25.2%和15.0%;总体人员增长率为11.8%。知识产权服务业对就业人口的吸纳效应明显。

(三)效益水平稳步提升

据测算,2018年我国知识产权服务业营业总收入约为1900亿元。调查结果显示,2018年知识产权服务机构平均营业利润与2017年相比,同比增长15.9%。其中,专利代理机构总营业收入为346.9亿元,比2017年增长33.2%;平均营业收入为1697.9万元,比2017年增长10.5%。

从不同类型机构的营业收入情况来看,知识产权代理机构的平均营业收入达到506.6万元,开展知识产权法律服务的机构平均营业收入为1045.2万元,开展知识产权培训服务的机构平均营业收入为310.0万元(参见表1)。

表1 2018年六种类型知识产权服务机构财务对比情况 单位:万元

财务项目	代理	法律	咨询	信息	运营	培训
平均营业收入	506.6	1045.2	442.0	623.8	626.5	310.0
平均营业成本	362.7	700.3	315	432.3	353.7	222.1
平均营业利润	65.9	160.3	44	88.3	72.4	28.5

调查结果显示,2018年全年,知识产权服务机构员工税前平均收入为6.19万元,入职两年以上员工税前平均收入为7.20万元(参见图7)。

从2016~2018年连续三年参与调查的671个样本的数据来看,我国知识产权服务机构从业人员收入呈连续增长趋势。2018年这些知识产权服务机构全体员工税前平均收入为7.6万元,较2017年同比增长11.4%;入职两年以上员工税前平均收入为9万元,较2017年增长8.8%❶。

---

❶ 分析2016年、2017年、2018年连续三年参加调查的671家知识产权服务机构的数据得出。

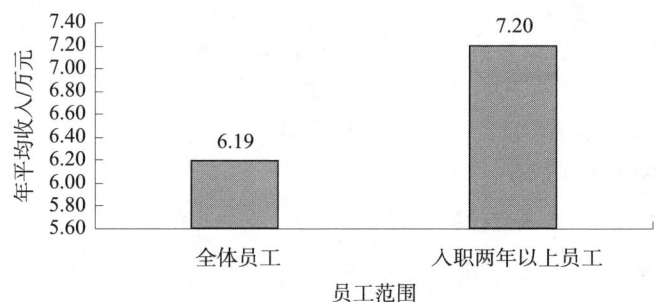

图 7 2018 年知识产权服务机构全体员工和
入职两年以上员工年平均收入差异

表 2 2016～2018 年连续三年均参与调查的机构的
从业人员年平均收入对比情况

员工范围	税前年平均收入/万元			比上年增幅/%	
	2016 年	2017 年	2018 年	2017 年	2018 年
全体员工	6.5	6.8	7.6	5.0	11.4
入职两年以上员工	7.8	8.3	9.0	6.6	8.8

三、发展趋势

（一）集约化发展势头显著

2018 年，代理专利申请量排名前 100 位的专利代理机构的数量占全部专利代理机构数量的比例不到 5%，其代理的专利申请量占全年专利申请总量的 39.0%；代理商标注册申请量排名前 100 位的商标代理机构的数量占全部备案商标代理机构数量的比例不到 0.3%，其代理商标注册申请量占全年商标注册申请总量的 31.6%，规模效应显著。

（二）服务支撑作用进一步显现

2018 年，由专利代理机构代理的专利申请共 306 万件，占全年专利申请总量的 70.8%（即代理率为 70.8%），代理率较 2017 年提高 2.8 个百分点；由商标代理机构代理的商标注册申请共 678.4

万件，代理率为92.0%；服务机构代理地理标志商标注册申请907件，代理率为94.4%，较2017年提高3.9个百分点；服务机构代理集成电路布图设计申请2381件，代理率为53.7%，较2017年提高1.1个百分点。各类知识产权服务代理率的增长，显示创新主体对知识产权服务机构的认可度不断提升。

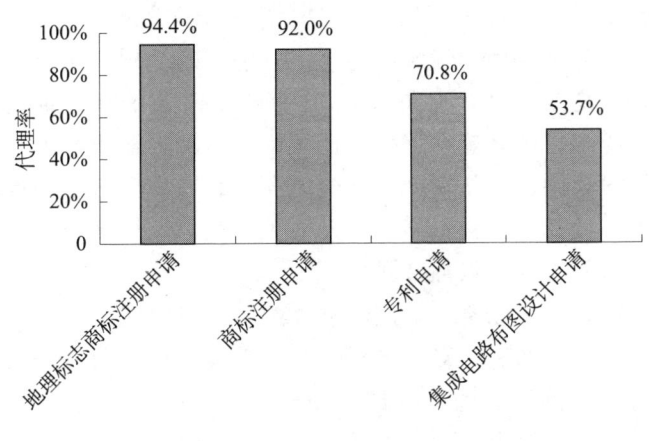

图8　2018年主要类别知识产权服务代理率

（三）新模式、新业态快速发展

"互联网＋"、大数据、人工智能等新技术，催生了知识产权服务新工具、新模式，开拓了新市场，形成了新业态。通过对近50家有代表性的知识产权服务机构进行定向访谈、个体剖析，可见知识产权服务新模式、新业态呈现以下发展趋势。

1. "互联网＋"知识产权服务平台

"互联网＋"知识产权服务模式快速发展，在商标代理服务领域已成为主流模式。2018年代理商标注册申请量排名前30位的代理机构中，约20家以"互联网＋"平台为模式。传统知识产权代理机构如北京路浩知识产权代理有限公司、北京康信知识产权代理有限责任公司，运用"互联网＋"平台广泛获取客户、改造服务流程、提升服务体验。新兴服务机构运用"互联网＋"平台开辟服务领域、提升服务能力,如上海新诤信知识产权服务股份有限公司的在线监测和维权服务平台、视觉中国的"鹰眼"图像网络追踪系统、法信公证云(厦门)公证行业专用平台。智慧芽、知产林打造了线上精品课程,提供"互联网+"知识产权培训服务。

2. 大数据、人工智能技术被运用于知识产权服务

大数据、人工智能等技术被广泛应用于文献翻译、专利预警、尽职调查、分析咨询等领域,将重复、繁杂的基础工作交由软件和机器自动、高效处理,促进知识产权服务标准化、产品化、精准化,降低成本、提升效率。如墨丘科技采用人工智能技术开发科技和专利情报软件、创新辅助软件,提升专利布局分析服务效率;知识产权出版社开发"科专笑飞"人工智能机器翻译系统,提供更为高效、准确的专利文献翻译服务。

3. "基础服务免费+增值服务收费"的商业模式

部分"互联网+"知识产权服务机构聚焦目标用户、提供免费工具,为其提供更长的服务链,即用免费或低价的方式来吸引流量,用提供增值、个性化、差异化的服务获取后期收入,对传统知识产权服务造成较大冲击。调研也发现,一些商标代理服务在线平台存在一味追求业务量、签单量的情况,不重视服务质量,虚假宣传、不正当竞争等现象也时有出现,行业秩序有待加强。

4. "媒体社区+人才+服务平台"的知识产权服务生态圈

通过用新媒体的视角进行互联网传播,整合知识产权行业资源,建立知识产权网络社区,提升创业者和需求者对于知识产权信息的获取效率。该模式以思博网、知产力、IPdaily为典型。

四、重点领域

(一)专利代理服务

1. 机构情况

截至2018年底,我国专利代理机构达到2195家,较2017年底(1824家)增长20.3%。其中,东部地区(71.4%)占比最高,其他依次为中部地区(12.6%)、西部地区(12%)、东北地区(4%)。

从分支机构的设立来看，截至2018年底，全国共有1462家专利代理分支机构，其中位于北京的专利代理机构设立的分支机构最多，共计731家；其次是位于广东的专利代理机构，共设立了232家分支机构；位于江苏的专利代理机构位列第三，设立的分支机构数量为111家。

从成立年限来看，全国2195家专利代理机构中，207家的成立时间超过了20年，成立10年以上的占比超过三成，说明我国专利代理行业的发展具有坚实的基础。新成立专利代理机构数量快速增长，成立时间在2年以下的代理机构占比达到44.3%，表明专利代理行业发展势头迅猛。

2. 业务情况

我国专利代理机构2018年代理三种类型专利申请共3 060 294件，较2017年（2 513 480件）增长21.8%；代理率达到70.8%，较2017年（68.0%）有所提升。其中，专利代理机构代理发明专利案件1 193 826件，较2017年（1 013 103件）增长17.8%；代理率达到77.4%，较2017年（73.3%）有所提升。

代理专利申请量排名前100位的专利代理机构的数量占全部专利代理机构数量的比例不到5%，其2018年代理的专利申请量占全年专利申请总量的39.0%。

（二）商标代理服务

1. 机构情况

截至2018年底，在国家知识产权局备案的商标代理机构为3.7万家。从地区分布来看，东部地区（67.9%）占比最高，其他依次为西部地区（14.6%）、中部地区（13.3%）、东北地区（4.2%）。

2. 业务情况

2018年，由商标代理机构代理的商标注册申请共有678.4万件，代理率为92.0%。其中，代理商标注册申请量排名前100位的商标代理机构累计代理商标注册申请达233万件，占代理商标注册申请总量的34.3%。

（三）地理标志代理服务

目前，我国地理标志保护涉及地理标志保护产品、农产品地理标志、地理标志商标。按照现行规定，地理标志保护产品、农产品地理标志尚无代理机构相关制度安排。本报告仅涉及地理标志商标注册申请代理服务，具体情况如下。

1. 机构情况

2018年代理地理标志商标注册申请的知识产权服务机构有195家❶，数量比2017年（147家）增加32.7%。

2. 业务情况

2018年，195家知识产权服务机构共代理地理标志商标注册申请907件，代理量比2017年（458件）增加98.0%；代理率达到94.4%，比2017年（90.5%）增加3.9个百分点。

（四）集成电路布图设计代理服务

1. 机构情况

2018年，有256家❷知识产权服务机构代理集成电路布图设计申请，比2017年（216家）增加18.5%。

2. 业务情况

2018年通过专利代理机构申请的集成电路布图设计案件有2381件，同比增长40.2%；代理率为53.7%，比2017年（52.6%）小幅增加。

（五）知识产权法律服务

1. 机构情况

2018年，从事知识产权法律服务的机构有6263家❸。从地区分布来看，知识产权法律服务机构主要位于东部地区，占比为57.6%；其他依次为西部地区（18.3%）、中部地区（16.9%）、东北地区（7.2%）。

2. 业务情况

调查结果显示，从事知识产权法律服务的机构的知识产权相关业务中，诉讼业务占48.4%，非诉业务占51.6%。

---

❶ 数据来源：国家知识产权局商标局。
❷ 数据来源：国家知识产权局专利局初审及流程管理部。
❸ 数据来源：北大法宝数据库。

从主要开展的知识产权诉讼业务来看，知识产权权属纠纷、侵权纠纷诉讼业务占比最高，为93.5%；其次是合同纠纷（4.8%）；不正当竞争纠纷占比最低，为1.6%。主要开展的知识产权非诉业务中，知识产权代理占比（85.5%）最高，知识产权咨询占比为11.3%，知识产权信息服务占比为3.2%。

（六）知识产权公证服务

1. 机构情况

截至2018年底，办理知识产权公证案件的公证处有916家❶。从地区分布来看，东部地区占比（50.6%）最高，其他依次为中部地区（24.4%）、西部地区（20.4%）、东北地区（4.6%）。

2. 业务情况

2018年，上述916家公证处共办理知识产权公证案件近10万件。调查结果显示：知识产权公证案件业务类型中，占比最高的是保全证据公证（70.4%），其次是声明书公证（21.5%），合同公证和委托公证占比均为3.0%（参见图9）。

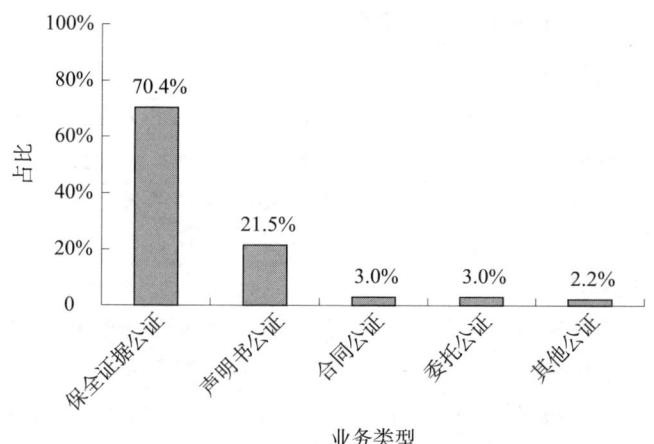

图9 知识产权公证业务案件业务类型占比

---

❶ 数据来源：中国公证协会公证业务管理系统。

(七) 知识产权信息服务

1. 机构情况

从机构名称和经营范围包含的关键词分析,截至2018年底,我国从事知识产权信息服务的机构有4884家。从地区分布来看,东部地区占比(74.6%)最高,其他依次为西部地区(12.0%)、中部地区(10.7%)、东北地区(2.7%)。

2. 业务情况

专利、商标是知识产权信息服务机构的主要服务范围。整体上,专利(50.6%)、商标(34.6%)占了知识产权信息服务的八成多;版权(5.7%)、商业秘密(0.7%)、地理标志(0.1%)及植物新品种(0.1%)所占比例较低。

调查结果显示,知识产权信息服务的收费方式中,按件收费和按项目收费的比例较高,分别为74.1%和62.7%。此外,按全年服务打包价收费的比例为15.4%,非营利性质的比例为9.3%,以服务入股的比例为4.1%。

(八) 知识产权运营服务

1. 机构情况

从机构名称和经营范围包含的关键词分析,截至2018年底,我国从事知识产权运营服务的机构有2831家。从地区分布来看,东部地区占比(79.4%)最高,其他依次为中部地区(9.6%)、西部地区(9.4%)、东北地区(1.6%)。

2. 业务情况

调查结果显示,专利、商标是知识产权运营服务机构的主要服务范围。专利(49.1%)、商标(28.8%)占了知识产权运营服务的近八成,版权(5.9%)、商业秘密(1.1%)、地理标志(0.8%)占比相对较少。

调查结果显示,知识产权运营服务的收费方式中,按件收费和按项目收费的比例较高,都是66.9%;此外,按全年服务打包价收费的比例为18.7%,非营利性质的比例为6.9%,以服务入股的比例为7.2%。

五、市场环境

(一) 行业发展信心有待提振

调查结果显示，2018 年知识产权服务机构预期知识产权服务业市场环境下一年优于 2018 年的比例为 42.6%，低于 2017 年的调查结果（52.7%）；营业收入预期、薪酬支出预期、办公场所是否增加的预期、录用人数是否增加的预期等调查也有类似结果。对上述 5 个问题的调查结果赋值，形成知识产权服务业发展信心指数❶，测算结果为 54.8 分，略高于荣枯分水线（50 分），但与 2017 年（62.1 分）相比有所下降（参见表 3），显示在经济下行压力下，知识产权服务机构对 2019 年的发展信心相对不足。

表 3　知识产权服务业五年发展信心指数得分　　　单位：分

项目	2014 年	2015 年	2016 年	2017 年	2018 年
营商环境	60.4	67.0	73.0	68.4	61.8
营业收入	58.1	64.4	67.2	65.2	57.7
薪酬支出	63.7	69.3	70.0	71.4	64.2
办公场所	32.3	43.0	41.8	43.1	34.0
人员增速	48.7	58.4	60.6	60.7	54.4
总体	53.2	60.9	62.9	62.1	54.8

注：以 50 分为荣枯分水线的情况下，50 分以上表示有信心。

(二) 激励政策和监管措施有待加强

调查结果显示，在是否享有激励政策方面，有 74.9% 的知识产权服务机构表示没有享有激励政策；仅有 25.1% 的知识产权服务机构享有激励政策，但与 2017 年数据（23.5%）相比有所提升。

如图 10 所示，服务机构已享有的激励政策中，财政资助和人

---

❶ 在编制该信心指数时，主要参考 PMI 指数（英文全称为 "Purchasing Managers' Index"，中文为 "采购经理人指数"）。PMI 指数以 50 分为荣枯分水线，当 PMI 大于 50 分时，说明经济在向好发展；当 PMI 小于 50 分时，说明经济在衰退。知识产权服务业统计调查利用相关问题编制并计算了信心指数，以此监测知识产权服务业发展趋势，并准备为未来解读数据波动与经济趋势的关系打好基础。

员培训两项激励政策享有的比例最高，分别为 54.2% 和 42.7%；人才就业安置政策享有的比例相对较小，仅为 4.4%。

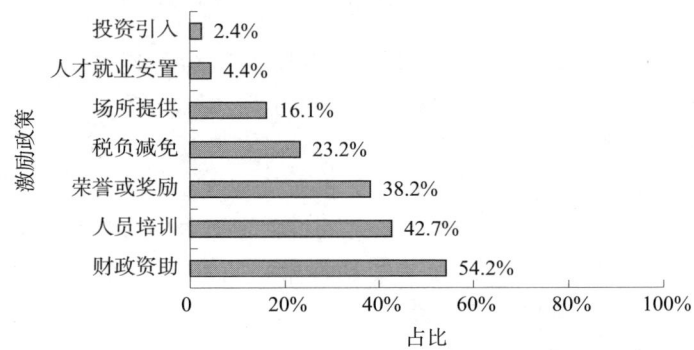

图 10　知识产权服务机构享受的激励政策

如图 11 所示，64.0% 的知识产权服务机构认为在发展中遇到的主要问题是市场恶性竞争，37.3% 的认为是高端人才稀少，21.2% 的认为是缺乏服务标准规范。调查结果显示，促进知识产权服务业健康发展的激励政策和监管措施有待加强。

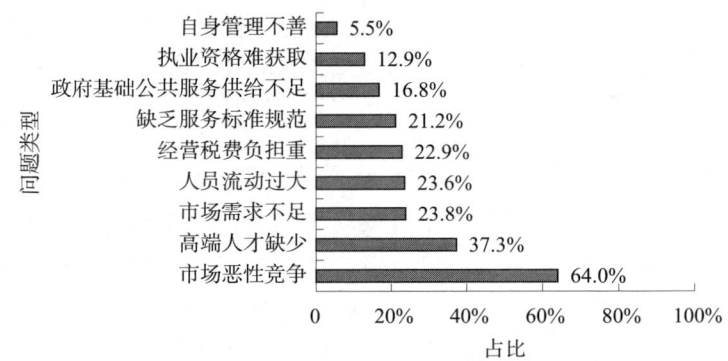

图 11　知识产权服务机构发展中遇到的主要问题

六、存在问题及政策建议

调查结果显示，近年来知识产权服务业持续向好，但仍然呈现

"小、弱、难"的特征。一是机构规模偏小。2018年知识产权服务机构平均从业人数为13.2人，中小微型企业占比达97.4%，绝大多数机构规模较小。二是盈利水平有待提升，国际化服务能力有待加强。2018年知识产权服务机构平均营业收入为311.5万元，人均营业收入仅为23.6万元；仅有1.5%的服务机构在国外设立了分支机构，国际化程度较低，打造中国服务品牌、"走出去"的能力较弱。三是市场环境有待完善，发展信心有待提升。

针对上述问题，课题组提出有关政策建议如下。

一是加大知识产权服务业领域"放管服"改革力度，制定促进行业发展的政策措施。加强与有关部门沟通，争取出台有利于知识产权服务业发展的制度、政策、财税、项目等支持措施，提振行业发展信心。完善知识产权服务业集聚区建设，建立健全集聚载体，提高服务效率。加大知识产权服务品牌机构培育支持力度，提升高端服务能力。鼓励发达地区服务机构承接国际外包业务，鼓励欠发达地区培育本土机构、引进优质资源，促进区域服务业合理分工和错位发展。建立和推广专利代理援助制度。

二是加强知识产权服务业行业监管，营造良好市场环境。完善"互联网+"监管和信用监管机制，强化智能化技术支撑，加强能力建设，形成并巩固打击各类违法违规行为的压倒性态势。加快商标代理管理制度建设，加强违法违规行为监管。落实专利代理师签名责任制度。建立知识产权服务机构和从业人员综合评价和信息公示制度。

三是加强知识产权服务业能力建设，促进行业高质量发展。加大对外开放力度，引导国际高水平知识产权服务机构依法依规在华设立常驻代表机构，试点符合条件的外籍人员参加专利代理师资格考试。在欠发达地区实行专利代理师资格考试降分及省内执业制度。推动专利代理职业资格与职称、学历学位教育的衔接，加强执业专利代理师的继续教育和执业培训。支持高校、研究机构、行业协会或社会培训机构开展知识产权高端精品培训，促进知识产权服务业高端人才国际交流合作。

"十四五"时期深化知识产权领域"放管服"改革的政策分析*

葛 树　陈 燕　谢小勇　刘菊芳　孙 玮
刘 磊　寿晶晶　张健佳　王丽丽

党的十八大以来,以习近平同志为核心的党中央高度重视"放管服"工作,把推进"放管服"改革作为全面深化改革、转变政府职能的"先手棋"和"当头炮",多次就深化"放管服"改革作出重大决策和战略部署。党的十八届二中、三中、四中、五中全会就"放管服"改革提出明确要求。进入新时代,党的十九大对"放管服"改革提出了新的更高要求,强调要转变政府职能,深化简政放权,创新监管方式,增强政府公信力和执行力,建设人民满意的服务型政府。

"十四五"时期,按照党中央、国务院关于进一步转变政府职能、全面深化改革的总体部署,"放管服"改革将全面深化,简政放权将走向精准化、协同化和实效化,商事制度将更加市场化、便利化,监管方式与手段将更加科学化、综合化和智能化。新时期知识产权领域的"放管服"改革也将面临新目标、新任务和新挑战。因此,加强相关政策体系构建和创新路径研究,能够提高"放管服"改革政策的协同性、系统性与可操作性,为全面深化改革提供有力保障。

一、知识产权领域"放管服"改革的进展和成效

(一)坚持简政放权,增强行业发展的动能和活力

将专利代理机构设立审批事项由工商登记前置审批改为后置审

---

* 本文获第十一届全国知识产权优秀调查研究报告暨优秀软课题研究成果评选二等奖。

批。将专利申请受理与审批、专利权无效宣告等 7 项非行政许可审批事项转为行政确认事项。将实施发明专利或实用新型专利强制许可的审批事项转为行政裁决事项。落实好停征或调减部分专利、商标收费等各项利企便民举措，让企业和群众有更多获得感。降低专利代理行业准入，降低参加考试门槛，由原来的本科学历要求变为大专以上学历均可参加。取消执业证，建立专利代理师执业备案制度。鼓励专利代理机构和专利代理师为小微企业以及无收入或者低收入的发明人、设计人提供专利代理援助服务。联合财政部、科技部出台指导意见，选取 20 家中央级事业单位开展知识产权使用、处置和收益管理试点工作，允许这些单位自主决定采取转让、许可、作价入股等方式开展知识产权转移转化活动，所得收入全部留归单位，取消原有审批或备案程序。

通过一系列的简政放权，我国知识产权代理行业市场需求在近几年迅速增长，知识产权代理行业规模不断扩大，整体呈现出蓬勃发展的新态势。

（二）推动放管结合，促进知识产权保护体系建设

加快完善知识产权保护体系，统筹推进知识产权严保护、大保护、快保护、同保护各项工作，构建依法严格保护知识产权的良好环境。

积极推动"职务发明条例"制定工作，对发明的权利归属、报告制度，发明人的奖励报酬，发明的运用实施及监督检查等作出详细规定，进一步明确发明权属划分标准和利益分配，保障职务发明人的合法权益落到实处。指导推进专利、商标综合执法，加强原产地地理标志保护，避免多头执法。逐步建立侵权惩罚性赔偿制度，提高侵权违法成本。加快知识产权保护中心建设和布局，为社会公众提供便捷、高效、低成本的维权渠道。

（三）提升服务质量，深入推进审查工作提质增效

多措并举提高知识产权审查质量和审查效率，自 2018 年起的 5 年内将商标注册平均审查周期从 8 个月压缩到 4 个月以内，将发明专利平均审查周期压减 1/3，其中高价值专利审查周期压减一半，

满足社会需求。着力搭建知识产权运营公共服务平台，推动知识产权大数据中心建设，推进知识产权综合利用水平不断提高。推进"互联网＋政务服务"，实现专利、商标、原产地地理标志、集成电路布图设计等各类知识产权业务"一网通办"，提高服务效能和水平，为助力创业创新提供有力支撑。进一步向企业和社会公众开放专利信息基础数据，开通专利数据服务试验系统，免费提供中美欧日韩等国家和地区30天内专利基础更新数据的下载服务，搭建全球第一个由知识产权管理机构向社会公众免费提供外国专利基础数据的平台。修订发布《全国专利信息公共服务指南》，为公众便利使用专利信息公共服务平台和挖掘专利信息资源提供指引。研究和发布美国、日本、欧盟、韩国、东盟国家、"一带一路"沿线国家和地区知识产权环境报告，为企业参与国际市场竞争提供知识产权实用信息和导引。

二、知识产权领域"放管服"深化改革面临的挑战

随着国家知识产权战略的深入实施，知识产权作为一种产权安排机制、创新激励机制和有效市场机制，在引领我国经济结构转型升级和支撑经济高质量发展方面的作用日益凸显，社会公众和创新创业主体对知识产权"放管服"工作提出了新的、更高的要求。但是，我国知识产权管理"放"得不够、保护不严、信息公共服务供给不充分、服务网点布局不合理等问题依然存在，知识产权"放管服"工作仍不能有效适应经济社会发展需要。因此，未来还面临"放"什么、"管"什么、如何"管"、为谁"服"、如何"服"等诸多挑战。

（一）放权力度不够，从业者获得感有待提升

知识产权工作在"放"的改革方面有较大的进展，如取消或压减了一些行政许可，放宽了市场准入。但由于体制机制不健全，在知识产权领域监管放权过程中仍存在没有真正授权等"空放"的情况，影响改革的进展和效果。备案、登记、年检、认定等部门管理措施还普遍存在，甚至有些方面还在增加；规则不透明；流程也有

待进一步规范。

（二）监管执行不严，行业规范体系有待健全

知识产权行业监管力度在不断加大，但尚未制订全国统一、简明易行的监管规则和标准体系，一些边界宽泛、执行弹性大的监管规则和标准亟须清理规范和修订完善。知识产权信用体系还未完全建立，知识产权严保护、大保护、快保护和同保护的格局还未完全形成，知识产权领域认证体系建设还不能适应社会发展的需要。

（三）资源配置不足，支撑创新能力有待提高

公共资源调配不够充分、合理，对公共产品的提供仍停留在较初级层次，缺少直接支撑产业发展的多层次和多方位的服务方式。知识产权基础数据资源有待深度整合。不同知识产权领域之间、知识产权领域和其他领域之间依旧存在"信息孤岛"现象，缺乏对数据资源全生命周期和全流程的管理，管理制度、管理方式、管理效率仍需进一步优化和提升。公共服务平台功能同质化与不健全并存，数据标准不统一，后期投入乏力，整体实力不强，公共投入的效能未得到充分发挥。

三、深化知识产权领域"放管服"政策体系构建方向

（一）要加大"放"的力度

加大简政放权力度。要进一步简化知识产权申请材料，进一步落实好停征或调减部分专利、商标收费等各项利企便民举措，让企业和群众有更多获得感。改善知识产权服务业及社会组织管理。放宽知识产权服务业准入，促进知识产权服务业优质高效发展，加快建设知识产权服务业集聚区。扩大专利代理领域开放，放宽对专利代理机构股东或合伙人的条件限制。探索开展知识产权服务行业协会组织"一业多会"试点。完善执业信息披露制度，及时公开知识产权代理机构和从业人员信用评价等相关信息。规范著作权集体管理机构收费标准，完善收益分配制度，让著作权人获得更多许可收益。

（二）要突出"管"的成效

加快制订全国统一、简明易行的事中事后监管规则和标准体系，清理规范和修订完善部分边界宽泛、执行弹性大的监管规则和标准，进一步规范代理行业秩序，提高代理行业水平。推动构建知识产权严保护、大保护、快保护和同保护的格局，建立与社会发展相适应的知识产权领域认证体系。要严格落实侵权惩罚性赔偿制度，提高侵权违法成本。要加快知识产权保护中心建设和布局，为社会公众提供便捷、高效、低成本的维权渠道。推动建立知识产权信用体系建设，完善和落实知识产权（专利）领域严重失信联合惩戒对象名单管理办法，让恶意侵权者"一处违法、处处受限"。加强对商标抢注和恶意注册、非正常专利申请等行为的信用监管。研究制定规范商标注册申请行为的有关规定。

（三）要提高"服"的能力

进一步加强审查员队伍建设、优化审查管理流程、创新工作机制模式、引入人工智能等现代信息技术，多措并举提高知识产权审查质量和审查效率。进一步压缩商标注册审查时间和发明专利特别是高价值专利的审查周期，满足社会需求。完善知识产权运营公共服务平台和知识产权大数据中心，实现对数据资源全生命周期和全流程的管理，优化和提升服务平台、大数据中心的管理制度、管理方式、管理效率。推进"互联网＋政务服务"，实现专利、商标、原产地地理标志、集成电路布图设计等各类知识产权业务"一网通办"和综合服务。加强知识产权交易平台建设和知识产权信息开放利用。加大培育知识产权密集型产业力度，提升知识产权附加值和国际影响力。

四、"十四五"时期"放管服"改革创新举措

（一）知识产权领域"放"的改革举措

1. 持续推动知识产权申请注册便利化

大力推进商标注册便利化，拓展商标申请渠道，简化手续，优化流程，完善商标审查机制，加强商标信用监管，进一步为申请人

注册商标提供便利和优质服务。深化专利代办窗口便利化改革，优化专利申请网上提交系统，为申请人申请专利提供便利。

2. 大力提升知识产权行政保护的效率

以知识产权保护中心和知识产权快速维权中心为主体，大力精简知识产权行政保护的审批环节和事项。加强事中事后监管。在东部沿海地区探索实现"互联网＋审批"，在全国基本实现"一窗受理、并联办理"。用互联网、大数据等技术，实现专利、商标、原产地地理标志、集成电路布图设计等各类知识产权业务申请"一网通办"，推动重大政策互联互通。统一服务窗口和办事流程，构建知识产权服务"最多跑一地"模式。

3. 适度放宽知识产权服务业准入门槛

进一步放宽代理机构设立的市场准入门槛。以代理业为重点试点进一步放宽市场准入限制。组织各地区、各部门完成存量文件专项清理。研究制定代理机构市场准入负面清单，推行"全国一张清单"的管理模式，建立全国统一的清单代码体系，严禁各地区、各部门自行发布市场准入性质的负面清单。

4. 全面落实职务发明人权益分配机制

推动企事业单位和军队单位认真落实《专利法》《中华人民共和国促进科技成果转化法》等法律、法规中有关职务发明的规定，完善与职务发明相关的内部规章制度，合法合理地确定单位内发明创造的知识产权归属，保障职务发明人署名权和获得奖励、报酬的权利，充分发挥职务发明人在知识产权运用实施方面的能动作用，确保职务发明人的权益落到实处。

（二）知识产权领域的"管"的改革举措

1. 全面推行知识产权导航评议工作机制

围绕国家亟待攻克的核心关键技术、"卡脖子"技术建立专利导航产业发展工作机制，实施专利分析研究项目，加强技术研发中的专利信息利用。研究制定知识产权对外转让安全清单及其利用机制。以技术安全的"风险控制"导向，制定对应规则和标准，形成知识产权对外转让安全清单。

2. 优化知识产权服务行业监管方式

加强对代理行业和服务业的事中事后监管，对专利、商标代理机构实行"双随机、一公开"监管，规范代理行业秩序，引导行业自律，提高代理行业水平。探索新业态、新领域的知识产权保护事中事后监管办法，坚持对新兴产业实施包容审慎监管，在监管中找到新生事物发展规律，推动新业态更好、更健康地发展。构建多元化监管体系。将专项整治与日常监管有机结合、共同推进。加强知识产权监管体制建设，建立专门应对知识产权滥用导致不正当竞争行为的机构。强化知识产权市场宏观调控，转变知识产权公共管理职能。

3. 加大知识产权侵权行为惩治力度

深化打击侵犯知识产权违法行为专项执法行动，通过组织开展"护航""红盾""清风"等专项行动，加强知识产权重点领域行政执法。建立打击知识产权违法行为常态化工作机制。加强"两法衔接"（行政执法与刑事司法衔接）信息共享平台建设，将重要知识产权行政执法案件信息录入"两法衔接"信息共享平台。建立行政执法机关与公安机关联合办案机制，实现案件的有效移送。加强对重点领域和电商平台知识产权侵权行为的监管和查处。做好专利行政处罚案件信息公开。

加快推进知识产权领域信用体系建设，研究制定知识产权（专利）领域严重失信联合惩戒对象名单管理办法。加强对商标抢注和恶意注册、非正常专利申请等行为的信用监管。研究制定规范商标注册申请行为的有关规定。依托国家"互联网＋监管"等系统，有效整合公共信用信息、市场信用信息、投诉举报信息和互联网及第三方相关信息，加快实现信用监管数据可比对、过程可追溯、问题可监测。

4. 推进知识产权行政执法体制机制创新

加大授权力度，鼓励省级区域按照地方产业发展现状和阶段制定地方性知识产权保护条例，有针对性地破解知识产权维权中的"取证难、认定难"等问题。在相关法规中明确损害赔偿标准、计算标准，为行政执法部门快速查处案件提供法律依据；简化取证流程和处理方式,为知识产权侵权的快速认定、快速处理和相关权利人诉讼提供条件。建立健全知识产权保护预警防范机制,将故意侵犯知识产权行为情况纳入企业和个人信用记录。

(三)知识产权领域的"服"的改革举措

1. 提高知识产权审查质量和审查效率

提升知识产权审查系统与服务平台的智能化水平,实现新一代信息技术与审查模式创新和审查业务流程优化的结合,为审查、运用、保护、管理、服务提供全方位支撑,显著提升知识产权审查、运用、保护、管理和服务效率。运用人工智能、区块链、大数据等技术,实现知识产权智能审查、智慧监管、智能服务。加强内部管理和流程优化。

完善知识产权审查协作机制,建立针对重点优势产业专利申请的集中审查制度,建立健全涉及产业安全的专利审查工作机制。在审查中协同运用集中审查、绿色通道、专利审查高速路(PPH)等多种审查模式。创新专利复审和无效审理模式。合理扩大专利确权程序依职权审查范围,完善授权后专利文件修改制度。进一步完善优先审查、发明专利巡回审查等审查模式,并逐步探索其他能适应创新主体需求的新型审查模式。强化人力资源与审查案源精细化配置,实施审查周期分类、分段管理。通过加强对技术及产业发展状况的研究、调配优质审查资源、分析典型问题、进行讨论会审等一系列举措,在保证授权有理、驳回有据的基础上,缩短特定领域高价值专利申请的审查周期。

2. 整合知识产权信息服务资源和渠道

完善知识产权基础信息采集系统,建设专利引文数据库、版权登记与交易备案数据库、商标注册转让数据库等,建立国外知识产权冲突、失效、抢注数据库。为知识产权主体与商业机构的战略研究与应对提供坚实丰富的数据基础。通过国际合作、数据交换和分析增加我国对海外知识产权的监控与统计。

统筹整合各类知识产权信息服务中心和网点建设,加快建设主干清晰、布局合理、门类齐全、服务规范的知识产权公共服务有机统一体。建立以知识产权系统机构为主干，以行业协会、高校、图情机构、科研院所为重要节点，以市场化服务机构、研究机构为补充，以知识产权大数据中心和信息公共服务平台为支撑的全覆盖、多层次、跨领域的知识产权信息公共服务体系，不断满足日益增长的知识产权公共服务需求。

加强顶层设计，积极推进国家知识产权大数据中心建设工作。国家知识产权大数据中心汇聚商标、专利、地理标志、集成电路布图设计等知识产权基础数据、国际交换数据和部委共享数据，并与经济、科技、法律、文化等信息相互关联，实现数据资源的统一性、基础性、权威性、安全性和共享性，破除"信息孤岛"和"数据烟囱"，为知识产权信息公共服务提供全流程、全方位的数据支持，形成一体化的网络支撑。

强化国家知识产权公共服务平台功能设计，为知识产权公共服务体系提供强大功能支持，实现线上线下服务有机结合。以国家知识产权公共服务平台为核心，整合、优化、升级现有各级知识产权公共服务平台功能，积极推动各级知识产权公共服务平台网络化，努力实现知识产权业务服务、政务服务和信息服务平台建设一体化。国家知识产权公共服务的业务服务平台实现商标、专利、地理标志、集成电路布图设计等业务申请网上办理；政务服务平台对接国家统一政务服务平台和国家"互联网＋监管"系统，以商标、专利登记簿为核心，实现"一网通办"；信息服务平台与各地信息公共服务平台互联共享，提供数据开放、查询检索、统计分析等各类基础服务。

建立防御性公开数据库，加强与各国知识产权部门的联动和信息分享；针对抄袭、抢注我国战略性、高价值和具有民族特色的知识产权资源的行为，建立异议、无效、诉讼救济机制，为中国知识产权全球布局排除障碍。

加强知识产权信息传播利用的统筹工作，分层分类指导各类型知识产权公共服务网点积极开展知识产权信息传播利用工作和知识产权信息利用能力培训，不断提升企业和创新创业主体的知识产权信息利用能力。

3. 开拓知识产权提振产业发展新路径

深入推进知识产权试点示范园区建设和产业知识产权联盟建设，打造一批高价值知识产权产业集群。建立健全产业知识产权风险控制、评估和纠纷解决机制。建立完善专利导航产业发展长效机制，推动专利导航与产业发展、区域发展深度融合，将专利导航、知识产权区域布局等专利情报分析全面融入政府、行业协会、企业、高校、科研机构等各类主体的相关决策过程。分类制定实施专利导航项目操作指南，强化专利导航的标准化指引，确保专利导航项目质量。

4. 完善知识产权运营服务体系和平台

加快推进平台、机构、资本、产业和人才"五位一体"的运营服务体系建设。加快建设全国知识产权运营公共服务平台。利用平台优势，加强对非物质文化遗产、民间文艺、传统知识的开发利用，推进文化创意、设计服务与相关产业融合发展。进一步完善知识产权金融服务业态，有力释放市场活力。完善知识产权质押融资政策。通过知识产权运营服务体系构建，推动并支持金融机构开发和完善知识产权质押融资产品，鼓励各类金融机构利用互联网等新技术、新工具丰富和创新知识产权贷款产品。围绕支持知识产权运营，进一步健全知识产权保险服务体系，提升知识产权保险支撑实体产业发展能力；开发专利质押融资保证保险和专利许可信用保险，服务企业增信融资。按照国家重大战略部署，支持海南、深圳等地区稳步推进知识产权证券化，丰富中小企业融资渠道。深化知识产权交易价格统计发布，完善专利转让和许可登记备案制度，推动专利许可合同备案生效和转让价格真实披露，促进价格发现和价值实现。推动构建社会主体参与知识产权公共服务的路径。注重社会主体培育，加快社会主体的发展壮大和能力提升。降低准入门槛，加大和提高培育发展社会主体的协调力度和层次，重视制度建设和整体规划，落实针对社会主体的分类管理和重点扶持机制，引导和优化社会主体的发展方向和功能布局，加强专业人才队伍建设，着力提升社会主体参与公共服务的水平和能力。

5. 支持企业海外知识产权布局和维权

发布海外和涉外知识产权服务和维权援助机构名录，推动形成海外知识产权服务网络。加强重点产业知识产权海外布局规划，围绕战略性新兴产业等重点领域，绘制服务我国产业发展的相关国家和地区专利导航图，推动我国产业深度融入全球产业链、价值链和创新链。拓展海外知识产权布局渠道，加强企业知识产权布局指导，在产业园区和重点企业探索设立知识产权布局设计中心。分类制定知识产权跨国许可与转让指南，制定完善与知识产权相关的贸易调查应对与风险防控国别指南，编制发布知识产权许可合同范本，提升海外知识产权风险防控能力。

完善海外知识产权信息服务平台，发布相关国家和地区知识产权制度环境等信息。建立完善企业海外知识产权问题及案件信息提交机制，加强对重大知识产权案件的跟踪研究，及时发布风险提示。提升海外知识产权风险防控能力，完善技术进出口管理相关制度，优化简化技术进出口审批流程。制定并推行知识产权尽职调查规范。加强海外知识产权维权援助，制定实施应对海外产业重大知识产权纠纷的政策。

6. 推进知识产权文化建设和人才培养

加大知识产权文化建设，加大"放管服"工作宣传力度。培育全民"尊重知识、崇尚创新、诚信守法"的核心价值观。建立新闻媒体支撑、社会公众广泛参与的知识产权宣传工作体系，推动知识产权宣传普及。依托知识产权师职称评审制度，加大高端知识产权人才培养力度。

7. 打造知识产权"互联网＋政务服务"

深入开展"互联网＋政务服务"工作，加快建设互联互通的知识产权公共服务平台，实现商标、专利、地理标志、集成电路布图设计等业务网上办理；政务服务平台对接国家统一政务服务平台和国家"互联网＋监管"系统，实现政务服务智能化。充分运用"互联网＋"思维，结合各地重点发展战略性新兴产业，深入挖掘和加工专利信息，构建知识产权专题数据库，并开展行业专利战略研究和评议，全过程跟踪预警，以达到知识产权公共服务的效果。

省域治理现代化背景下浙江省健全知识产权保护机制研究*

陈振华　王逢天　林　敏　徐小军　赵志强　金云翔　徐　进

一、引　言

习近平总书记指出：加强知识产权保护，"是完善产权保护制度最重要的内容，也是提高中国经济竞争力最大的激励"。

党的十八大以来，党中央、国务院高度重视知识产权工作，提出全面加强知识产权保护，不断完善知识产权法律法规建设，提高违法成本，加强执法力度。习近平总书记多次对知识产权工作作出重要指示批示，将知识产权工作提升到了前所未有的高度，赋予了新的时代内涵，明确了新的功能定位，为当前和未来一个阶段知识产权工作提供了根本遵循和行动指南。2019年11月，中共中央办公厅、国务院办公厅印发了《关于强化知识产权保护的意见》。该文件着眼于统筹推进知识产权保护，从审查授权、行政执法、司法保护、仲裁调解、行业自律等环节，改革完善保护工作体系，综合运用法律、行政、经济、技术、社会治理手段强化保护，促进保护能力和水平整体提升。

近年来，浙江坚持"八八战略"再深化、改革开放再出发，全面实施"最多跑一次"改革，牵引推动省域治理再创新优势。2019年11月22日，中共浙江省委印发了《关于认真学习贯彻党的十九届四中全会精神 高水平推进省域治理现代化的决定》，提出要"实施更严格的知识产权保护制度……打造引领型知识产权强省。"当前，浙江正处于"两个高水平"建设的关键阶段，实施更严格的知

---

* 本文获第十一届全国知识产权优秀调查研究报告暨优秀软课题研究成果评选二等奖。

识产权保护制度,促进知识产权与全省经济社会发展全面融合,加快建设引领型知识产权强省,是推进省域治理体系现代化的必然要求,也是浙江省保护创新,打造全国一流营商环境,推动全省经济社会持续、稳定、健康、高质量发展的强有力支撑。

2019年,由副省长王文序领衔,省政府办公厅、省市场监督管理局、省高级人民法院、省发展改革委等单位分工负责,结合"三服务",通过走访省内外企业、高校及服务机构,召开座谈会,充分听取各方的意见建议,找准浙江在知识产权保护方面存在的短板弱项,按照打造引领型知识产权强省的总要求,组织撰写了《省域治理现代化背景下浙江省健全知识产权保护机制》调研报告。

二、近年来浙江省知识产权保护的主要成效

党的十八大以来,浙江省知识产权发展紧紧围绕省委、省政府创新驱动发展的要求,结合《浙江省人民政府办公厅关于新形势下加快知识产权强省建设的实施意见》和《浙江省知识产权发展"十三五"规划》的实施,合力推进专利、商标、版权、地理标志、商业秘密等领域工作,不断加大知识产权保护力度,取得了明显的成效。国家知识产权局知识产权发展研究中心编制的2013~2018年的中国知识产权发展状况评价报告显示,浙江省知识产权保护指数排名一直位居全国前三位。总体来看,支撑浙江省排名领先的因素主要体现在以下几个方面。

(一)知识产权强省快速推进,有效促进了浙江知识产权高质量发展

1. 知识产权强省建设体系更全、路径更清

知识产权强市、强县、强企支撑体系更加完备。全省11个地级市全部进入国家知识产权试点示范城市序列,是全国唯一实现设区市全覆盖的省份,示范城市达到6个,超过半数以上县(市、区)进入国家知识产权强县培育序列。累计培育国家级知识产权示范优势企业230家,通过知识产权管理认证的企业1100家。

2. 知识产权创造质量更高、结构更优

截至2019年10月底,浙江每万人发明专利拥有量达到26.88

件，同比增长16%；有效国内注册商标241万件，同比增长31.6%；两项指标均位居全国各省区市第二位。企业创新主体地位更加明显，知识产权创造比例超过70%，发明专利申请占比超过1/3。2017~2018年，浙江共有7件专利获评中国专利金奖或中国外观设计金奖。34个品牌入围2018年中国500最具价值品牌。"丽水山耕"荣登2018年中国区域农业品牌影响力排行榜区域农业形象品牌类榜首。

（二）知识产权领域改革不断深入，有效优化了浙江营商环境

1. 知识产权行政管理更加顺畅

省市县知识产权机构改革顺利完成，体制贯通、监管融通、业务链打通的优势初步显现。打造"掌上政府"，深化机关内部"最多跑一次"改革，区域示范创强等8个知识产权管理事项实现网上办理。知识产权强省建设工作联席会议制度同频调整完善，部门联动更加紧密，政策协同更加高效有力。

2. 知识产权便利化改革成效显著

知识产权服务事项"一网通办""一站式服务""知识产权一件事"等"最多跑一次"改革深入推进。专利优先审查初审实现全程网上办理，初审时间缩短50%，数量增加120%。商标受理窗口实现设区市全覆盖，专利质押登记实现全流程网上服务，"零跑可办"。杭州高新区成功创建国家知识产权服务业集聚发展示范区，实现了知识产权代理、运营、维权、培训一站式服务和全流程对接。

（三）知识产权保护体系更加完善，有效支撑了浙江产业创新转型

1. 加快知识产权保护平台布局

国家知识产权局通过面向新一代信息技术、新能源等战略性新兴产业设立知识产权保护中心，面向服装鞋帽、小商品等传统产业布局知识产权快速维权援助中心，强化浙江重点产业知识产权保护。中国电子商务领域专利执法维权协作调度（浙江）中心与25

个省市建立协作机制,累计调处电商专利案件40万余起。

2. 完善重点产业知识产权支撑体系

围绕数字经济、生命健康等重点领域发展需求,大力实施专利导航产业创新发展机制。2017~2018年共实施国家专利导航试点工程7项、专利导航产业发展实验区2家,组建产业知识产权联盟7家。指导浙江面向八大万亿产业和传统特色产业实施省级专利战略推进项目37项。截至2018年底,全省数字经济核心产业有效发明专利数达到4.4万件,同比增长23.3%。

(四)知识产权保护力度不断加强,有效激发了各类主体创新积极性

1. 司法刑事保护和行政执法能力持续增强

(1)推进知识产权司法刑事保护

"三级联动、三审合一、三位一体"的知识产权审判模式已经在全省全面实施。截至2019年7月31日,实施"三合一"审判的法院共审结知识产权民事、刑事、行政案件33287件;杭州、宁波知识产权法庭与辖区内其他中级人民法院建立协作机制,设立巡回审判点。充分利用大数据情报导侦技术,深入推进"云端主战"机制,集中摧毁犯罪网络;积极推动商业秘密案件"破冰",为率先在全国打造具有浙江特色的商业秘密保护样板夯实了工作基础。

(2)加强知识产权行政执法监管

一是开展专利执法权下放。浙江省市场监督管理局制定出台了《关于加强专利行政执法工作的指导意见》,全省共11个地级市政府全部启动专利行政执法权授权下放,其中有9个市已完成下放至县(市、区)局。

二是开展专项行动。开展"亮剑2019"保护知识产权综合执法暨"铁拳"行动、春节期间地理标志保护行动、春茶地理标志保护专项行动、专利代理行业"蓝天"专项整治行动。截至2019年第三季度,全省累计出动执法人员1.9万次;查处各类知识产权违法案件3115件(其中,商标案件3082件,商业秘密案件12件),罚没6855万元,移送司法机关149件。截至2019年10月底,全省

调处专利纠纷案件1.3万件，同比增长21.5%；排查代理机构、代理师四种违法行为线索260家次，立案查处3起，约谈整改16起；充分发挥了机构改革后队伍整合融合的优势。

三是开展重点个案指导。以专利海外维权为突破口，持续跟进指导浙江企业海外新材料专利纠纷案。全程跟进"浙江石油"、"之江实验室"、第19届亚运会等重点商标注册保护，组织起草《浙江省第19届亚运会知识产权保护办法》。

2. 重点领域保护不断加强

浙江电商发达，阿里巴巴、义乌中国小商品市场等始终是海内外关注的知识产权焦点。面对社会各界的关切，浙江省市场监督管理局坚持主动作为，以阿里巴巴为主要平台，以电商领域为切入点，先行先试，主动破题。

（1）充分发挥中国电子商务领域专利执法维权协作调度（浙江）中心作用

连续6年开展电商领域专利保护专项行动，大力开展省际电子商务领域专利执法保护工作，努力形成一套规范高效的监管模式。2019年1~10月，省际协作办案18966起，累计5万余起。

（2）在电商领域率先探索知识产权侵权纠纷检验鉴定技术支撑体系建设

主动对接全国网络交易检测平台和浙江省工商司法鉴定中心，草拟地方标准《电子商务领域知识产权侵权纠纷咨询服务规范（初稿）》。

（五）知识产权运营更加高效，有效提升了知识产权转化效率

1. 探索知识产权运营模式

杭州、宁波、台州相继试点国家知识产权运营服务体系建设，试点数量居全国首位。2018年，全省专利权转让数量达到2.8万件，占全国的1/3；进入产业化阶段有效专利比例达43.9%，高出全国平均水平7.6个百分点。实施"地理标志商标助力强企富农三年行动计划"，打造农业公共品牌，协同推进乡村振兴战略和美丽乡村建设。截至2019年,"丽水山耕"品牌累计销售额135.2亿元,产品平均溢价率30%以上。

2. 创新知识产权金融服务模式

全省专利权质押突破100亿元。商标权质押额超过80亿元,同比增长40.3%;质押登记数同比增长33.6%,占全国同期办理总量的45.8%,连续3年居全国首位。推动高校知识产权转移转化,浙江知识产权交易中心创新全链条高校知识产权运营模式,并在全国推广。

（六）知识产权国际化进程加快,有效推动了浙江对外开放

义乌成为全国首个获批受理马德里商标国际注册申请的地区,为浙江企业实施品牌国际化战略提供支撑。截至2019年10月,全省PCT国际专利申请量达1820件,同比增长36.4%;马德里体系国际注册商标有效量超过5300件。高校国家知识产权信息服务中心、世界知识产权组织技术与创新支持中心（TISC）等相继落户浙江。2019年9月,中国知识产权年会首次走出北京,"牵手"杭州,为浙江企业"走出去"提供合作平台。

三、浙江省知识产权存在的主要问题及原因分析

当前,知识产权保护已经日益成为浙江省优化营商环境的重要内容。通过深入调研,我们发现,虽然近年来浙江省知识产权保护工作取得了显著的成效,但与省域治理现代化、高质量发展的要求还存在差距,知识产权治理水平偏低,知识产权保护跟不上新时代发展的需求,还存在短板和弱项。

（一）知识产权创造质量不高,保护导向不够清晰

近年来,浙江省知识产权数量呈现持续增长态势。2018年全省专利申请量超过14万件,国内有效注册商标总数达到198万件,但总体来看,PCT国际专利申请、知名品牌等高质量的知识产权并不多。

以 PCT 国际专利申请为例，从数量上看，浙江省 PCT 国际专利申请量虽然排名一直位居全国前列，但总量一直处于较小规模，且与排名第一位的广东省存在较大的差别（参见图1）；增速水平也相对较低，与广东、江苏、山东相比，浙江省 PCT 申请量的年增速一直较低，2013～2017 年年增速均居领先四省排名末位（参见图2）。创造质量整体不高，使得授权后的专利容易成为侵权目标，同时被侵权后维权更为困难。

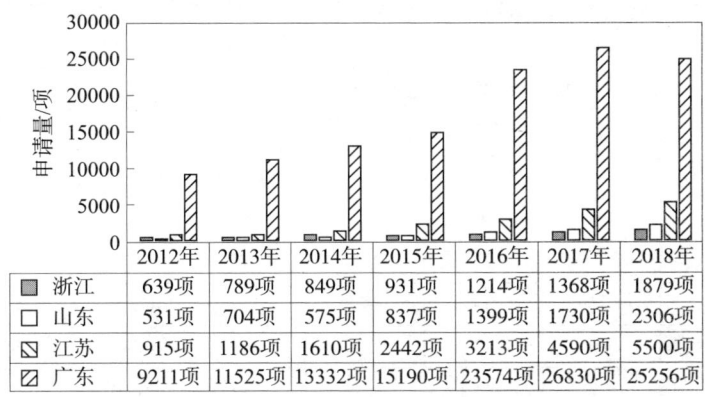

图 1　浙江省 2012～2018 年 PCT 国际专利申请数量与其他领先省份情况比较

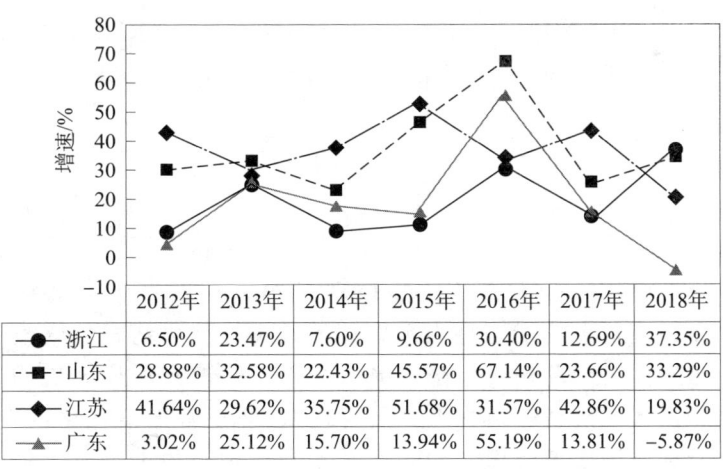

图 2　浙江省 2012～2018 年 PCT 国际专利申请数量年增速与其他领先省份情况比较

再以商标品牌为例,如表 1 所示,据世界品牌实验室颁布的 2018 年《中国 500 最具价值品牌》显示,从地区分布来看,2018 年最具价值品牌浙江省有 34 个,仅约为北京的 1/3,占总量的 6.8%,居全国第六位,且相比 2017 年有下滑的趋势。从行业分布来看,前十名行业中,品牌价值居行业前三位的,浙江省只有"阿里巴巴"入围,且排名第三位;从单个企业来看,"阿里巴巴"是浙江省最具价值的品牌,但把它放到全国来看,仅居全国第十位。浙江省最具价值品牌数量跟全国排名靠前的省份相比还是有一定差距。

表 1　浙江省 2017～2018 年"中国 500 最具价值品牌"情况与其他排名靠前省份情况比较

排名	省份	2018 年		2017 年		所属区域
		品牌数/个	占比/%	品牌数/个	占比/%	
1	北京	94	18.80	96	19.20	华北
2	广东	90	18.00	88	17.60	华南
3	福建	49	9.80	36	7.20	华东
4	上海	41	8.20	37	7.40	华东
5	山东	40	8.00	45	9.00	华东
6	浙江	34	6.80	35	7.00	华东
7	江苏	28	5.60	27	5.40	华东
8	四川	17	3.40	16	3.20	西南
9	河南	10	2.00	12	2.40	华中
10	河北	9	1.80	11	2.20	华北
10	河北	9	1.80	11	2.20	华中

分析原因,一方面,这是权利人知识产权的申请动机造成的,申请人很多情况下是为了申请而申请,从申请开始就没有以保护为导向,因此质量下降;另一方面,知识产权代理机构能力不足、操作不规范,再加上"黑代理"、非正常申请现象的存在,导致专利申请质量降低,如省内某专利代理公司因为没有把权利人的一项核心技术写入权利要求,导致权利人在侵权纠纷中败诉

并蒙受重大损失。

（二）知识产权保护对产业创新发展的支撑不足

随着浙江省传统产业转型升级与新兴产业的加速发展，原有的知识产权保护已经越来越难以满足创新主体不断增长的需求，尤其体现在知识产权获取周期较长等突出问题上，如实用新型和外观设计专利审查周期为半年左右，发明专利则要 2 年。

从传统产业来看，在浙江省诸如皮革、面料等传统产业中，专利申请需求更新换代速度快、频率高的特点与申请周期长产生了较大的矛盾。一件皮衣时装从设计到打样一直到产品投放市场，生命周期不过 3~4 个月，而相应的专利授权则需要 6 个月左右，往往专利授权还没获得，产品就在市场上落伍了；如果不能及时获得专利授权，一旦其他类似产品在市场上出现，企业在市场上丧失主动性不说，后期维权难度增加，牵扯的精力也大。

从新兴产业来看，近年来，随着"互联网+"、电子商务、大数据等新技术日益深入地融合到各行业中，新技术产业、新商业模式等经济发展新业态层出不穷。以数字经济发展中的核心技术——区块链技术发明专利申请为例，作为新兴的技术，区块链技术应用前景广阔，受到各国政府、科技企业、研究机构的重视，创业公司涌现，技术发展迅猛。中国区块链专利近几年内更是急速增长。我们在对阿里巴巴的调研中获悉，2016~2018 年阿里巴巴在区块链技术领域的专利申请已经连续 3 年位居全球第一；在 2018 年"全球区块链专利企业排行榜"上，阿里巴巴以 90 件专利的优势力压美国巨头 IBM 荣登榜首；2019 年上半年，阿里巴巴又以 322 件的申请量排名第一。在战略性新兴产业领域中不断增长的关键核心技术专利申请保护需求，与发明专利审查授权时间较长、不能快速形成保护体系的现实形成了强烈的矛盾。久而久之，权利人申请专利保护的积极性会因此受到影响，通过专利申请获得保护的意愿下降。

分析原因，除去国家知识产权局审查方面的因素，浙江省相关产业的专利保护虽然可以通过"优先审查"、保护中心"快速预审确权"等快速通道缩短审查周期,但目前"优先审查"只对相关产业的发明专利申请开放且每年只有3000件左右,中国(浙江)知识产权保护中心、中国(宁波)知识产权保护中心只对新一代信息技术、新能源、汽车零部件等3个产业的专利申请开放。保护中心布点少、数量小、服务弱,对于权利人大量的申请保护需求来讲,还只是杯水车薪。

(三)知识产权侵权频发,司法行政保护压力加大

近年来,浙江省知识产权侵权频繁发生,多发易发现象没有得到根本遏制。

从司法保护来看,浙江省知识产权案件呈现较大幅度的上升趋势,同时司法审判资源投入不足。如2016~2018年浙江省知识产权民事第一审案件收案数量的年均增长幅度超过了20%,而同期知识产权法官人数呈现减少趋势,设立知识产权法庭的法院的数量也没有增加,两者之间反差较大(参见图3、表2)。另外,诸如举证难、成本高、赔偿低、周期长等问题仍然长期存在,司法保护面临着较大的压力。

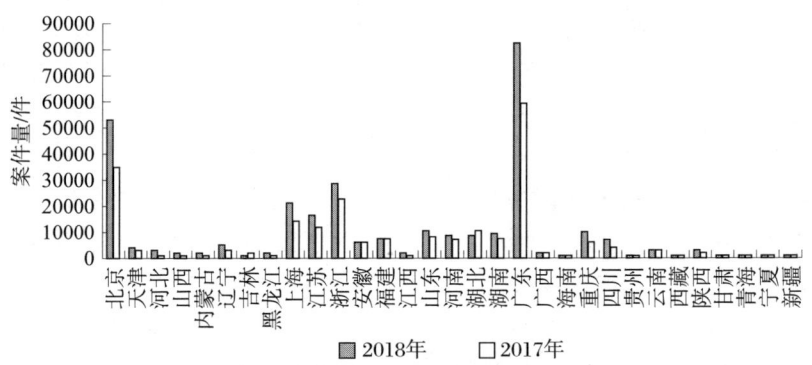

图3 2017~2018年全国各省区市法院
新收知识产权民事一审案件量比较

注:浙江虽然没有设立知识产权法院,但是2017~2018年新收知识产权民事一审案件数量比设立知识产权法院的上海还要多,仅次于北京和广东。

表2 浙江省知识产权民事一审收案数量与法官、法庭数量变化趋势情况比较

比较项目	2016年	2017年	2018年
知识产权民事一审收案数量/件	18630	22200	28276
知识产权法官人数/人	194	208	172
设立知识产权审判庭的法院数量/个	45	45	45

分析原因，一方面，随着司法体制改革的逐步深入推进，浙江在统一审判标准方面取得了重大的进展，但同时审判周期拉长、成本升高、效率降低也成为比较集中的阶段性问题。例如，杭州知识产权法庭和宁波知识产权法庭建立后，以前在温州市中级人民法院就可以审判的案件归杭州知识产权法庭管辖，需要跑到杭州办理，增加了时间和财力成本——这与机构改革因素一起造成了全省知识产权法官人数下降；管辖权异议多、技术鉴定多、中止诉讼多也导致知识产权诉讼周期过长。另一方面，社会公众对于司法保护的期望值越来越高，导致满意度总体保持在较低的水平，诸如"侵权损害赔偿的及时性、足额性""获取维权救济的及时性、便捷性"等指标的社会满意度排名都居全国排名的下游，这无形之中也增加了知识产权司法保护的压力。

从行政保护来看，虽然浙江省知识产权行政保护社会满意度得分在全国的排名常年位居前三，但通过调研我们发现，浙江省知识产权行政保护还存在几个较为明显的问题：一是行政执法力量尤其是基层力量较弱，虽然机构改革后行政执法队伍数量有所扩大，但队伍专业能力建设成为一个亟待解决的问题；二是知识产权侵权涉案人员守法意识薄弱，知识产权行政执法（主要是专利行政执法）执行难度大；三是行政保护能力排名虽然很高，但社会公众对于行政保护的满意度不是很高，如2018年社会公众对于"知识产权行政保护执法活动持续性"的满意度排名仅居全国第26位。

分析原因，一是囿于国家法律法规对知识产权（专利）行政执法职能的限制，专利行政执法强制措施有限；二是与食品卫生、文化市场等领域相比，知识产权行政执法因其对法律、管理、专利、商标等知识的综合要求而更具专业性，因此对队伍能力要求更高。

从这个角度讲，基层行政执法人员基础还很薄弱、培训任务还很艰巨。三是行政与司法、社会共治体系筹衔接机制有待进一步加强。

（四）知识产权管理体系不完善，企业自我保护能力不足

知识产权保护管理体系建设，既包含司法、行政、社会等公共保护管理体系建设，也包含保护客体（主要是企业等各类创新主体）的管理体系和能力建设。

从公共保护体系来看，浙江省在互联网法院、专利行政执法权下放、电商协作调度、规范化市场培育等方面具有独特的优势，但从保护体系的完整度和完善性来讲，还有明显的欠缺。首先，知识产权法院目前还是空白，知识产权司法保护服务中心布局有待加快等。其次，公共基础信息平台在软硬件建设、服务功能等方面差距较大；与山东、江苏、广东相比，浙江国家级知识产权保护中心的数量和质量还有很大的提升空间；海外维权指导平台还没有有效布局；与山东、江苏、广东相比，浙江在专利审查协作中心、商标审查协作中心等大平台方面还是空白；集合专利、商标、商业秘密等于一体，省市县区域全覆盖的知识产权工作站体系还没有建立起来。最后，地方仲裁调解组织、第三方诉调对接平台目前只覆盖到全省11个地级市中的一小部分；与广东、江苏等发达省份相比，浙江具备较强能力的专业性仲裁调解机构相对还比较少（参见表3），这在一定程度上造成了维权渠道的不畅。

表3　浙江省知识产权保护载体建设与其他部分省份情况比较

类型	名称	数量/个			
		浙江	山东	江苏	广东
司法	知识产权法院	0	0	0	1
	知识产权法庭	2	2	2	1
	互联网法院	1	0	0	1
	巡回审判庭（法庭）	7	5	8	2

续表

类型	名称	数量/个			
		浙江	山东	江苏	广东
行政	专利行政执法权下放设区市	5	0	0	0
	国家级保护中心	2	4	3	3
	国家快速维权中心	3	1	2	7
	省级海外维权援助中心	0	0	0	0
	国家电商维权调度中心	1	0	0	0
	专利审查协作中心	0	0	1	1
	商标审查协作中心	0	1	0	0
	国家规范化培育市场	13	7	17	2
社会	国家仲裁调解机构	1	2	2	5
	省及市属专利服务机构	28	17	25	24

注：数据截至2019年底。

分析原因，一是国家知识产权局对于区位分布的总体安排，如知识产权法院与上海、专利审查协作中心与江苏等地在区位上有重复的问题等；二是缺少从省级层面对知识产权综合保护体系建设的整体规划；三是对于保护体系基础设施，尤其是涉及公共服务的基础设施，投入相对不足。

从企业管理体系和能力来看，一方面，企业获取知识产权的积极性在增加，如浙江省企业专利申请量占全省专利申请总量的比例从2011年不足50%增加到2019年的接近70%；但是有专利申请的企业总量仍然不多。如2018年全省224.5万家企业中，仅有3.61万家企业有专利申请活动，不足2%。另一方面，在有专利申请的企业中，大多对于专利申请没有整体性、战略性的规划和布局。这从浙江省授权发明专利维持年限的变化中可以明显看出来。据对截至2018年3月10日浙江省117809件有效发明专利的分析发现，浙江省授权发明专利的维持年限大量集中在3~5年，从第5年开始出现下降趋势，从第6年开始出现超过30%的明显降幅（参见图4）。大量维持期可以长达20年的发明专利仅五六年就被早早放弃。这也从一个角度说明申请主体（主要是企业）在专利申请前就缺少科学的规划和布局，无形中降低了企业的竞争力，导致企业容易在侵权维权案件中陷入被动的境地。分析原因，一是企业以知识产权保护和运用为导向的意识有待提高，如从知识产权优势企业来看，浙江省与发达省份还有一定差距：到2018年底，浙江省国家知识产权示范优势企业数为230家，不及江苏省的1/2；知识产权管理规范贯标企业数为1048家，不及广东省的1/8。二是浙江省企业在知识产权运用布局，尤其是海外知识产权布局方面能力较弱。三是专利导航、知识产权战略推进等项目实施的针对性及推广应用方面有待进一步加强。

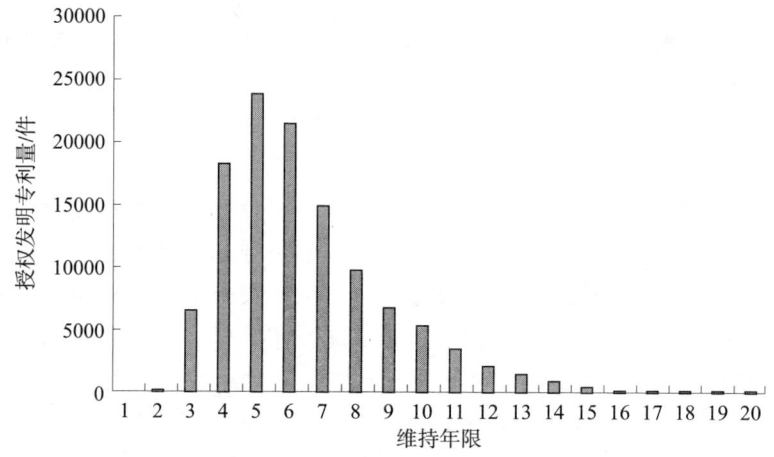

图4　浙江省授权发明专利维持年限分布情况

（五）知识产权保护高层次人才缺乏，整体服务水平不高

总体来看，浙江省知识产权服务业水平不高，尤其是高层次的知识产权保护人才严重缺乏，已经成为制约浙江省知识产权服务业支撑保护发展的重要因素。

从服务人才来看，与先进兄弟省份相比，浙江省人才总量及增幅都有所不及，如2018年浙江省专利代理师人数为845人，还抵不上北京2018年一年新增的人数（参见图5）；知识产权专家及领军人才数量都相对比较少；具有国际视野、精通国际知识产权保护规则的人才严重缺乏。

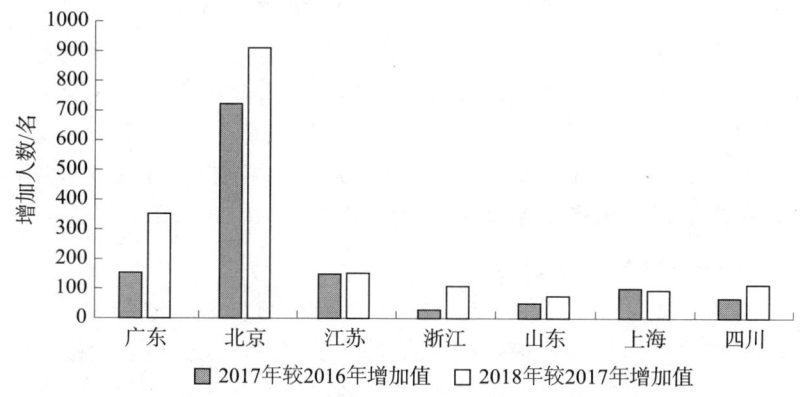

图 5　2016～2018 年浙江省及其他部分省份专利代理师增加情况比较

从服务机构来看，首先，浙江知识产权保护服务能力总体不足，如 2018 年专利代理服务资源缺口达 50% 以上。其次，浙江省缺少国际化的高端品牌服务机构，大量的涉外知识产权纠纷、高层次的知识产权服务都还有赖于省外机构，2019 年上半年全省所有 PCT 国际专利申请中，由省内代理机构代理的数量不足省外机构代理数量的一半。最后，知识产权专业技术服务支撑在很多领域还是空白，如随着浙江省越来越多的民营企业进军国际市场，它们在"走出去"的过程中屡屡遭遇知识产权纠纷，长期处于被动挨打、限缩发展的状态，而省内能够为企业提供海外知识产权纠纷维权援助服务的机构很少。

分析原因，一是如维权援助、举报投诉、信息分析、保护监测等公共基础服务平台建设投入不足，二是高层次专业人才引进和保障机制有待完善等。

另外，知识产权保护财政经费投入不足、宣传力度引导不够、少数地方政府对于知识产权保护的重要性重视不够、全社会尊重知识产权反对侵权的意识还有待提升等，都是目前浙江省知识产权保护发展中存在的问题。

四、健全浙江知识产权保护机制的总体目标、总体思路和具体举措

作为中国革命红船起航地、改革开放先行地、习近平新时代中国特色社会主义思想重要萌发地，浙江省要遵照习近平总书记赋予浙江"干在实处永无止境，走在前列要谋新篇，勇立潮头方显担当"的新期望，全面贯彻党中央关于知识产权的系列决策部署精神，切实加强知识产权制度建设，全面构建知识产权治理体系。

（一）总体目标

高水平推进浙江省知识产权保护的总体目标是：坚持党对知识产权工作的全面领导，以"八八战略"为统领，以"最多跑一次"改革为牵引，围绕推进知识产权"严保护、大保护、快保护、同保护"，打通知识产权创造、保护、运用、管理、服务全链条，持续完善浙江省知识产权保护政策与工作体系，全面释放机构改革后新体制机制运行活力，大力推进知识产权服务业发展，充分调动各类主体参与知识产权保护的主动性，综合运用法律、行政、经济、技术、社会治理手段强化保护，着力形成政策完备、运行顺畅、运转高效、各方参与的省域知识产权保护新局面。

力争到"十四五"末，知识产权法律政策体系更加完善，竞争优势更加明显；知识产权创造与区域产业、科技、经济融合发展相得益彰；知识产权保护与国际全面接轨，"严保护、大保护、快保护、同保护"工作格局基本形成；知识产权保护满意度大幅提升；知识产权运用、管理、服务水平达到国际一流水平，基本建成引领型知识产权强省。

（二）总体思路

高水平推进浙江省知识产权保护的总体思路是：坚持"制度创新、重点突出、各方协力、技术支撑"，建设共建共治共享，完善党委领导、政府负责、民主协商、社会协同、公众参与、法治保障、科技支撑的具有浙江特色的省域知识产权治理体系。

1. 制度创新

研究浙江省知识产权治理实践中的技术变迁、商业模式发展、

国际规则和市场环境的变化趋势，总结地方知识产权发展在数字经济、电子商务、海外知识产权等方面的特色经验与存在的问题，积极为我国建立知识产权动态立法机制提供实践素材，为完善我国知识产权法律法规建言献策。

全面评估浙江省知识产权相关地方法规和行政规章，结合落实国家机构改革要求与需要，根据《中华人民共和国专利法》《中华人民共和国商标法》《中华人民共和国著作权法》《中华人民共和国电子商务法》《中华人民共和国反不正当竞争法》等法律，组织开展《浙江省专利条例》、浙江省综合性知识产权保护法规等的制修订工作。

组织开展浙江省"十四五"知识产权发展规划编制工作，制定浙江省知识产权保护实施意见或实施办法，并指导各市县知识产权管理机构就相关任务制定具体落实的政策举措。

持续推进知识产权保护执法、维权标准化建设，制定完善快速维权工作规程，专利、商标、商业秘密侵权判定实施意见及行政执法操作规程，制定电商平台保护管理标准等。

2. 重点突出

针对重点领域、重点区域、重点行业、重点企业，建立创意保护、知识产权申请、知识产权转化运用、知识产权维权援助为一体的知识产权创新重点保护机制。

建立包括金奖专利、驰名商标、知识产权示范企业等在内的知识产权重点保护名录。在电商领域和专业市场领域开展线上线下协同办案，压缩侵权判定时限。在众创空间、特色小镇、创业孵化器等创新创业活动集聚区域，遴选具有丰富经验的知识产权服务机构进驻，为创新创业者提供有针对性的服务。针对数字经济、生命医疗等重点行业，探索开展知识产权快速确权、海外维权援助、风险融资、信用保险等系列创新性服务。面向创新创业者提供必要的知识产权保护启动资金，鼓励符合条件的创新创业者通过多种途径拓宽创业融资渠道，在知识产权质押融资、知识产权申请资助等方面开展知识产权意识提升类普及培训。

3. 各方协力

将知识产权保护工作列入各级党委和政府的议事日程。各级政府要定期研究部署知识产权工作，建立完善省域知识产权相关重大事项和重大问题决策机制，制定完善科学的知识产权保护评价指标体系、统计体系和考评体系。要将知识产权工作融入区域经济发展的场景，抓住关键重点，创新工作举措，破解痛点难题，以重点突破带动全局提升，引领事业发展。建立完善省市县三级知识产权联席会议制度，完善知识产权责任清单制度，进一步强化跨部门的知识产权保护合作，强化市县两级知识产权管理机构跨区域保护协作，突出纵向联动和横向协调，形成工作合力。

引导行业协会加强自律自治，鼓励与支持社会机构、民间组织参与知识产权保护共治。加强与行业协会、创新主体间的协作，统筹推进专利、商标、版权、地理标志、商业秘密、植物新品种、集成电路布图设计等各种类型知识产权事前、事中、事后一体化保护。

加强长三角知识产权联合保护，加强跨地区知识产权行政与司法协同保护，建立线索通报、案件协办、联合执法、定期会商等制度，完善立案协助、调查取证、证据互认、协助执行及应急联动等工作机制；推进知识产权执法信息化协作，实现跨区域知识产权信用信息互联共享。

4. 技术支撑

建立覆盖重点产业集聚区的技术支撑体系，加强省市县三级知识产权服务平台建设。加强知识产权服务业体系及高层次人才体系建设。加强大数据等技术手段对知识产权保护的支撑。建设侵权假冒线索智能检测系统，提升打击侵权假冒行为效率及精准度。探索加强知识产权侵权鉴定能力建设，研究建立侵权损害评估制度，加强司法鉴定机构专业化、程序规范化建设。

培育和发展仲裁机构、调解组织和公证机构，建立起司法与行政、仲裁、调解等相结合的多元纠纷解决机制，提高知识产权纠纷解决效率，降低权利人维权难度，满足市场主体对权利救济便利化和纠纷解决渠道多元化的需求。高效对接行政、司法、仲裁等保护渠道和环节，推广利用调解方式快速解决纠纷。充分发挥省知识产权研究会、专利代理师协会等社会组织的积极作用。推广应用在线矛盾纠纷多元化解平台，实现线上化解与线下化解的有效衔接与优势互补。

（三）具体举措

围绕"一支持、四保护"的框架体系，从知识产权创造、运用、保护、管理、服务等各个环节，强化知识产权"大保护、严保护、快保护、同保护"，全面推进在省域治理现代化背景下浙江省知识产权保护机制建设，主要是推进14项重大举措。

1. 完善政策法规制度

出台关于强化知识产权保护加快引领型知识产权强省的意见，贯彻落实好保护意见；修订《浙江省专利条例》；研究制定浙江省建设引领型知识产权强省试点省实施方案和浙江省知识产权发展"十四五"规划。

2. 强化高质量政策激励

实施知识产权质量提升工程，修订省级资助政策，加强与科技政策协同，充分发挥各级财政资金作用，将资助重点转向高质量创造、PCT国际专利申请，积极培育高价值知识产权。完善专利奖评选体系，由省政府设立专利奖。加快发展专利密集型产业、商标密集型产业、核心版权产业。

3. 强化司法保护能力建设

争取设立浙江省知识产权法院，加强审判队伍力量。全面推进"三合一"审判机制改革，建立省级行政区内知识产权案件跨区域审理机制。完善远程审理、异地审理制度，加强知识产权侵权鉴定能力建设。规范证据标准，破解举证难问题。规制恶意诉讼，打击利用诉讼进行投机性牟利的行为。

4. 强化行政执法保护

下放专利行政执法权，建立知识产权执法稽查队伍体系。加大行政处罚力度，开展关键领域、重点环节、重点群体知识产权综合行政执法。加强中国（浙江）知识产权保护中心建设，布局一批知识产权保护中心和快速维权中心。健全部门间重大案件联合查办和移交机制,完善案件移送要求和证据标准,顺畅行政执法和刑事司法衔接。完善打击侵权假冒犯罪制度建设,建立数据化打假情报导侦工作机制。加强商业秘密和地理标志保护。

5. 完善诉调解决机制

完善知识产权仲裁、调解、公证工作机制,探索建立知识产权纠纷调解协议司法确认制度。充分发挥人民调解、仲裁调解等的积极作用,先行先试快速调解模式。

6. 建立知识产权信用监管机制

实施知识产权服务机构、企业等市场主体的信用分类监管。完善知识产权黑名单制度,将依法认定的严重侵犯知识产权行为的企业和个人名单纳入"信用浙江"公共服务平台。健全失信联合惩戒机制,完善相关严重失信行为认定办法,加大对重复专利侵权行为、不依法执行行为、专利代理严重违法行为和专利代理师资格证书挂靠行为的认定力度。

7. 提升行业和企业自律水平

组建知识产权行业联盟;鼓励行业协会、商会建立知识产权保护自律和信息沟通机制。编制发布企业知识产权保护指南,制定合同范本、维权流程等操作指引,鼓励企业加强风险防范机制建设。

8. 加强涉外知识产权维权保护

加强对"走出去"企业的海外知识产权侵权预警培训与宣讲,为企业海外维权、纠纷应对提供有效服务。建立重大案件跟踪研究机制,强化知识产权涉外维权。建立完善海外维权专家顾问机制,培育建设一批涉外知识产权维权服务机构。加强在浙外资企业知识产权保护。

9. 加强电商领域知识产权保护

充分运用"互联网+"技术手段,探索通过使用大数据分析和人工智能辅助开展专利侵权判定。推广完善知识产权保护程序和侵权判定协作调度机制,形成标准规范。推动电商平台建立有效运用专利权评价报告快速处置实用新型、外观设计专利侵权投诉的制度。

10. 开展知识产权贯标达标行动

推进知识产权强市、强县、强企建设。研究制定知识产权管理、维权、侵权判定等标准规范。面向企业、高校、科研院所大力推行知识产权管理规范国家标准，提升创新主体知识产权保护意识和知识产权管理能力。

11. 提升知识产权支撑产业创新发展水平

围绕创新型省份建设，在数字经济、生命健康等重点产业普遍建立专利导航工作机制，加快培育一批具有较强前瞻性、能够引领产业发展、有较高市场价值的高价值专利组合。发挥专利信息传播利用（浙江）基地作用，建设一批产业特色专利数据库。积极探索地理标志与专利、商标多类型知识产权协同运用支撑产业创新发展机制。

12. 加强知识产权公共服务体系建设

加快知识产权保护中心、快速维权援助中心布局，争取更多专利、商标预审确权资源落户浙江。加快浙江省知识产权研究与服务中心建设，促进知识产权基础数据开放共享，加快技术与创新支持中心（TISC）等公共服务平台建设。促进在全省范围内规划布局知识产权司法保护服务中心等支撑性机构。促进知识产权服务业集聚发展，加强公共基础信息平台、维权援助中心、品牌指导站、商业秘密保护示范站等的建设。

13. 深化知识产权便利化改革

推动市县两级普遍建立知识产权公共服务机构，在产业创新综合体、省级以上高新区、产业集聚区开展知识产权"最多跑一地"改革，强化知识产权市场化服务资源供给。拓展商标受理窗口、马德里商标国际注册受理窗口数量及功能等，争取做到高新区、科技城全覆盖，11个地级市全覆盖。

14. 加强知识产权人才队伍建设

加大知识产权高端人才培育和引进力度，建立健全知识产权仲裁、调解、公证、社会监督等人才的选聘、管理、激励机制。加强知识产权学科建设，探索开展产学研联合培养新模式。加强专业人才队伍建设，构建多层次、高水平的知识产权智库，推进专利代理师、律师和企业实务型人才队伍建设。组建海外维权专家顾问团，选设一批海外知识产权观察企业和社会组织。

注重消费者立场的知识产权文化政策优化研究[*]

刘　华　黄金池　周　莹　徐海燕　杨　非　姚舜禹　祝瑜敏

一、项目背景与意义

2016年5月17日，习近平总书记在哲学社会科学工作座谈会上的讲话中指出："要按照立足中国、借鉴国外，挖掘历史、把握当代，关怀人类、面向未来的思路，着力构建中国特色哲学社会科学，在指导思想、学科体系、学术体系、话语体系等方面充分体现中国特色、中国风格、中国气派。"新中国的知识产权制度移植及其本土化实践时间短、发展迅速，在法律理论、立法技术、司法理念、国际与地区实践、知识产权意识和法律文化方面都存在相当大的完善和创新空间；中国的知识产权文化问题研究亦然。我国与知识产权相关的社会环境、市场秩序及其赖以为凭的中国"文化类型"在与西方知识产权制度和作为其赖以为凭的西方"文化类型"的"辨异"过程中，西方"文化类型"具有参照性意义，但并不意味着它还具有从道德上和功能上评价中国"文化类型"的判准意义。随着中国知识产权制度的日益完善，中国社会自身的文化自信不断增强，基于中国立场的知识产权文化研究、话语体系构建与特色化的国家治理成为当代学者的时代责任和历史使命。对现实的中国社会的知识产权文化现状予以实证分析是结构化分析中国文化类型、立足构建中国特色的文化政策与理论体系、讲好中国故事、提升话语权的基础性工作。其中，消费者是知识产权价值实现相关利益链上最庞大的群体，是决定我国知识产权文化品质与市场环境的最广泛社会基础，深度影响着我国的知识产权文化进程、知识产权

---

[*] 本文获第十一届全国知识产权优秀调查研究报告暨优秀软课题研究成果评选二等奖。

制度进路与政策绩效,应当予以重点关注。

自2007年我国以"知识产权文化年"活动正式启动政府主导下的知识产权文化建设工作,10余年来我国知识产权文化建设不断向纵深发展,国家各部门与机构先后制定发布了相关政策文件,如2008年国务院印发的《国家知识产权战略纲要》,2013年国家知识产权局、教育部、文化部、原国家工商行政管理总局、原国家新闻出版广电总局、国家版权局联合印发的《关于加强知识产权文化建设的若干意见》,2015年的《国务院关于新形势下加快知识产权强国建设的若干意见》等,意在构建以"尊重知识,崇尚创新,诚信守法"基本理念为前置意识形态的知识产权文化政策体系,在公共文化中注入知识产权价值观来推动社会文化的现代化运动,"实现对社会价值的形塑与有效整合,从而通过文化重建来实现重构社会的目的"。❶

基于上述政策背景与实践需求,本报告通过深入社会调查,从消费者群体的视角解构知识产权文化社会思想基础薄弱问题的产生原因,分析知识产权文化与流行文化之间的冲突与融合机制,并提出解决问题的政策优化路径及具体措施,为提升我国知识产权文化建设的理论品质、实践水准和政策绩效提供参考。

二、调研思路与方法

本次调研是基于将知识产权市场分为"权利主体-消费者"的二元结构并重点关注消费者立场的考量,试图深入生活与实践,摸清我国公众的知识产权意识状态及其影响因素,在准确描述知识产权消费行为与消费观的基础上丰富与深化知识产权文化实证研究,反映不同主体的立场思考和利益需求,提升政策建议的针对性与可行性。"公众知识产权知行现状—知行样态后的影响因素—实证与理论的结合分析—针对性的政策建议"是本次调研的基本思路。其中,公众对知识产权的"知"包括法律意识与消费观在内的知识产权意识;"行"则是指在"知"的影响下的知识产权消费选择与具

---

❶ 钟起万,邬家峰. 文化治理与社会重建:基于国家与社会互动的分析框架[J]. 江西社会科学,2013(4):109.

体行为,并折射反映"知"的具体内容。同时,为了考察我国公众知识产权意识发展和变化的趋势,在对调研数据的分析中,我们注意与前期同类型的调研数据,如2002年通过《中国知识产权报》发布的《社会公众知识产权认知程度调查报告》、2006年《我国公民知识产权意识调查报告》❶、2012年《我国知识产权文化现状调查及对策研究》❷,以期形成完整和动态的参考资料。

三、我国消费者知识产权知行现状调查的数据描述

(一) 受访对象分布

本次社会公众知识产权意识调研以网上问卷调查形式,对不特定公众进行了广泛调研,共回收有效问卷2039份,地域分布上基本涵盖了全国各省区市,职业分布丰富广泛,年龄分布上涵盖了从未成年人到中老年人的大部分年龄段,其中18岁以下的14%,18~30岁的57%,31~50岁的23%,51岁及以上的6%。受访者学历分布与经济收入状况分布如图1、图2所示。

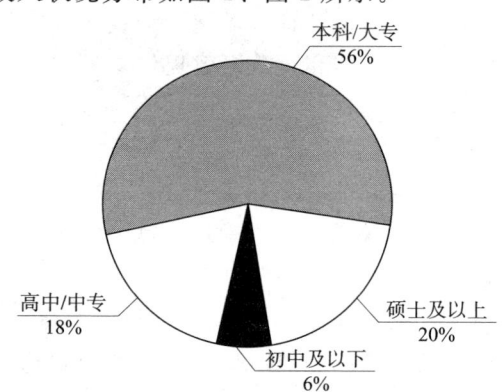

图1 受访者学历分布情况

---

❶ 刘华,周莹,黄光辉. 我国公民知识产权意识调查报告[M]//吴汉东. 中国知识产权蓝皮书:2005—2006. 北京:北京大学出版社,2007:411-438.

❷ 刘华,韩秀成,张祥志,等. 我国知识产权文化现状调查及对策研究[M]//国家知识产权局办公室政策研究处. 优秀专利调查研究报告集:Ⅷ. 北京:知识产权出版社,2005:27-69.

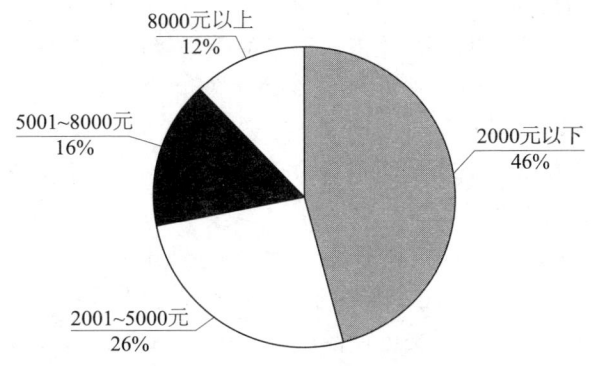

图 2 受访者经济收入分布情况

（二）消费者知识产权知行状况的调查数据分析

本次调研中约 95% 的受访者知道或了解知识产权，相较于前期调查中的同类数据，可见公众对知识产权的基本认知状况持续好转，但价值认同的比例则处于持续下降趋势（参见图 3）。公众对知识产权的了解程度与价值认同程度之间的反差，尤其是价值认同在 10 多年间持续下降的趋势，说明"公众对知识产权相关知识的获得与了解提升并不当然导致对知识产权制度及其意义和作用认识的加强"❶，法律规范的普及不代表法律精神的内化与公众知识产权价值观及消费行为的改良。

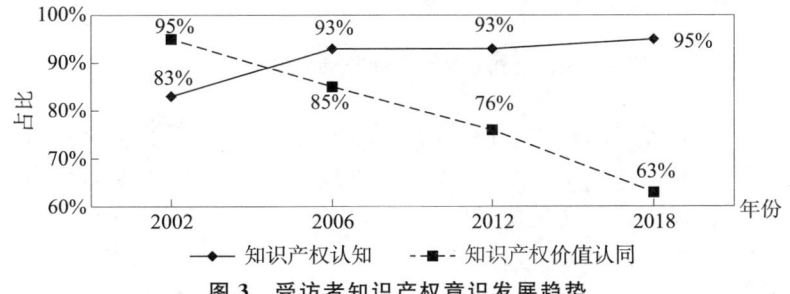

图 3 受访者知识产权意识发展趋势

---

❶ 刘华，周莹. 我国公众知识产权意识现状调查及对策研究 [J]. 中国软科学，2006（10）：106.

大约80％的受访者支持打击盗版；对于政府的一些整改措施和维护市场环境的知识产权政策，71％的受访者表示理解支持，仅有9％受访者表示"反感"，近20％受访者表示"希望有更好的管理方法"。可见尽管日趋严格的知识产权保护政策在一定程度上与我国社会长期以来的"免费"的消费习惯存在冲突，但社会的总体舆论环境和反应较为和谐。

受访者购买与下载盗版书籍、影像制品或电脑软件的情况如图4所示。从整体上看，仅有15％的受访者是基于尊重知识产权的考虑而没有或较少购买盗版文创产品。26％的受访者表示较多。而在该群体中，52％的受访者是因为"正版太贵，用盗版更划算"，且这一选择不受经济收入情况的影响；15％的受访者是因为"获取盗版方便，又没人管"；14％的受访者因为"不知道是盗版而误买或下载"；有8％的受访者表示"找不到正版资源"；另有11％的受访者是认为"获取知识至上，无所谓正版盗版"。

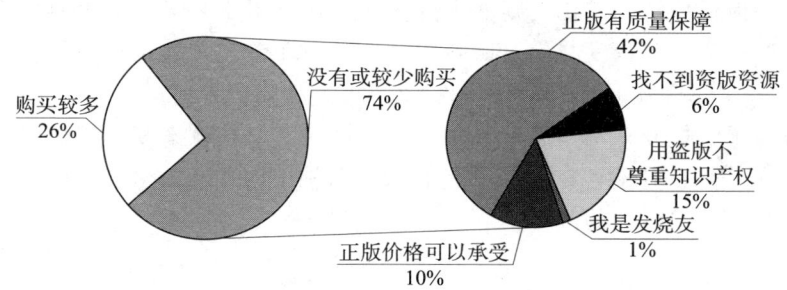

图4 受访者购买盗版文化产品的情况及其原因

关于受访者购买假冒商品的情况如图5所示，仅有11％的受访者表示较多，89％的受访者表示较少或没有。在购买较多的群体中，购买假冒商品的主要原因是"假的便宜"，占38％；有约30％的受访者表示是因为上当受骗；近18％的受访者表示是因为"假的质量差不多"；近14％的人认为"购买方便，又不犯法"。

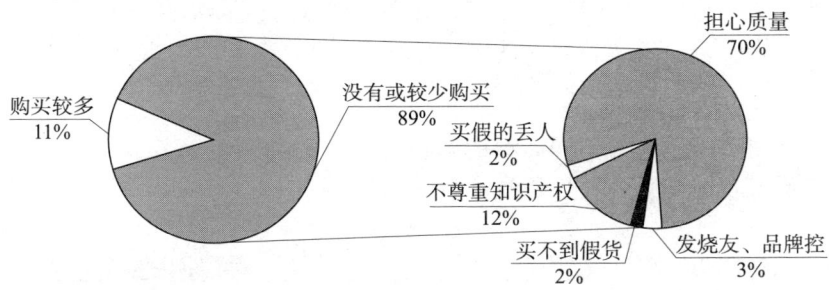

图 5　受访者购买假冒商品的情况及其原因

其中尤其警醒我们的是,公众的受教育程度居然与其对网络文创产品的侵权行为呈负相关,即受教育程度越高,对知识产权的普遍了解程度也越高,但知识产权侵权行为的比例反而不断增多(参如图6)。对知识产权制度的认知与认同对公众的消费行为并未如预期的那样存在正向的导向作用。

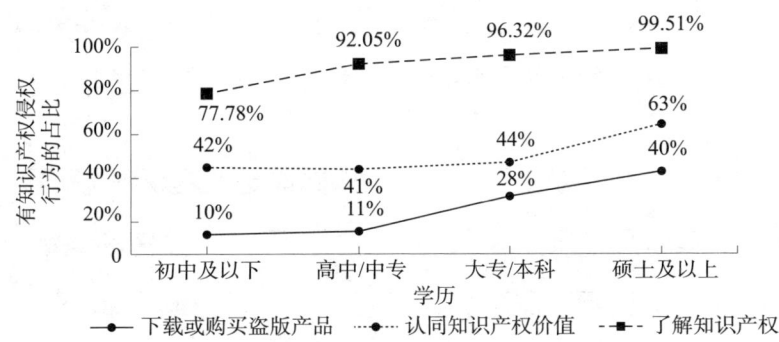

图 6　受访者的受教育程度与其知识产权知行状况关联趋势

从关于盗版产品与假冒商品的使用情况及其原因的调查结果可以看出,知识产权法律意识在公众消费过程中的指导作用与影响微小,消费者的"护法精神与守法品格"并未与其知识产权法律认知度相契合,具备较高知识产权意识和行为准则的公众所占比例并不理想。"法律意识指导具体的法律行为"的理论预判在知识产权消费领域受到其他因素的干扰,尊重版权的法律意识并未在消费者中广泛树立起"使用盗版可耻"的知识产权道德意识。对知识产度理性的认同尚未产生应有的行为教化效应，亦即消费者的知识产权法律意识尚未达致普遍的守法性认同。

（三）知识产权消费模式与消费观

图7是公众为不同类型的知识产权产品付费的意愿情况。图8反映了我国公众的知识产权消费结构。

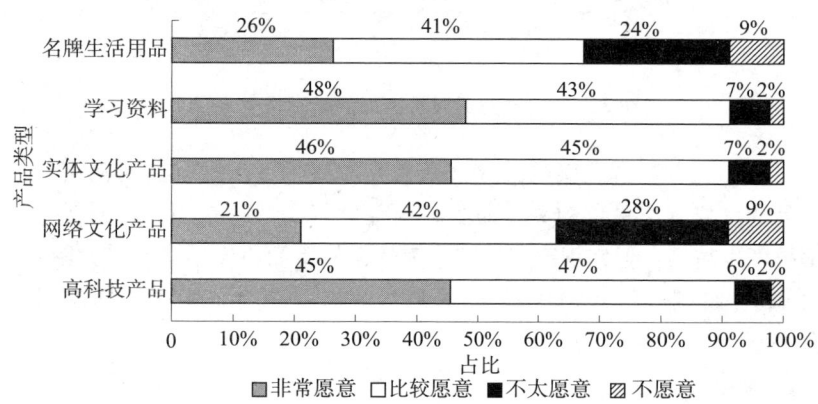

图7 受访者为不同类型知识产权产品付费的意愿情况

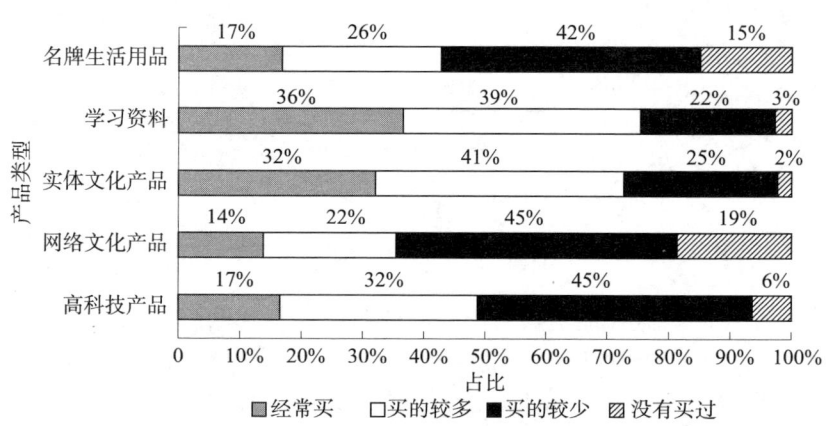

图8 受访者对不同类型知识产权产品的实际消费情况

结合上文中消费者使用盗版产品与假冒商品及其原因的情况，可以看到我国公众的知识产权消费有如下特征。

1. 质量追求成为消费选择的主导因素

公众的知识产权消费选择反映出追求产品与服务质量、经济成本是主导公众知识产权消费行为的主要因素。在本次调研中，无论是对网络文化产品还是实体性产品，追求产品与服务的质量都是大多数人的消费选择，尤其是对实体性产品，比例达到70%。可见，随着我国经济的发展、公众经济条件的转好与生活水平的提高，对产品与服务质量的追求已经成为影响消费行为的主导性因素。

2. 实用主义消费观影响知识产权消费倾向，对文化产品的消费动力不足

"重物质效用，轻精神消费"的中国传统价值观深刻影响着公众的知识产权消费观与消费行为。学习资料、高科技产品的实用性与价值性决定了其在文化消费结构中的重要地位。对影视、音乐、游戏等网络文化产品的付费意愿最低的现象，以及消费动力与实际消费情况总体上随着经济收入的提高均呈现出不升反降的趋势（参见图9、图10），则揭示出我国传统消费观作为文化根源因素对知识产权市场与文化发展的阻滞性消极影响。

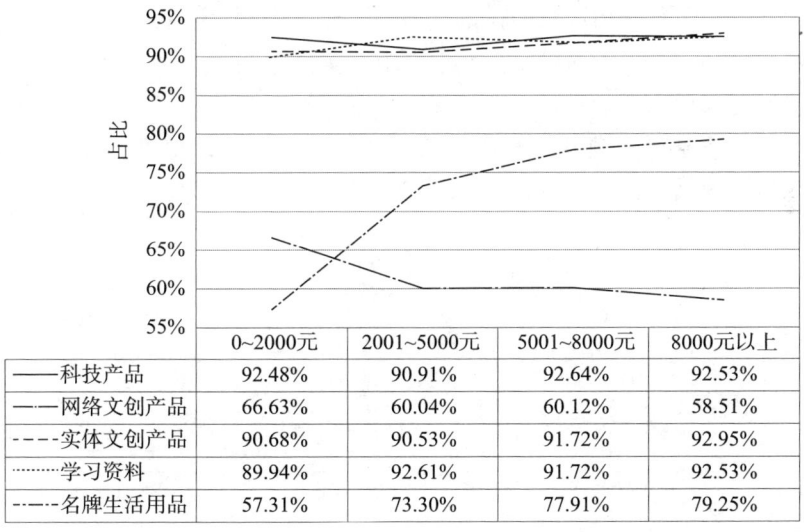

图9　不同经济收入下受访者对不同类型产品的付费意愿情况

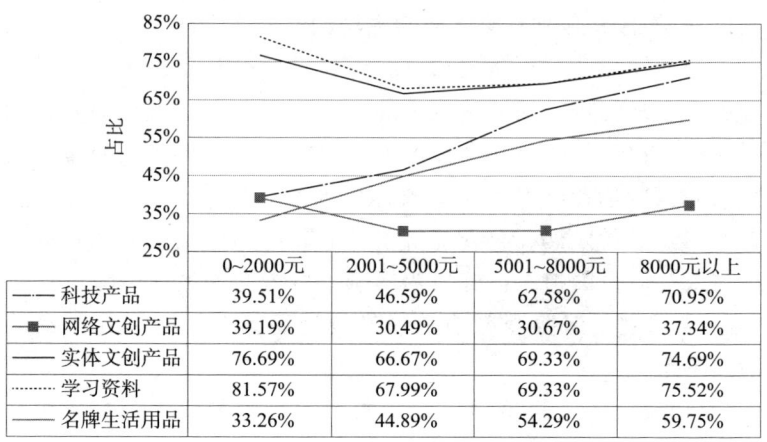

图10 不同经济收入下受访者实际经常和较多购买各产品的占比情况

3. 青少年是文化消费的主力军，市场潜力巨大

青少年是文化消费的主力军，在网络文化创意产业的表现尤为突出。如图11所示，受访者越年轻，为影视、音乐与游戏等网络文化创意产品付费的意愿越强，实际消费频率也越高；青少年经常或者较多购买网络文创产品的比例比中老年群体更高。以QQ音乐平台为例，"90后"和"00后"是数字专辑购买的主力军（参见图12）。从其付费意愿来看，青少年的消费动力更强，年轻一代在新型文化消费模式下已经逐渐开始养成为网络文化产品付费的消费习惯。在引导正确的情况下，我国网络文化市场的发展潜力巨大。

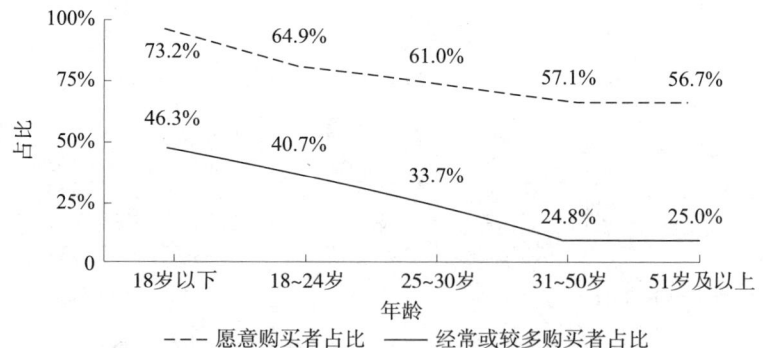

图11 不同年龄段受访者的网络文化产品付费意愿与实际消费情况

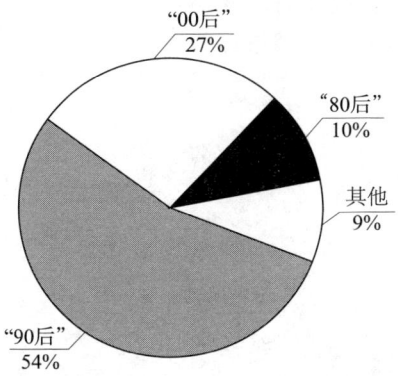

图 12　QQ 音乐平台数字专辑用户年龄段分布情况

数据来源：中国数字音乐用户行为洞察白皮书 2017（https：//www.analysys.cn/analysis/8/detail/1000986/）。

四、我国消费者知识产权知行问题的影响因素分析

（一）我国知识产权文化发展水平的领域性差异大

我国社会公众的知识产权意识状况在不同领域、不同行业中的差异较大。中国传统文化观中对游戏、动漫等非全龄式文化产品的轻视与偏见正成为阻碍这些文化产业领域发展的消极因素。[1] 公众的版权意识明显强于商标与专利法律意识，对实体文化产品的保护与尊重意识强于网络文创产品。其中最值得深思的是科学技术领域：从日常实践与社会舆论看，公众对科学技术的价值与作用认可度非常高，但并未建立起保护技术创新的管理意识和尊重他人技术的法律意识，无法适应当前知识产权竞争时代的需求。

（二）创新经历对提升个体的知识产权知行水平具有积极促进作用

在了解了受访对象的基本创新情况的基础上，我们试图考察个体的创新经历对其知识产权意识是否存在影响。分析结果如图 13

---

[1] 刘华，黄金池，中国动漫产业受众定位低龄化的危机与应对 [J]. 北京社会科学，2014（8）：4-11.

所示:创新经历很多或较多的受访者在知识产权意识及其行为的各个方面的水平都明显高于创新经历较少或没有的受访者。

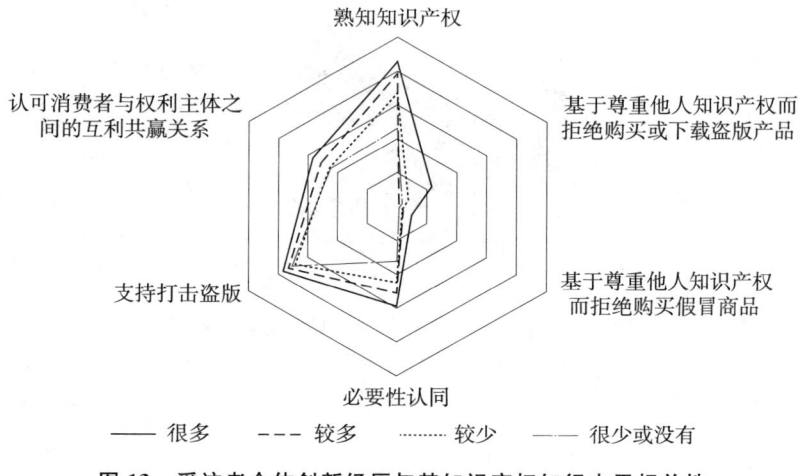

图 13 受访者个体创新经历与其知识产权知行水平相关性

（三）传统文化与消费习惯对知识产权意识具有确实的消极影响

图 14 的数据对比打破了"知识产权侵权行为是基于个体自身经济条件"的论断，即在网络文化创意产品的消费中，"性价比"并非影响公众购买正版文化产品的决定性因素，对网络文化创意产品的消费动力也不受经济收入条件的影响；相反，认为"知识至上，无所谓正版盗版"的受访者的比例随着经济收入的增多、受教育程度的提升反而不断增加（根据我们对受访者的调查，初中及以下学历的无人认同，高中/中专学历的仅 0.5% 认同，本科/大专有 3.4% 认同，硕士及以上有 4.4% 认同），同时，愿意为网络文化创意产品付费的受访者比例逐步下降。尊重正版意识和付费意识与经济收入呈现出负相关的关系，契合了中国传统文化中"窃书不为偷"的思想观念。受教育程度和对知识产权的了解程度显然也深刻影响着公众对游戏的价值认同度（参见图 15、图 16）。综上可见，相对于经济条件，传统文化中的一些认知对知识产权消费行为的影响更大，不同的文化观点会引起截然不同的行为选择。

注重消费者立场的知识产权文化政策优化研究

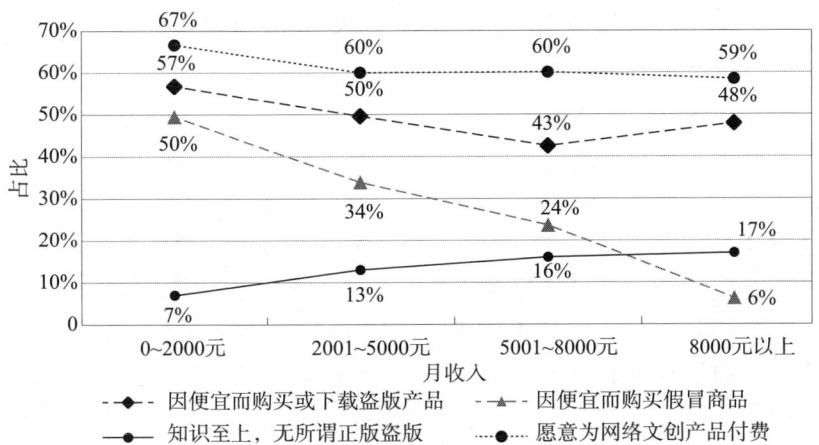

图14　不同收入状况受访者对假冒商品与盗版产品的消费动机占比情况

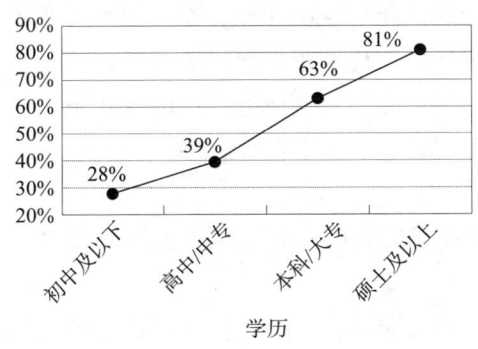

图15　不同教育程度受访者对网络电子游戏知识产权价值的认同情况

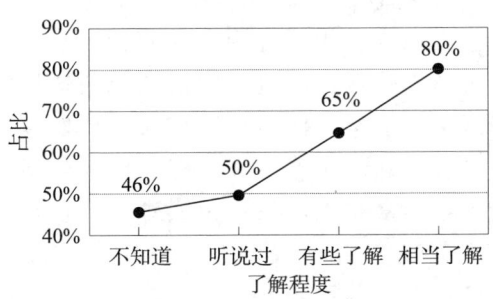

图16　对知识产权不同了解程度的受访者对网络电子游戏知识产权价值的认同情况

(四)创新运营模式能有效刺激知识产权消费、推动养成付费习惯

在市场实践中通过创新版权运营模式与付费方式能够有效刺激公众为文化创意产品付费,如各大视频、音乐平台自制优质节目或购买独家播放权,吸引消费者付费成为平台会员或享受下载服务;通过连续订阅优惠、亲情账号优惠、赠送会员等活动与方式,刺激消费欲望,客观上促进了网络文化消费。诸多运营模式的创新都是在准确把脉公众消费动机的基础上合理定价网络文化创意产品价格,从而逐步消解公众免费消费文化产品的长期惯性,推动形成付费习惯。

五、注重消费者立场的知识产权文化政策机制优化建议

基于调研数据反映的我国社会公众知识产权法律意识现状与消费观现状,结合知识产权文化发展影响因素的理论分析,建议我国知识产权文化政策应强化对消费者群体的立场考量,针对消费者的文化建设,推动理念从"义务本位"到"利益共享"发展,实践从"强势刚性推动"到"柔性主导发展"转变。

(一)分群体进行差异化引导,重点培育知识产权时尚消费观

本次调研结果显示的公众对知识产权政策的整体性理解与支持也启示我们进一步加强知识产权管理具有可行性。对于消费者群体,法律与政策无法直接约束其消费行为,主导其消费选择与意愿的也并非法律意识或道德荣辱观,因此针对消费者群体应侧重培育知识产权时尚消费观,改造传统消费观与知识观中的消极因素。这对于刺激文化消费、推动知识产权市场发展、创造良性的文化产业生态具有长远的构建意义。建议政府创新市场管理,引导市场主体创造与丰富知识产权价值实现的商业模式,逐渐引导消费者尤其是年轻消费者养成付费消费知识产权相关商品的习惯;通过公益广告、招贴等多种宣传方式,宣扬知识产权时尚消费观,让消费者在贴近生活的知识产权消费活动中进行权利体

验、规范感知与法律评价，在与时代共同进步的消费方式中自然认同知识产权价值观。

（二）分领域加强针对性教育，改造传统文化价值观中的消极因素

我国公众的知识产权意识在不同领域的差异化表现启示我们应当加强针对性教育与引导。版权领域的重点与难点是逐步消除中国社会对动漫与游戏等非全龄化文化产品与产业的传统偏见。这是一种社会文化改造，更是一场对文化产业的生态构建。政府应当提升动漫、游戏等文化产品的文化功能与社会意义定位，放开市场管理，完善产业服务体系，引导人才与资本等生产要素向该产业流通，通过政府引导力、企业创新力、市场配置力的结合构建更加成熟的动漫游戏产业链，消除传统文化价值观中的消极因素。

（三）多渠道增强消费者的参与度，培育其主体意识与责任意识

通过消费者协会等机构疏通消费者知识产权相关利益诉求的表达渠道，并将消费者利益表达的基层沟通活动制度化，使之成为立法和政策制定反馈机制之构成。推动消费者通过有序的民主形式表达意愿和建议，使其合理诉求能够被有效地吸收到立法和政府决策之中，从而在政策参与的民主路径中强化消费者的法律意识。让消费者以知识产权义务的承担者、知识产权惠益的分享者、自身权益的维护者及潜在的知识产权创造者等多重身份融入知识产权文化建设中，让普通消费者摆脱"知识产权与我无关"的冷漠意识状态，达致"用法性文化认同"。定期评估合法消费行为对经济文化发展的贡献率与盗版产品购买行为的危害性，并通过多元化的途径和方式扩大社会宣传。增加站在消费者利益立场的日常宣传，强化消费者对知识产权发展的重要作用及其利益共享的主人翁地位，结合市场主体，在文化消费过程中对消费正版产品的行为予以赞扬与鼓励，让消费者在体验知识产权制度激励创造效应与惠益分享中逐步实现价值认同与行为自觉。

香港知识产权署推出的"我承诺"行动可资借鉴。该行动旨在

向市民推广反盗版、反冒牌及反网上侵权等保护知识产权的信息，参与者承诺拒绝购买或使用盗版与冒牌产品，尊重他人知识产权。这类活动有助于提升拒绝购买盗版及冒牌产品的自豪感和知识产权法律意识。

（四）丰富消费者的创新途径，在参与中体验知识产权价值

践行创新、在创造中体验权利是消费者形成情感与价值认同最有效、最生动渠道。宣传创新的价值与普通小发明的成功案例，不断增强消费者创新的积极性与动力；多领域、多行业、多主体联合打造多元化创新平台，丰富普通消费者参与创新的渠道与方式，增加消费者创新与体验知识产权的便利度，引导、推动消费者与创作者、生产者开展价值共创，扩大创新群体基础。

在这方面，我们可以借鉴日本的做法。日本在动漫作品再创作及传播中，推动以"御宅族"（动漫痴迷者）为代表的消费者成为动漫创新和知识产权主体，包括：吸引"御宅族"为创新项目投入资金以换取最终的创新成果（动漫作品、衍生品等）；借助"御宅族"对动漫市场判断的广泛代表性，引领动漫创新与再创新项目的研发；加强"御宅族"之间的交流与联系，促成动漫爱好者互动平台与动漫产品交易市场的建设与完善；促进创作者和消费者之间的良好互动，强调"跟踪读者、服务一生"的创作意识，以此培育消费者的动漫品牌意识和知识产权保护意识。

（五）完备知识产权教育体系，加强基础教育阶段的知识产权价值观启蒙

少年儿童时期是价值观养成的关键阶段，由于我国传统文化中知识产权内容缺失及知识产权社会教育环境尚未形成，因此知识产权基础教育担当着补充社会教育和提升文化品质的重任。本次调研结果显示，相比其他渠道，在工作或学校教育中进行知识产权教育的效果更好，在工作或学校教育中接触知识产权的群体对各种类型的知识产权的认同度普遍高于通过其他途径了解的群体。因此建议政府在基础教育层面推动顶层政策设计，引导知识产权基础教育理

念，在国家知识产权局、教育部主导下建立知识产权基础教育研究及培训平台，设立专项投入，加强教师队伍培训，提供更多、更科学的教学资源，聚集更多人力、财力资源解决知识产权基础教育实践的当务之急。

知识产权助推四川新经济高质量发展的路径与对策建议研究[*]

佘赛男　曾洪萍　李　杰　李太后

一、理论构建：创新驱动的新经济需要高质量的知识产权支撑

（一）知识产权制度对新经济发展的作用机制

知识产权制度在推动科技创新、促进经济社会发展中所发挥的积极效能，其本质是保护创新、激励创新。作为以创新驱动为核心的新经济，其发展需要不断创新，所以知识产权制度对新经济的作用，重点体现在鼓励推动创新上。知识产权政策对新经济发展的助推机制参见图1。

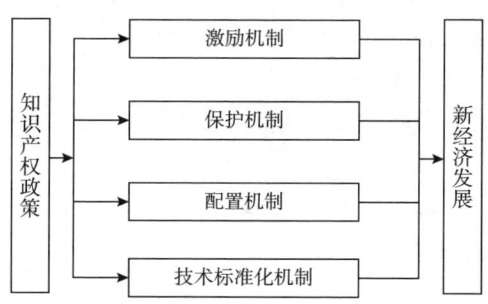

图1　知识产权政策助推新经济发展机制

1. 激励机制

新经济是以创新驱动为核心、以创新成果为依托、以创新机制

---

[*] 本文获第十一届全国知识产权优秀调查研究报告暨优秀软课题研究成果评选二等奖。

为活力、以创新制度为保障的经济活动,具有无法排斥他人"免费搭便车"的公共物品属性。如果不解决创新成果的外部性问题,会直接损害新经济发展人的利益,打击其继续推进新经济发展的积极性。知识产权制度通过法律授权确认创新成果的产权,赋予新经济发展人在一定时期内对其创新成果享有专有权,保障其投入得到回报。这种合法垄断给新经济活动者带来的丰厚利润,又会刺激更多人、更多要素投入新经济发展。所谓"给创新之火添加利益之油",知识产权制度为新经济发展提供了最经济、最有效和最持久的创新激励动力,有助于新经济活动不断向前推进。

2. 保护机制

新经济作为一种新的经济形态,同样存在市场竞争。知识产权制度是对新经济发展的保护,主要体现是作为新经济发展成果的创新产品进入市场后,知识产权制度可以通过执法机制威慑、制止各种侵权违法犯罪行为,避免假冒产品与之竞争,确保经济活动顺利进行。从制度层面讲,知识产权制度从法律层面确立和维护了新经济活动的基本公平竞争秩序,提供了公平的竞争环境和良好的法律保障。从更宏观视角而言,知识产权制度以有限的限制竞争,为新经济活动换来更大程度的有效竞争,使市场机制更有效、微观主体更有活力、市场竞争更充分。

3. 资源配置机制

新经济发展需要巨大的资金和智力投入,能否有效地配置创新资源十分重要。知识产权是创新驱动的引擎,是市场经济的标配。知识产权制度本身就是市场经济的产物。新技术、新产品的商品化和市场化不仅是新经济活动中的关键环节,也是知识产权制度的重要出发点和目的。知识产权制度的有效运作能促进创新活动,加快新经济发展进程。如知识产权制度中的专利制度,它要求专利申请人以公开有关技术方案换取国家赋予其一定时期内的独占权利,但保护的却只是对核心技术的专利权而不是对该技术二次利用的权利。这极大地促进了技术的传播,也为其他新经济参与者进一步开发和创新提供了可供借鉴的基础,避免了全社会的重复劳动,提高了创新效率、层次和质量。

4. 技术标准化机制

新经济多是为了满足未来潜在需求，其技术和市场前景具有不确定性。要在激烈的竞争中掌握发展主动权，就意味着要抢占技术标准的制高点。一方面，新经济发展到一定阶段，需要在已有技术或少量专利的基础上制定技术标准的总体目标和任务，开展技术标准的研发与实施，构建专利群，健全标准体系，规范新经济市场活动。另一方面，"标准先行"成为新经济创新的重要战略模式。如物联网、云计算、三网融合等全球新一代信息技术的产业竞争，实质是技术标准之争。技术标准化已成为新经济快速发展和参与国际竞争的必然发展要求。专利共享程度与标准成熟度的关系参见图2。

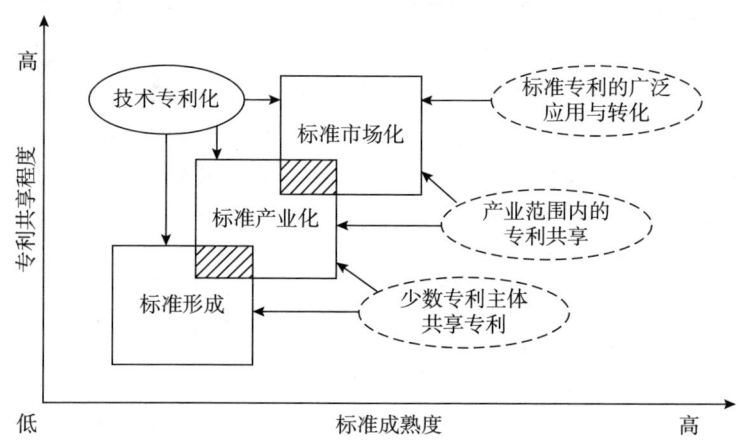

图2 专利共享程度与标准成熟度关系

（二）新经济有别于传统经济的显著特征

对于新经济的内涵，可从两个角度去理解。一是从学术界来看，新经济的界定有三个核心：数字化和数字化处理技术，基于数字化的联通和分享，在此基础上形成的新技术、新产业、新业态和新模式。二是从实际发展情况来看，新经济的范畴有三个层面：以信息技术、智能制造技术、新材料技术、清洁能源技术和生物技术等为代表的新技术革命直接催生的产业化，由传统产业与新技术相互融合发展而产生的新兴业态，基于新技术的新服务和新业态以及新的商业模式和组织形态。

1. 以信息技术为核心的各种技术的"交叉融合"构成了对新经济的技术支撑

与传统经济相比，新经济的突出特征就是将科学技术转化为高效的生产力，使社会生产力出现革命性发展。习近平总书记指出："信息技术成为率先渗透到经济社会生活各领域的先导技术，将促进以物质生产、物质服务为主的经济发展模式向以信息生产、信息服务为主的经济发展模式转变，世界正在进入以信息产业为主导的新经济发展时期。"新经济下，技术领域的创新大多不是"单独"的，而是与信息技术和新材料"融合"或"复合"产生的，例如"生物打印"技术、自动驾驶技术、生物芯片技术、虚拟现实技术等。

2. 数据成为新经济重要的生产要素

从财富和价值创造的主体看，脑力劳动及其劳动者是新经济的主体。财富的创造不再主要依赖土地等有形要素，而是依赖数据、知识、文化与创意。特别是随着大数据和云计算等技术的不断发展，数据的挖掘分析和存储利用成本不断降低，使其成为继土地、劳动、资本、技术和制度后又一独立的生产要素。在传统经济下，土地、劳动、资本等生产要素具有规模报酬递减的特点，而新经济下的信息化和工业化的深度融合，将数据投入设计、生产、销售、流通、服务等环节不仅可以降低交易成本，提高生产效率，还可以产生规模报酬递增的效果。

3. 个性化智能制造是新经济的生产范式

传统经济的生产范式是利用规模优势进行大批量生产，为了生产而生产。而新经济下的生产规则使消费者掌握生产和消费的自主权，例如，3D打印技术使低成本个性化智能制造成为可能，移动互联网和劳动工具与劳动对象智能化成为个性化定制的重要载体。新经济下的柔性生产可以更好地满足消费者需求，不断细化的社会分工可以为消费者提供更好的服务。

4. 绿色低耗是新经济的生产特点

传统经济的生产要素以自然要素为主，其发展繁荣必将带来能源和资源的巨大消耗和生态环境的恶化，加剧人与自然的矛盾。新经济则带来一场绿色工业革命，一系列生产开始以绿色生产要素投入为主。新经济下的智能工厂实时调整能源供应，杜绝生产链中的能源浪费；3D打印技术将传统经济下以模具为标准的"减材制造"转变为利用散碎材料的"增材制造"；新能源技术的不断推广有助于缓解传统经济下因化石能源的大量使用而引起的环境污染问题。

（三）新经济对知识产权提出了"新需求"

基于对新经济发展内涵、显著特征以及与知识产权的关系分析，可以认为，新经济领域的竞争最终体现在知识产权的竞争上。新经济的发展给知识产权保护提出新的需求，主要体现在以下几个方面。

1. 对保护主体扩大提出新需求

我国知识产权实体法调整和保护的范围还比较窄，制定的规定落后于创新技术的发展。以创新驱动为核心的新经济，衍生出了更多的细分行业和新领域新事物，使知识产权中的著作权、专利权、商标权等各组成部分不断产生新的保护对象，知识产权保护主体范围将不断扩宽。例如，越来越多的权益自动地归入到知识产权之中，比如商业方法、基因序列等。

2. 对保护模式提出新需求

新经济增长的主要动力是创新。在这种经济增长模式中，创新不仅仅表现为从无到有，而且表现为对原有的创新不断更新。没有创新，新经济就会衰变为传统经济。一方面，我国知识产权制度重实体、轻程序，如果新经济下企业套用现有知识产权手段模式，没有处理好保护与发展的关系，一旦创新被假冒和剽窃，创新就失去了动力，容易出现"易生快死"的风险，可能直接被扼杀在摇篮之中。另一方面，新经济改变财富创造模式，财富的创造会越来越脱离物质性的东西，而对基于数据和网络的创造，更需要加强创新过程和创新成果的知识产权保护。

3. 对激励目标提出新需求

在新经济中，知识创新和应用是竞争力的重要表现。新经济发展对发明专利、高价值核心专利提出更高要求,知识产权的质量决定了新经济拓展的深度和广度。而现有知识产权保护激励制度重数量、轻质量,怎么去调整支持政策,鼓励高质量的技术和知识创新,显得尤为迫切和重要。

4. 对专业人才提出新需求

目前,我国知识产权专业技术人才培养大多以法律知识为主,缺乏经济、管理、信息、网络、生物、智能科技等方面的知识培养,人员知识结构缺乏合理性。而新经济发展带有明显的跨界和多学科交叉的特征,对知识产权服务机构和服务人才的复合性要求更高。

二、实践支持:国内外知识产权促进新经济发展的做法和经验

(一)注重把知识产权金融创新作为重要支持手段

新经济特别是新技术新产业等形成初期成本投入大,特别需要金融支持,但创新企业又往往具有不确定性大、风险高、普遍缺乏固定抵押物等问题,新兴企业融资难问题突出。为解决这一"卡脖子"问题,针对新兴企业的特点,各地纷纷致力于知识产权金融创新,拓展新经济发展空间。

1. 针对新兴企业丰富的衍生模式开展产品创新

各地围绕新经济发展不断衍生出来的新业态、新模式和新产品等,推动知识产权与金融创新结合。除知识产权质押贷款外,投资基金、融资租赁、证券化、信托等新型知识产权金融形态也不断涌现,内涵不断丰富,有力推动了新经济快速发展。例如,福建厦门设立国内首家"知识产权特色支行"(厦门农商银行"知识产权特色支行"),在国内率先建设知识产权银行业务体系,针对科技型企业融资难、融资贵、融资慢等问题,专门提供知识产权金融服务和资本供给。同时,厦门还积极探索知识产权股权投资、知识产权收储与运营、知识产权证券化、知识产权期权等知识产权金融服务新模式,构建起覆盖知识产权市场化全价值链的知识产权金融和运营

综合服务平台，为新兴企业融资需求提供多样化服务。

2. 针对新兴企业"风控难"健全风险共担机制

由于普遍缺乏固定抵押物，与传统企业相比，新兴企业融资风险较高，其"快生快死"的行业特点，也增大了新经济发展的融资风险。针对"风控难"这一问题，各地积极探索健全风险共担机制。例如，四川探索形成"银行贷款＋保险保证＋财政补偿"的知识产权质押融资新模式，并对知识产权贷款企业的评估费、保险费、担保费和利息进行财政补贴。山东青岛积极引入保险机构，以市场化手段改变主要依赖政府担保的模式，通过完善贷款贴息、保险费资助、中介服务费资助和专利评估费资助等政策，形成了知识产权质押融资风险共担的"青岛模式"。广东深圳与中国人民财产保险股份有限公司签订了专利保险战略合作协议，推动开发设计专利维权保障保险等符合新经济需求的新险种，共同推进专利保险示范工作。湖北武汉对为东湖高新区企业提供知识产权质押贷款造成本金损失的金融机构给予融资补偿，补贴保费支持知识产权金融保险服务。

（二）注重针对新经济高成长特点同步调整支持政策

成长周期短、迭代更快是新经济企业的显著特征。针对这一特点，各地结合不断推出的新业态新模式等，同步调整知识产权支持政策，使知识产权能更高效、更有力地服务新经济发展。

1. 立足企业不同发展阶段力争做到精准施策

新兴企业成长较快，从初创到成长为"独角兽"公司往往周期较短，其对知识产权战略的需求在每个阶段也各不相同。立足于不同发展阶段的新兴企业对知识产权需求的不同，部分地方积极探索完善知识产权支持政策，对企业开展精准服务。例如，湖北武汉对初创企业开展"扫零"工程，实施知识产权"启航"计划，对其获得授权的首件专利给予双倍支持；对于中小企业，贴息支持其开展知识产权质押融资，解决其融资需求大、抵押难的具体困难；对于优势企业，鼓励支持其开展知识产权国家标准贯标认证，建设知识产权宣传墙，开展专利信息利用项目；对于强势龙头企业，支持其实施知识产权战略,打造专利组合、专利池,构建专利联盟。

2. 立足新经济衍生的知识产权需求开展前期研究

新科技革命在促进高附加值的新技术、新产品研发的同时,也为知识产权制度带来了一系列挑战。为更好满足新经济发展带来的知识产权需求,使得支持政策更具科学性,部分地方不断加强对"商业模式"专利、商业秘密保护等方面的研究。例如,随着商业模式越来越成为新经济企业的核心竞争力,作为互联网头部企业集聚地的北京中关村,近年来通过各种方式开展"商业模式"专利方面的集中研讨,以期为新兴企业打开更为广阔的成长空间。在"互联网+"、数字经济以及人工智能等新经济快速发展的环境下,保密措施上较以往具有更高的技术难度和要求。针对本土创新企业关于商业秘密保护的大量诉求,深圳集中开展研究,提出在初步禁令、证据保存令和损害赔偿规则等重要方面加快进行立法和执法的切实完善,努力营造商业秘密保护的良好环境。

(三)注重提高新经济企业知识产权综合运用能力

企业是新经济发展的重要基础,在激烈的市场竞争中,需要结合自身技术基础、产业优势、商业模式以及产业技术发展特点和国内外专利布局状况等,开展研发投入和专利布局,既要进行技术创新,也要运用和保护自身知识产权,提升企业核心竞争力。

1. 引导企业建立和维持全面的专利组合

知识产权特别是专利对于新兴企业发展至关重要,强大的专利组合不仅可以维护企业根本利益,更有可能使其获得更多、更有利的投资资金。例如,德国依据强有力的政府体系,通过以政令的方式颁布实施各项措施,加快"以企业为主体、以专利为重点"的知识产权组合化进程,促进知识产权与新兴产业深度融合。美国定期组织知识产权顾问为新兴企业提供咨询服务,使其更有效地申请专利并建立专利组合。湖北武汉引导优势企业立足自身专利不断衍生专利组合,增强市场竞争能力,使当地在政策引导下涌现出了华星光电、斗鱼科技、烽火通信等知识产权运用能力突出的新经济龙头企业。

2. 引导企业建立产业联盟树立"标准先行"战略

新兴技术是引领未来发展方向的前沿技术,其技术标准往往关系到一国新兴产业的国际竞争地位及国家重大利益,所以出于国家战略和竞争需要,通常采取标准先行战略。新兴产业技术标准化通常以产业联盟为载体,联盟内部成员共同进行新兴技术研发、标准专利共享及标准体系建设等活动,联盟对外通过标准专利的许可实施推动标准专利的大范围共享。WCDMA、TD-SCDMA、AVS 和闪联等技术标准,均依托产业联盟或标准工作组,以专利池为基础实现标准专利的共建共享。例如,2009 年奥巴马将发展智能电网上升为美国国家战略,从而引发了全球关注,美、欧等发达国家和地区均把发展智能电网列为国家重要发展战略,并由国家主导和集中力量大力扶持,推进智能电网的标准化;为加快中国云计算产业的发展,在北京市委、市政府和中关村科技园区管理委员会等有关部门的大力推动下,中关村云计算产业联盟于 2010 年成立,其任务之一就是建立中国云计算标准。

(四)注重立足新经济重点领域开展知识产权布局

在新一轮的新经济竞争中,鉴于知识产权在新经济中的核心竞争作用,应结合自身实际选择新经济的不同领域重点突破,加强知识产权战略布局,抢占发展制高点。

1. 围绕新技术转移转化强化知识产权运营

韩国非常重视新产业新技术转移转化,要求各地重视技术转让基础设施完善,建立技术交易所和网上交易所。为促进新技术加快转化进入市场,浙江杭州充分整合浙江知识产权交易中心、中国浙江网上技术市场等资源,搭建集知识产权托管、交易、运营、数据、应用等功能为一体的综合性知识产权运营公共服务平台。平台充分利用人工智能、大数据、云计算等,以"数据+运营+服务"的市场化运营模式,加强政策集成和资源整合,建立"一个中心、多点分布"的科技创新成果交易转化与知识产权运营公共服务体系,推动新经济加快发展。

2. 围绕新产业加强知识产权战略布局

美国推动新能源、新材料、生物等新兴产业在全球"专利先行",通过早期的专利布局赢得市场竞争的先机。浙江宁波围绕"制造业＋",立足石墨烯、稀土磁性新材料、机器人核心零部件、集成电路芯片关键部件、工控安全系统、工业操作系统等未来产业,加强对国内外专利申请人分布情况、专利申请量和授权量、专利的被引用状况、重点跨国企业专利布局情况、技术标准中的专利纳入情况等进行深入分析,力求发掘最有可能率先突破的技术领域。

(五)注重平衡严格保护与有效利用关系

面对新兴经济无限发展的可能性,保护知识产权能够促进技术扩散和产业发展,但尺度过严,也可能产生消极作用,例如导致垄断、损害消费者利益等。从欧洲在这一轮互联网经济发展的落后来看,其根本原因在于过于严苛的规则扼杀了成长。在新经济蓬勃发展过程中,面对不少创新型企业的"野蛮生长",应灵活调整制度设计以平衡保护与有效利用的关系。

1. 强调平衡权利人与消费者之间的利益关系

面对新经济层出不穷的新技术、新业态、新模式等,一方面要强调保护知识产权的重要性,另一方面,也要对其权限范围和保护的方法加以限制,以平衡知识产权权利人与消费者以及其他社会公众之间的利益关系。例如,知识产权保护与生物技术发展的关系面临的挑战主要是如何同时满足产业链利益分享和消费者福利。印度在对医药产品知识产权限制方面的经验值得借鉴:除了充分运用专利制度所固有的一些限制性制度设计,如对可专利性的标准——新颖性、非显而易见以及实用性等作更严格的解释,充分运用专利客体排除规则等外,还直接通过立法限制医药产品获得专利,以使普通大众用得起不太昂贵的新药。

2. 强调通过法律或条例回应新经济发展诉求

对于当前大数据、人工智能、"互联网＋"、物联网、生物技术、基因工程、金融科技、新商业模式等高新技术和新经济业态给知识产权保护带来的新问题,法律层面应当及早予以回应。例如,在大数据快速发展的形势下,如何在用户创造内容的海洋中为服务提供者划定权利疆界,如何评价"大数据"环境下竞争行为的正当性,如何防范垄断与滥用权利限制竞争,如何建立应对"数据权之争"的审慎、自洽的司法保护体系等都考验政策设计的智慧。近年来贵州在"数据权"保护运用方面积极探索,先后出台全国首部大数据地方性法规《贵州省大数据发展应用促进条例》以及《数权法1.0》等,其大数据知识产权保护法治环境为新经济创新发展夯实了基础,营造了良好的营商环境。

三、条件分析:四川知识产权助推新经济高质量发展的基础和短板

(一)四川知识产权助推新经济高质量发展基础分析

1. 知识产权改革取得突破激发创新创业热情

四川坚持以知识产权全面创新改革试验"一号工程"为引领,聚力推动知识产权重大改革,全力打造中国知识产权改革发展先导区,改革成果数量和质量位居全国各省(区、市)首位,科技人才创新创业的主动性、积极性和创造性得到充分调动、激发和释放。

一是知识产权综合管理体制改革有力推进。四川创造性地设立了"局+中心"知识产权管理和服务模式,即省知识产权局负责知识产权管理和保护,同时设立全国唯一的省政府直属参公管理正厅级事业单位四川省知识产权服务促进中心,负责全省知识产权的创造、运用和服务。成都市郫都区、天府新区成都直管区、成都高新区、德阳高新区、绵阳高新区先后挂牌成立知识产权综合管理机构,实现对专利、商标等知识产权的集中高效管理,并在德阳罗江区、泸州龙马潭区进行复制推广。

二是职务发明知识产权归属和利益分享制度改革取得重大突破。四川率先在全国探索国有高校职务发明知识产权所有权、处分权、收益权"三权"共享产权制度创新,推动职务科技成果混合所有制改革试点。首批 20 家国有高校和科研院所改革试点积极推进,20 家试点单位累计分割确权 460 项,转移转化知识产权 600 余项;试点单位累计注册成立 60 余家高科技创业公司,撬动社会投资 100

多亿元。第二批扩大到 47 家高校、科研院所和科技型企业试点。2019 年初，该项改革举措已纳入国务院复制推广的第二批全面创新改革经验。

三是知识产权服务业扩大开放改革扎实推进。四川将放宽对专利代理机构股东或合伙人的条件限制纳入全省首批推广支持的改革举措，建成西部首个"全领域、全链条、一站式"知识产权公共服务平台，成都高新区国家知识产权服务业集聚发展试验区获批集聚发展示范区。西部地区唯一的国家知识产权局专利局专利审查协作中心——专利审查协作四川中心投入运行。四川的全国知识产权服务品牌机构达到 20 家，数量位居中西部地区之首。

四是知识产权金融服务创新改革强力推进。四川率先在全国设立首支省级知识产权运营基金（11 亿元）和省级知识产权质押融资风险补偿基金（6000 万元），出台知识产权质押融资评估费、担保费、保险费、利息"四贴"支持政策，"银行融资＋保险保证＋政府补贴"的专利权质押融资新模式纳入国务院、省政府首批推广支持的改革举措，形成以知识产权为主要标的的"天府知来贷""科创贷""菁蓉创客贷""科创多多贷"等特色鲜明的融资服务模式。2016～2018 年，四川全省知识产权质押融资贷款总额超 300 亿元。

2. 知识产权保护实现全面从严营造良好环境

近年来，四川通过建机制、搭平台、强监管、优服务，强力推进知识产权严保护、大保护、快保护、同保护，全面营造了良好的环境。

一是优化知识产权法治环境。全面整合共享分散在各部门、各区域的知识产权信息服务系统和保护资源，探索构建起了成德绵（成都、德阳、绵阳）跨区域的知识产权联合执法、案件移送与结果互认等机制，知识产权民事、刑事、行政案件审判"三合一"机制，知识产权类型化案件快审机制。知识产权综合行政执法机制正加快建立，企业海外知识产权维权援助机制积极构建，协同联动保护机制得到全面建立，企业商业竞争力得到大幅提升。

二是营造良好的知识产权维权服务环境。中国（四川）知识产权保护中心和中国成都（家居鞋业）知识产权快速维权中心正式运行，实现发明专利授权周期由22个月缩短为3～6个月。国家知识产权局专利局专利审查协作四川中心审结发明专利申请10万余件。四川建成"一站式"知识产权举报投诉与维权援助平台，实现市场主体投诉有门、便捷维权；成立成都知识产权审判庭，实行跨区域集中管辖审理全省技术类第一审知识产权民事和行政案件。

三是营造良好的知识产权市场环境。刑事司法和行政执法力度进一步加大，严厉打击知识产权侵权假冒行为。2018年全省法院共受理各类知识产权案件5140件，审结4381件，同比分别增长42.5%、39.3%；公安机关查处侵权假冒犯罪案件643件，抓获犯罪嫌疑人639人，涉案金额3亿元；行政执法机关查处侵权假冒案件6911件，同比增长43.98%。推进知识产权行政处罚案件信息公开，将故意侵犯知识产权行为情况纳入企业和个人信用记录，知识产权社会组织的诚信建设能力不断增强。

3. 知识产权运营模式创新促进技术转移转化

全省创立了"平台＋机构＋资本＋金融＋产业"五位一体的知识产权运营发展新模式，全面助推促进技术转移转化。

一是着力搭建四川省知识产权运营公共服务平台。四川省知识产权运营公共服务平台建立，重点提供知识产权申请受理和政务服务、知识产权信息检索与分析服务、知识产权大数据资源服务、知识产权维权援助服务、知识产权运营及创客服务、知识产权培训和咨询服务等九大服务功能，涵盖了44个应用系统，知识产权运营体系得到不断完善。

二是着力培育市场化知识产权运营机构。中央财政以"PPP"出资模式支持四川行之智汇知识产权运营有限公司（以下简称"行之智汇"），行之智汇注册成立了知识产权服务集团，加快运营服务体系建设，在绵阳市、泸州市、重庆市、深圳市、广州市设立知识产权运营分支朵儿，还在英国布局海外分公司，初步形成知识产权运营服务体系。四川涌现出九鼎、超凡、天策、弘毅天成等一批知识产权运营机构，还成功引进北京东方灵盾、北京合享智慧、重庆猪八戒、广州奥凯等省外知名知识产权运营机构来川设立分支机构。

三是创新知识产权金融服务。率先探索设立知识产权运营基金，将中央财政4000万元资金规模放大到近7亿元，储备优质项目超过50个，完成项目立项12个，已投资项目5个，投资金额5500万元。截至2019年6月，3家合作银行共办理"天府知来贷"业务45笔，质押专利299件，发放贷款2.24亿元。2016～2018年累计知识产权质押融资超300亿元，开展知识产权质押融资的市（州）达到15个。

4. 知识产权市场化服务较强提供运营支撑

以放宽专利代理机构准入改革为突破口，推进专利代理行业改革试点，知识产权市场化服务实力位居全国第四、中西部地区第一。成都市成为全国唯一开展专利代理行业进一步改革试点工作的城市。成都市高新区成功创建国家知识产权服务业集聚发展示范区，知识产权服务业联盟加快建设。2018年全省知识产权服务机构达1398家，位列中西部地区第一；专利代理机构和专利代理人数量均位居全国第八、中西部地区第一；培育出全国首家在新三板挂牌上市的知识产权服务机构；知识产权服务业从业人员3.65万人，营业收入近40亿元，位列全国第六、西部地区第一；培育国家知识产权分析评议服务示范机构1家、示范创建机构5家，国家知识产权服务品牌机构达到7家，位居中西部地区第一；成功获批国家知识产权局专利代理机构贯标试点省（全国共有6个），全省6家机构获得开展代理机构贯标工作资格。

（二）四川知识产权助推新经济高质量发展短板分析

1. 现有框架下的知识产权相关政策不适应新经济对知识产权服务的新需求

近年来，四川省的知识产权保护与发展相关政策在不断完善，但由于新经济对知识产权服务提出了更多新需求，相关制度和政策出现了缺位、错位、越位或难以落实等问题，对新经济支撑仍显乏力。一是法律体系还不够健全。现有知识产权法律分散在不同领域、不同行业、不同部门，尚无一本统一的知识产权保护法典，涉及知识产权的现有法律法规之间存在不协调、不统一等问题。例如，《中华人民共和国商标法》规定的商标侵权的法定赔偿额远远高于《中华人民共和国专利法》规定的专利侵权法定赔偿额，专利侵权法定赔偿额较低，不利于对专利的保护，导致知识产权权利和制度严重失衡。❶ 同时，新经济衍生出的更多的细分行业使知识产权中的版权、专利权、商标权等产生了许多新的保护对象，对知识产权保护方面的法律法规的完善带来较大挑战。二是行政执法不够严格。新经济企业多属于知识密集型企业，侵权行为时有发生且危害较大。知识产权中的专利权、商标权、版权等分属不同的执法主体，且执法主体之间的协同整合能力还不强，现行执法力量、执法装备、执法水平均严重不足，执法偏软、震慑作用差等问题较为明显，与美国、欧洲、日本等发达国家和地区动辄让侵权者"倾家荡产"的严厉执法相比仍有较大差距。三是司法体系不健全。全省统一的知识产权司法体系尚未真正建立。目前四川省虽然在成都建立了知识产权法庭，但也未完全解决诉讼时间长、环节过多的问题。特别是专利诉讼，大多需要5~6年的时间。由于新经济企业生命周期相对较短且较为脆弱，上述模式对新经济创新主体难以起到实质性保护作用。四是知识产权社会诚信体系尚不完善。北京、上海、江苏等发达省市知识产权信用体系建设推进力度大，体系构建进展快，而四川尚处于起步探索阶段，未建立起统一的知识产权信用信息平台，在打击知识产权侵权假冒尤其是打击重复侵权、恶意侵权、群体性侵权等违法行为时，无法给各级职能部门、金融机构和创新主体提供有效的证据和支撑。五是知识产权公共服务有较大局限性。四川知识产权政府公共服务多数还局限在知识产权注册申请、纠纷维权援助等，对新经济发展最急需的扶持政策、专利导航预警、知识产权分析评议等的宣传不够，研究不深，举措不力。

---

❶ 2020年10月17日第十三届全国人民代表大会常务委员会第二十二次会议通过的《关于修改〈中华人民共和国专利法〉的决定》（2021年6月1日起施行）中已将专利侵权法定赔偿额上限调整为500万元。该上限与《中华人民共和国商标法》规定的商标侵权法定赔偿额达成统一。——编辑注

2. 目前的知识产权保护力度和方式不适应新经济生命周期的快速迭代特性

知识产权服务新经济企业容易造成准入门槛过高以及过于强调标准性而无法体现个体性、差异性等诸多问题。如果新经济企业套用现有知识产权运用模式，没有处理好其保护与发展的关系，容易出现"易生快死"的风险。一是现有知识产权保护标准体系不适应新技术保护需求。随着创新驱动的深入，新媒体、大数据、"互联网+"等新技术的飞速发展，四川原有的知识产权保护体系已不适应对新经济新技术的保护要求，如果沿用传统的保护标准体系，容易将新经济扼杀在萌芽之中。二是现有知识产权保护力度不适应新业态保护需求。随着移动互联网时代的来临，电商、展会等新业态得到快速发展，2018年四川电商交易额已超3万亿元，位居中西部地区第一。但是，"山寨"频出，使四川成为知识产权侵权的重灾区，而知识产权保护力度未及时跟上。三是现有知识产权保护方式不适应新模式保护需求。网络行为跨地域、跨国界，给知识产权监管、产生纠纷后的举证等带来许多不便。比如，一个公众号侵权，遭到举报查封后，很快就可以改头换面卷土重来；而被侵权方要打赢官司，需要保存和固定被侵权网页，进行公证，提供各种证据等，耗费极大的人力、物力。缺乏有效的知识产权保护，使得新经济企业之间的相互模仿、无序竞争愈演愈烈，原本应该由创新者获得的红利，被大量的仿制假冒严重摊薄，创新型小微企业的发展更是举步维艰。

3. 现有的知识产权低质量供给不适应新经济依赖高质量技术的需求

不同于传统的劳动密集型、重资产、"轻创造"的行业，新经济中除了部分高精尖的高端制造行业外，大多数行业具有轻资产、高技术、重知识产权属性，对高质量技术具有较强依赖性。虽然四川是知识产权大省，但知识产权供给质量仍然较低。一是高价值专利占比不高。四川有效发明平均维持年限低于全国平均水平；5年以上的高价值核心专利维持率在全国排名仅第21位、在西部地区排第7位。二是企业国际专利申请量较低。2018年四川省企业

PCT专利申请量为475件,仅居全国第15位、西部地区第3位;《2018年全国专利实力状况报告》显示,四川专利实力仅排全国第7位。三是驰名商标数量不多。全省累计驰名商标288件,平均近2000件商标中才有1件驰名商标;2017年新增驰名商标8件,每新增1.17万件商标才新增1件驰名商标。相比起新经济的创新技术依赖,现有知识产权供给质量难以有效满足需求。

4. 新经济的高增长性与知识产权转移转化率偏低不协调

近年来,新经济在四川省发展态势迅猛,2018年全省高新技术产业主营业务收入已超过1.75万亿元,占规模以上工业比重近三成,增速高于GDP增速4.1个百分点,新经济正处于高速增长阶段。作为科教资源大省,四川拥有高等学校109所,科技人员超过300万名,每年有大量的创新成果,但知识产权转移转化能力偏低,无法有力支撑新经济高速高质量发展。一是知识产权密集型产业对新经济贡献不够。四川专利密集型产业增加值占GDP比重排名全国第11位,比重庆低6.8个百分点,比湖北低0.5个百分点。二是创新成果产业化水平不高。四川进入产业化阶段有效专利比例(33.8%)排名全国第16位,比湖北(39.2%)低5.4个百分点,比重庆(34.6%)低0.8个百分点。三是具有知识产权优势的大企业、大集团数量不多。《2018年全国专利创新百强企业排行榜》中,四川仅4家企业上榜,上榜企业数远低于北京、广东等省市。根据《2018年中国独角兽企业发展报告》,在上榜的203家独角兽企业中,北京87家、上海40家、广东27家、浙江24家,四川仅4家。这些将在一定程度上阻碍四川新经济的加快发展。

四、重点突破:以示范区建设引领知识产权
新经济❶高质量发展

新经济涉及业态领域多,一个区域要在全国新经济发展浪潮中

---

❶ 据成都高新区科技人才局相关负责人介绍,知识产权新经济是以强化知识产权创造、保护和运用为重点,以助力新技术、新组织、新模式、新业态、新价值等新经济加快发展为目标,体现知识产权与新经济深度融合的经济形态。

抢跑突围，想要面面俱到可能反而会无所作为。应充分借鉴贵州大数据发展经验，围绕新经济发展的重点领域、重点区域和重点企业，充分发挥知识产权发展新经济、创造新供给、培育新动能的重要作用，着力构建以知识产权为主导的新经济发展产业化培育体系，力争打造知识产权要素鲜明、创新资源富集、新经济产业链完备、新经济产业不断壮大的知识产权新经济示范区。

一是聚焦高新区和经济开发区等重点园区谋划知识产权新经济示范区重点区域。以全省国家级高新区、经济开发区等重点园区为依托，以成都高新区为核心，引导汇聚新经济企业创新资源高效配置、集中投入，培育产出一批关键共性技术和重要产品的高价值专利组合，强化专利、商标、著作权的全球布局，推进核心知识产权转化和产业化，打造若干个知识产权要素鲜明、创新资源富集、新经济生态链健全、新经济产业发展迅速的新型产业园区，推动知识产权新经济示范园区建设形成可复制、可推广的经验。用好前期全面创新改革试验先行先试政策，发挥成德绵经济带在全省知识产权发展中的引擎作用和比较优势，将成都、德阳、绵阳国家知识产权示范城市建设成为知识产权新经济产业带。

二是聚焦"六大新经济形态"谋划知识产权新经济示范区重点建设任务。基于四川资源禀赋、产业基础以及对未来发展方向的判断，重点发展"六大新经济形态"，构建具有四川特色的知识产权新经济产业主体。①加快发展资源型数字经济。聚焦新一代信息技术基础和信息技术软件领域，加强大数据、云计算、物联网技术向各行业融合渗透中的知识产权保护和运用，重点发展电子商务、数字金融、智慧物流等生产性服务业，抓好数据资源的深度开发利用。②加快发展智能经济。聚焦人工智能、卫星及应用服务领域，加强集成电路布图设计等重点领域的版权保护，推进版权产业化，重点发展工业机器人、无人机、导航芯片、遥感应用等产业，实现全生命周期制造活动智能化。③着力发展绿色经济。聚焦绿色能源生成转换领域，加强优势资源的知识产权保护和开发，着力发展生物材料、石墨及碳素材料等关键性、战略性新材料，重点发展新能源汽车、分布式新能源、光伏能源、再生能源等产业。④着力发创意经济。着重培育原创IP经济，推动技术上有创新性和独占性的文化科技创新产品开发研究，重点推进手游电竞、历史文学、音乐制作、影视动漫及网络视听等领域产业发展，加快发展工业设计、城市设计、出版设计、新媒体设计等产业，加快发展文化体验、文博旅游，开展具有"成都味、天府范"的文化创意体验活动。⑤着力发展流量经济。依托人才流、物质流、资金流、知识流、商品流等要素资源流动聚合，加强新业态、新模式的知识产权保护，重点发展零门槛、依赖型、平台化的经济新业态，聚焦新金融服务、生产流通、经贸合作等领域，重点发展科技金融、消费金融、电子交易市场、跨境电商、总部经济、电子竞技、网络直播等新业态。⑥着力发展生产性服务、生活性服务和公共性服务共享经济。推动研发中心、专利技术成果、版权等创新资源和供应链管理、智慧仓储、现代交通运输等流通资源共享，开发面向商贸流通、教育、医疗等领域的新型共享应用软件和平台，重点推动政府闲置资源和公共设施资源共享。

三是聚焦重点企业和高校谋划新经济知识产权示范区主要载体。围绕人工智能、5G通信、大健康等新经济重点领域，依托四川大学、电子科技大学、中国科学院成都分院等高校和科研院所，对接国内外知名科研院所和腾讯、阿里巴巴、网易、华为、英特尔、京东方等国内外一流科技企业，打造一批国际高价值知识产权新经济孵化基地。

四是聚焦新经济发展关键要素谋划新经济知识产权示范区建设目标。应围绕新经济发展"技术、数据、金融、人才、标准"五大关键要素，设计知识产权助力新经济发展建设指标，同时应立足服务新经济、支撑新经济、引领新经济发挥知识产权的作用，优化新经济发展营商环境。例如，知识产权助力新技术方面需要重点考虑"每万人口有效发明专利拥有量""高价值知识产权培育中心""计算机软件著作权登记量""促进新经济产业实现产值"等，知识产权金融服务新经济发展方面需要重点考虑"知识产权运营基金规模""知识产权融资金额""知识产权交易许可转让"等，知识产权助力新经济发展人才方面需要重点考虑"国家级知识产权培训基地""高校知识产权专业学科建设"等，知识产权大数据方面需要重点考虑"知识产权基础数据服务平台"等，技术标准方面需要重点考虑"依托技术标准以专利池为核心的产业集群""新经济技术标准"等，营商环境方面需要重点考虑"知识产权司法保护效率""专利商标行政执法办案量年均增幅""知识产权维权援助服务的新经济企业的数量"等。

五、路径探讨：四川知识产权助推新经济高质量发展的实现路径

聚焦四川新经济发展的重点领域与重点区域，围绕新经济发展的关键要素以及营商环境，以知识产权服务新经济创造、保护、运用为重点，强化知识产权竞争性产业政策的重要作用，畅通创新价值实现渠道，为新技术、新产业、新产品、新模式蓬勃发展提供坚实的知识产权政策保障、制度保障和环境保障，引领新经济高质量发展。

（一）围绕新技术这个新经济发展源头活力，打造知识产权新经济协同创造中心

新技术是新经济发展的基石和源头。要把握当前新一轮科技和产业革命机遇，立足四川创新资源布局特点，适应"需求引领技术供给"的新经济创新特点，加快提高创新主体新技术创造水平，为四川新经济发展提供坚实基础。

一是提高高校和科研院所新技术创造水平。与沿海大量技术由企业产出不同，四川的技术产生主要来源于高校和科研院所。要进一步聚焦高校和科研院所对"三权"改革的不同诉求，深化职务科技成果混合所有制改革。鼓励高校和科研院所认定的职务科技成果完成人通过转让、许可或者作价投资等方式，向新经济企业转移科技成果，提升知识产权转化效率。支持知识产权收益权流通兑现。鼓励科技成果出让方与受让方按持股比例获得分红，拓宽知识产权价值实现渠道。支持知识产权使用权变通实现。引导以租赁方式使用高校和科研院所科技成果，创新知识产权利用方式。

二是激发新经济企业新技术创造动力。围绕不同规模企业发展的不同诉求,制定有针对性的知识产权支持政策。推动高新技术企业规范知识产权管理,实行企业知识产权"特派员"制度,加强对企业年度首件发明专利申请的资助和奖励。引导新经济发展"独角兽"企业,加强企业技术中心、工程技术研究中心、工程中心和重点实验室知识产权管理,推动企业在并购、股权流转、对外投资等活动中的知识产权资产运用,引导企业开展形式多样的知识产权资本化运作。建立中小企业知识产权托管平台,为初创期的企业提供全方位知识产权集中托管服务,为其心无旁骛地开展研发提供基础。

三是立足新经济创新特点开展协同创造。依托腾讯、阿里巴巴、长虹、西门子等企业,联合高校和科研院所,建设符合发展需求的制造业创新中心,开展关键共性重大技术研究和产业化应用示范,推动建立一批军民结合、产学研一体的科技协同创新平台。依托总规模近500万人的海外留学群体,建设海外创新中心,为科学家创业者争取政府关于人才、科技、经信、文化等的各项扶持、鼓励及补助政策,实现发明成果转移转化。适应"大公司体外创新"特点,探索知识产权定制创造模式,促进知识产权创造的供需有效对接。创新和完善产学研协同创新中的知识产权归属和权益分享制度。

(二)围绕数据这个新经济发展核心要素,打造知识产权新经济数据运用中心

习近平总书记强调:"大数据是工业社会的'自由'资源,谁掌握了数据,谁就掌握了主动权。"要抢抓四川加快发展数字经济的重大战略机遇,以设立知识产权大数据平台为抓手,以新经济知识产权创造、保护、运用为重点,促进新经济发展创新供给侧、产业需求侧和资本赋能方紧密聚合起来,加快提升四川新经济发展综合竞争能力。

一是加快整合设立知识产权大数据中心。以新经济知识产权创造、保护、运用为重点,汇聚专利、商标、集成电路布图设计等各

类知识产权基础数据，通过交换数据以及各部门共享数据，形成知识产权基础数据与其他相关信息交互融合的数据资源，为新经济发展提供重要支撑。鼓励和扶持知识产权数据服务公司依托数据中心建设战略性新兴产业、重点产业知识产权大数据服务平台，提升四川新经济企业知识产权数据分析运用能力。

二是探索建设知识产权新经济评价中心。聚集国家知识产权局专利局专利审查协作四川中心、知识产权出版社等服务团队，开发基于知识产权大数据的知识产权评价产品，面向政府、企业、行业组织等开展专业化知识产权分析评议、知识产权评估等服务。完善知识产权分析评议工作机制，依托知识产权联席会议，建立产业发展和重大项目投资知识产权评议决策机制。围绕人工智能、5G等开展专利导航、专利分析，绘制产业专利地图，为政策制定、项目决策提供参考，并将评价结果作为招商引资、招才引智和企业培育的重要指标，服务新经济产业高质量发展。

三是构建知识产权新经济信用数据中心。针对创客、企业家、国内外引进高端人才，以及企业、高校和科研院所等创新主体，构建知识产权信用信息库。依托信用数据构建信用评价体系，推动信用评级与创新支持政策挂钩，强化正向激励。建立知识产权"黑名单"制度，加强对恶意侵权、反复侵权行为的信用警戒，营造有利于依靠自主知识产权创新创业发展的良好生态环境，促进新经济蓬勃发展。

四是运用大数据推动知识产权信息动态监测。基于知识产权信息数据库，加快推动知识产权管理信息化。充分利用大数据技术挖掘现有专利的价值，有效指导企业的研究开发和技术创新活动，并实现不同来源知识产权的组合，促进对知识产权的有效运用。利用人工智能技术有效监测行业发展现状，制定有针对性的知识产权政策，力争知识产权政策要与技术创新保持同步，避免出现不符合产业发展规律的保护政策。探索使用区块链等新技术提高知识产权确权效率，降低知识产权保护与运用成本。

(三) 围绕金融这个新经济发展关键要素，创新构建知识产权金融生态试验区

新经济企业的跨界融合、轻资产、多样化形态以及知识密集属性决定了其金融服务需求的多层次、多阶段性。新经济领域的新技术、新业态、新模式、新产业等在企业生命周期的不同阶段对金融投融资服务都有不同的要求。要围绕四川"5+1"产业，面向科技型企业、创新型企业、重点进出口企业和创新创业者，根据新经济企业特性，精准识别和满足出现在市场上不同行业中的新经济企业的独特的、还没有被现有金融体系充分覆盖到的融资需求，打造四川知识产权新经济金融服务的升级版。

一是做大资金供给方。充分发挥银行对知识产权新经济企业的投融资服务，借鉴福建厦门的经验，依托现有涉及知识产权金融业务的各类银行，探索推动建立专门的知识产权特色支行，构建完善知识产权业务体系，创新知识产权金融产品，探索知识产权股权投资、知识产权收储与运营、知识产权证券化、知识产权期权等金融服务新模式，为新经济企业提供知识产权投融资贷款服务。创新汇聚新经济创投资源，面向"一带一路"沿线国家以及欧美等创新资源集聚的国家和地区，聚合国内外一流创新投资、产业投资机构，鼓励支持国内外大型投融资机构在四川设立法人机构，有效促进投融资机构对知识产权新经济企业的投资质量效益。加强对各类投融资基金的整合运用，充分发挥四川知识产权运营基金、成都新经济天使基金等各类投资基金的作用，推动设立信息安全、数字娱乐等领域的知识产权运营子基金，完善基金运行监管机制、财政资金的绩效考核机制和基金管理机构的信用信息评价机制，对新经济企业的初创段、成长段、爆发段等不同生命周期进行引导投资、跟进投资，全面提升知识产权基金运营水平。

二是做强投融资保证方。培育知识产权新经济商业化保险市场，积极引入保险机构，依托成都高新区盈创动力等金融服务平台，开展知识产权商业化保险政策试点，对知识产权转让许可、知识产权质押融资、知识产权投资、知识产权评估等实行知识产权商

业化保险。强化知识产权新经济担保功能，探索建立针对投保人风险保费的政府补贴资金和成功商业化专利风险保费的奖励资金，针对专利技术商业化投保人的保费进行补贴，补贴额度可以为等额的保费，而且对商业化成功的专利再给予一定的奖励。同时，在知识产权金融发展初期，市场的自我哺育能力不足，政府的担保保障作用还需进一步加强。可建立政府专利担保资金池，与担保公司和保险公司按照一定的比例共同承担某类专利商业化过程中的损失，降低担保和保险的费率水平，提高新经济企业和金融机构的参保积极性。推动建立知识产权融资风险补偿机制，探索设立知识产权质押融资风险补偿资金，建设知识产权质押融资质物处置平台，有效分担知识产权融资风险。

三是做优投融资服务方。引进一批专业化评级机构，针对新经济企业与传统企业在金融评价中的不同侧重，适当降低新经济企业融资服务门槛，积极引进培育一批专业化新经济知识产权信用评级机构，将知识产权信用评价作为经济、法律、财务等维度的信用评价的有益补充，加速知识产权新经济金融产业发展。强化专业型法律服务机构建设，探索建立知识产权投融资法律服务中心，引进专业化法律服务机构，加快建设覆盖全省的知识产权投融资投诉举报与维权援助平台，针对知识产权投融资诈骗等行为提供专业的法律服务。鼓励支持知识产权服务机构，支持西南联合产权交易所、成都国际版权交易中心等平台发展知识产权登记、交易、评估、融资、孵化服务。探索知识产权证券化，打造西部知识产权交易综合服务平台，集成全国知识产权服务品牌机构、国家知识产权分析评议示范创建机构、技术转移示范机构、知识产权质押融资评估机构、金融机构等各类服务机构名录，为新经济企业提供可靠的服务资源库。

（四）围绕人才这个新经济发展的重要支撑，打造知识产权新经济发展人才集聚区

围绕新经济人才聚焦于研发端与营销端的需求特点，建立和完善知识产权人才工作机制，加大知识产权新经济人才培养力度，打

造一支由知识产权基础人才、骨干人才、高层次人才和领军人才组成的新经济人才队伍。

一是集聚和培养知识产权高端服务人才。提升人才引进的精准度、与新经济产业发展的匹配度，强化知识产权新经济人才招引，大力引进有影响力、带动力的人才和团队。加强知识产权新经济人才培育，鼓励新经济平台企业与四川大学和电子科技大学、西南交通大学等在川高校联合办学和深度合作，构建集学位教育、人才培养、创业辅导、投资孵化于一体的商业化培训机构，打造培育中国知识产权商业精英的摇篮。探索将知识产权高端人才纳入国家和省人才计划，加快推动开展知识产权人才职称认定工作，增强对新经济发展人才的吸引力。

二是建设国际知识产权新经济智库。依托四川大学、西南财经大学及京东方、四川长虹等知名企业，组建知识产权、产业、经济、金融等多学科交叉融合的专家顾问团队，成立国际知识产权新经济研究院，针对新经济发展中的难点和焦点问题开展集中攻关研究，打造知识产权新经济创新政策策源地，为新经济发展提供智力支持。依托智库，联合相关部门发布新经济人才大数据分析报告。

（五）围绕技术标准这个新经济发展制高点，打造知识产权新经济发展先导区

技术标准是抢占产业制高点、推动技术创新和发展的有效方式。要围绕四川新经济发展的重点领域，大力实施"技术标准＋"战略，争取率先出台一批具有先进性的四川标准，争取引领无人机、新材料、大数据、物联网、人工智能等新技术、新产品领域的标准化进程。

一是加强企业标准必要专利申请。推动重点产业知识产权创新成果专利化和标准化，形成专利申请与标准研制有效衔接机制，研究制定标准必要专利申请指南。引导和支持企业建立知识产权与标准同步规划、相互促进、共同发展的制度和机制，支持知识产权优势企业参与行业标准、地方标准、国家标准、国际标准的制定及提前申请未来标准中的必要专利。

二是发挥新经济知识产权联盟作用。围绕四川新经济发展重点领域，推动成立各类新经济发展知识产权联盟，支持各产业联盟内部成立专利联盟或标准联盟，推动技术专利化、专利技术标准化、国内标准国际化，重点推动新一代信息技术、大数据、人工智能、物联网等形成与国际接轨的标准体系，抢占发展制高点。同步加强对新经济知识产权联盟的服务、监督和指导，提供信息和资金等支持。

（六）围绕营商环境这个新经济发展重要生态，打造知识产权新经济发展安全示范区

适应新经济发展提出的新需求，创新知识产权保护手段和模式，加大知识产权保护力度，切实保护各类新经济市场主体的合法权益，打造"政策最配套、投资最方便、机会最公平、财产最安全"的知识产权安全示范区，为新经济发展营造良好营商环境。

一是打造快速协同的新经济知识产权保护体系。针对新经济企业迭代更新快的特点，加快提升知识产权司法保护效率。完善知识产权民事、行政和刑事案件的"三合一"审判模式，发挥知识产权司法保护主导作用。加强互联网技术的应用，实现知识产权纠纷的网上立案、网上送达、网上调解，提升知识产权司法保护的效率。探索建立新经济海外知识产权维权援助机制，成立海外知识产权维权联盟，建立新经济知识产权维权援助工作站，定期发布知识产权信息预警，分析研究知识产权海外维权热点。根据创新主体需求和纠纷实际情况，对部分新经济领域知识产权纠纷案件开展专项法律援助服务。

二是打造知识产权新经济国际合作交流平台。依托中国-欧洲中心申报建设国家知识产权局国际合作基地，联合中国专利保护协会等行业协会举办知识产权新经济高端论坛，发布中国知识产权新经济发展报告等。定期举办国际知识产权新经济博览会，展示知识产权新经济园区建设成果，搭建中国知识产权新经济企业的新技术、新产品、新模式的展览交易平台，汇聚全球资源促进知识产权新经济发展。围绕互联网、电子商务、大数据等领域知识产权保护

规则,加强研究及合作交流,推动完善相关制度政策。

三是打造知识产权新经济产业服务共同体。加快建设四川省知识产权公共服务平台,为新经济企业提供知识产权咨询、培训、维权援助、交易等"全链条一站式"知识产权服务"绿色通道"。依托极米科技、蓝光英诺等新经济骨干企业和超凡、九鼎天元、行之智汇等重点知识产权服务机构,通过上下游企业之间、知识产权服务机构和科技企业之间共建专利池、知识产权许可、知识产权作价入股等方式,打造以知识产权转移转化为特色的众创空间,构建集知识产权运营、挂牌交易、评估咨询、投融资等业态于一体的知识产权服务产业链条,形成利益共享、风险共担的知识产权共同体。

中药制药装备产业专利分析研究[*]

邹文俊 杨 明 王 芸 王 波 施 晴 曾 洁
刘雪莲 臧振中 伍振峰 王学成 李远辉 康 琪
瞿礼萍 曹梦蝶 王 准

根据我国 2017 年《国民经济行业分类》(GB/T 4754—2017),"制药专用设备制造"是指化学原料药和药剂、中药饮片及中成药专用生产设备的制造。[❶] 中药制药装备从属于制药专用设备,是保障中药饮片及中成药生产质量的关键要素。中药制药装备产业的技术更新迭代将直接推动我国中医药产业蓬勃发展。

一、产业发展历程

全球制药产业始于 19 世纪中叶,德国、美国的制药装备企业率先起步;20 世纪 70 年代,日本、韩国企业加入竞争;20 世纪 80 年代后期,该产业形成了以国外大型企业为主导的垄断局面;20 世纪 90 年代,国内企业迎来发展的良好时机,逐步形成楚天科技等龙头企业;进入 21 世纪,随着亚洲地区市场逐步放开,全球行业巨头垄断的产业局面已被打破。[❷] 至 2019 年,国内总体呈现制药通用设备生产企业多、中药制药专用设备生产企业少的特点。国内

---

[*] 本文获第十一届全国知识产权优秀调查研究报告暨优秀软课题研究成果评选二等奖。
[❶] 国家质量监督检验检疫总局,国家标准化管理委员会. 国民经济行业分类:GB/T 4754—2017 [S]. 北京:国家统计局,2017:38.
[❷] 襄阳博亚精工装备股份有限公司. 制药装备系统集成市场分析报告 [R/OL]. [2019-11-09]. https://max.book118.com/html/2018/0704/81151150 53001114.shtm.

至 2019 年有制药装备制造企业 880 家❶，制药装备产品 3574 个。❷但国内中药制药专用装备生产企业数量占比仅 1.36%，共涉及 12 家企业，其生产的中药制药专用设备以润药机、切药机、炒药机、煅药机等中药炮制设备为主。随着国内现代中药新制剂的快速发展，传统的中药制药装备已经难以满足中药制药企业的生产需求，亟待加快中药制药装备领域的技术创新迭代。

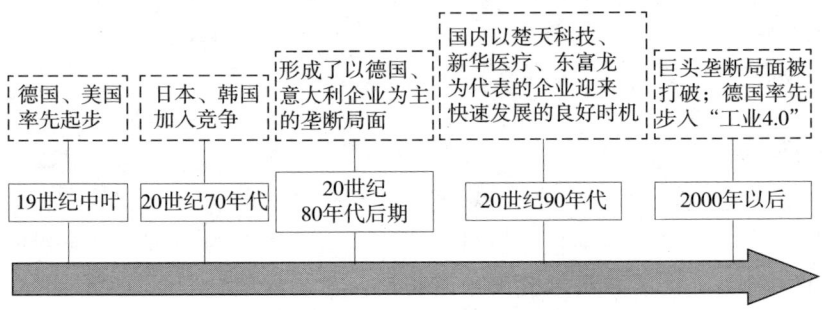

图 1　全球制药装备产业发展历程

二、技术分解与专利检索

经多次行业技术专家咨询及论证，形成了以中药制药全流程单元为主线的技术分解表（参见图 2）。分别针对各二级分支进行全球专利检索，最终得到共计约 8.9 万件中药制药装备相关专利。

三、专利整体态势

自 2009 年以来，中药制药装备产业进入技术快速发展期，中国为目前最大的专利目标市场和技术来源国，专利申请量排名前 5 位的申请人以中国企业为主（参见图 3）。

---

❶ 全国制药机械博览会官网. 第 58 届药机展：展后报告 [R/OL].（2019-12-09）[2019-12-12]. http：//www.cipm-expo.com/w/58zt/index_2.html.

❷ 全国制药机械博览会官网. 产品展示 [EB/OL].［2020-01-14］. http：//www.cipm-expo.com/e/cpfl_chs.php.

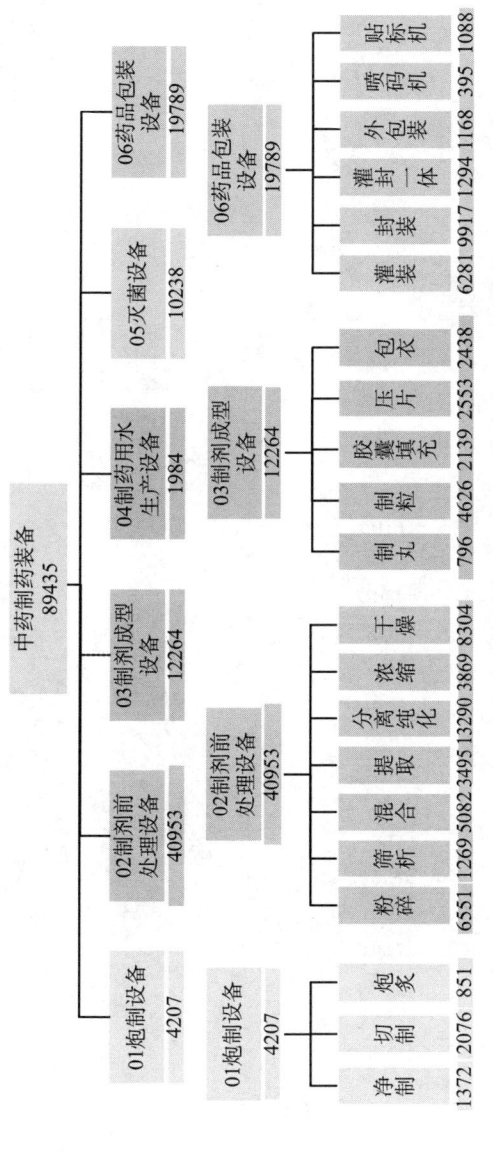

图 2 中药制药装备产业技术分解及各分支专利申请量

注：图中数字代表申请量，单位为件。

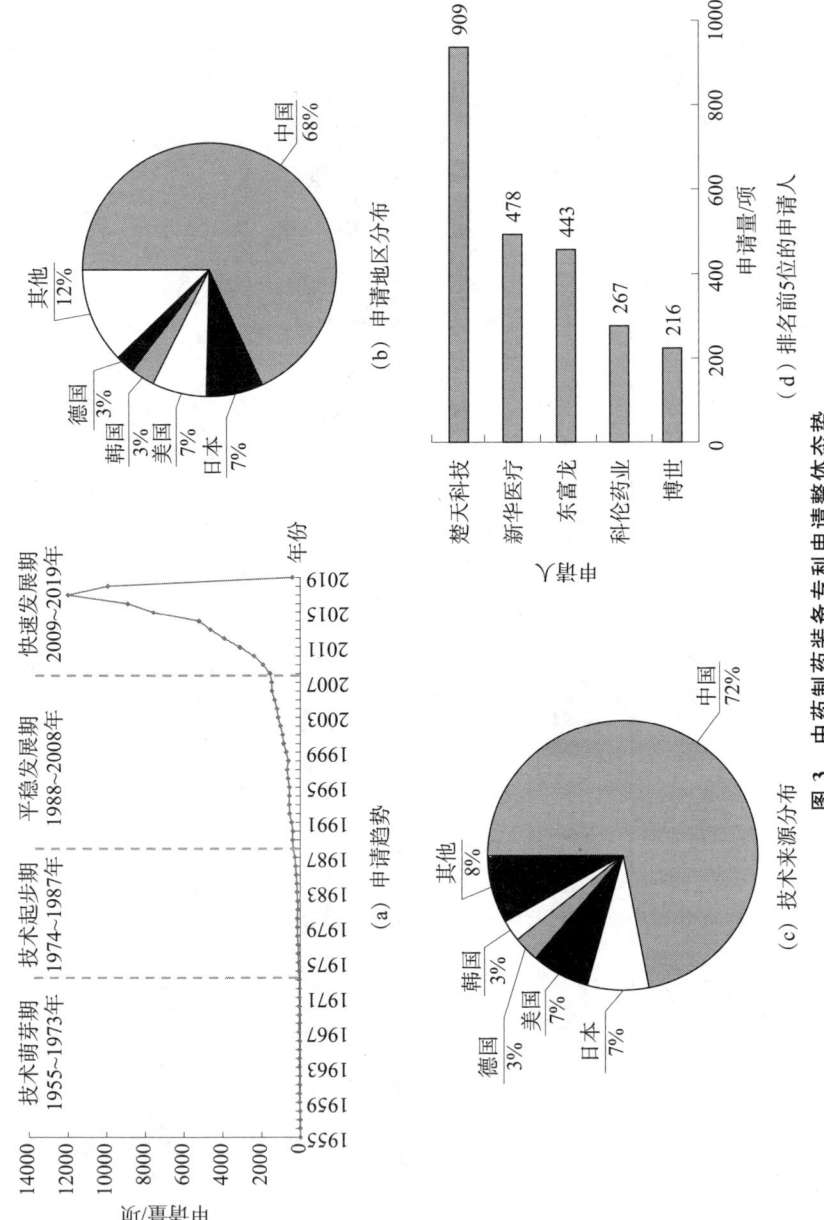

图 3 中药制药装备专利申请整体态势

四、关键技术专利分析

(一) 炮制设备

炮制作为中药制药独有工艺,是以中医药理论为指导,根据药材自身性质,以及调剂、制剂和临床应用的不同要求,将中药材制成中药饮片所采取的一项制药技术。❶ 其工艺体系参见图 4。

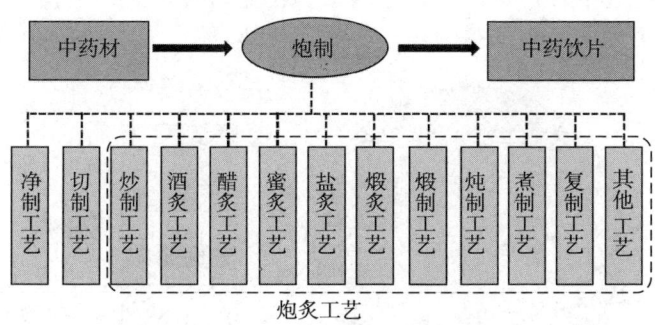

图 4 中药饮片炮制工艺体系

1. 专利申请目标市场国/地区

炮制设备专利申请高度集中于中国(4077 件,不含港澳台数据),占申请总量的 97%,排名第一。韩国道地药材高丽参在国际上有较高的知名度,该药材需要配套的设备进行清洗、切片等加工处理后销往世界各地,因此该国炮制设备专利申请量相对较多,排名第二,具体包括 32 件切制设备、17 件净制设备的专利申请。德国排名第三,但专利申请量不多,仅 19 件,主要为中药与农作物、果蔬和香料等通用的切制设备。

2. 中国专利申请态势

国内中药炮制设备专利申请发展情况见参图 6。国内炮制设备创新始于 20 世纪 80 年代,原中国药材公司受国家委托分别在周口、上海、天津、长春建立 4 家中药饮片设备厂,但其中仅 2 家申请了少量专利。可见,国内早期该领域专利意识薄弱,未形成有效

---

❶ 陆兔林,胡昌江. 中药炮制学 [M]. 北京:中国医药科技出版社,2014:4.

布局。进一步分析当前业内知名的3家饮片生产企业（安徽源和堂药业股份有限公司、安徽亳州沪谯药业有限公司、安徽普仁中药饮片有限公司），发现其均在炮制设备的专利布局上存在不足，尤其在最具中医药特色的炮炙设备细分领域创新不足。其原因在于：中药炮炙涉及的炒、炙、制炭、煅、蒸等环节，讲究温度、火候、时间的精准控制，技术创新门槛高；同时，作为中医药特色领域，需与药材特性结合，难以从其他国家、行业借鉴，故相关技术发展较慢，尚未发展成为中药制药装备产业优势。

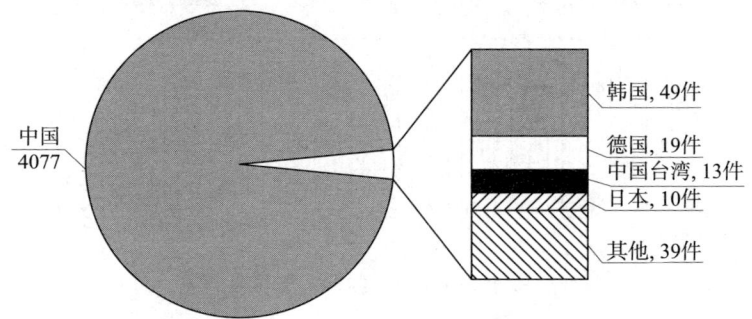

图5　炮制设备全球专利申请目标市场国/地区分布

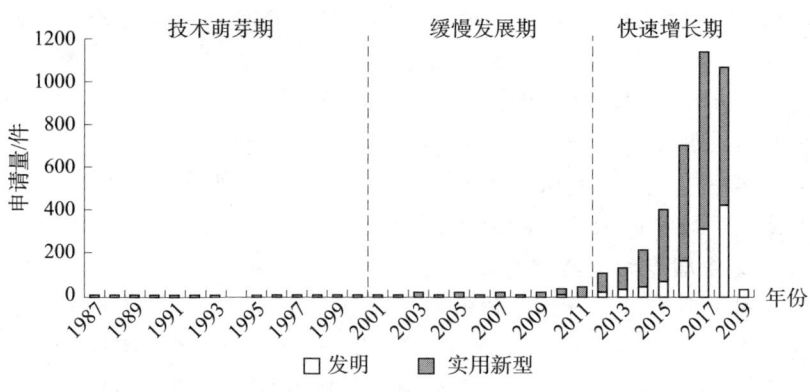

图6　国内中药炮制设备专利申请态势

（二）制丸设备

1. 专利技术构成

中药丸剂指饮片细粉或（和）饮片提取物加适宜的黏合剂或其他辅料制成的球形或类球形制剂，始于先秦，延至现代。❶ 制丸设备属于中药制药领域特色，包含通用制丸设备、专用制丸设备和设备部件3个分支。其中，专用制丸设备主要包括滴丸设备、蜜丸设备、浓缩丸设备、水丸设备等。滴丸剂作为固体分散新剂型在中药领域的应用，具备溶出快、疗效好、生物利用度高、质量易控制等优点。❷ 滴丸设备在天士力"复方丹参滴丸"的带动下，专利申请量非常突出，已成为制丸设备技术研发中最重要的分支领域（参见图7）。

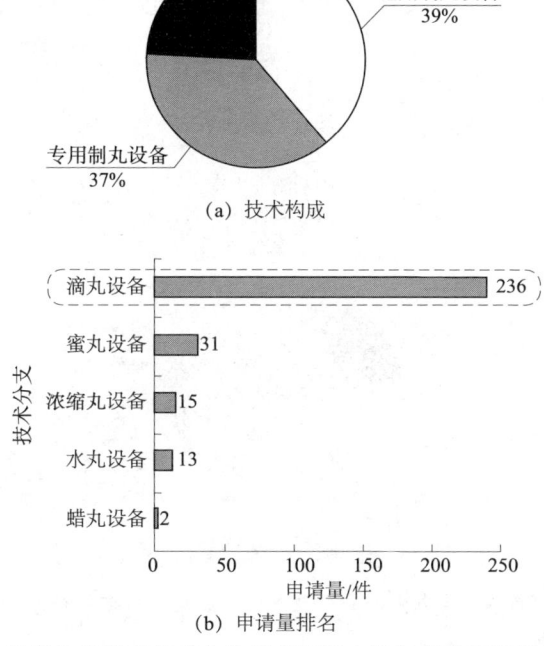

图 7　制丸设备专利技术构成占比及专用制丸设备各分支专利申请量排名

---

❶　傅超美，刘文. 中药药剂学［M］. 2版. 北京：中国医药科技出版社，2018：236.
❷　翁蓓，张岩. 中药滴丸剂的研究进展［J］. 天津药学，2013，25（2）：50-52.

2. 天士力滴丸设备专利分析

（1）专利技术构成

按照中药滴丸生产流程，滴丸生产设备主要包括5个细分系统：喂料、滴制、冷凝、分离及干燥系统［参见图8（a）］。天士力布局的46件滴丸设备专利中，冷凝系统和滴制系统是专利布局的核心技术领域，专利申请量占比分别为41％和37％；分离系统、干燥系统和喂料系统是中药滴丸生产设备的外围技术领域，占比分别为13％、7％和2％［参见图8（b）］。

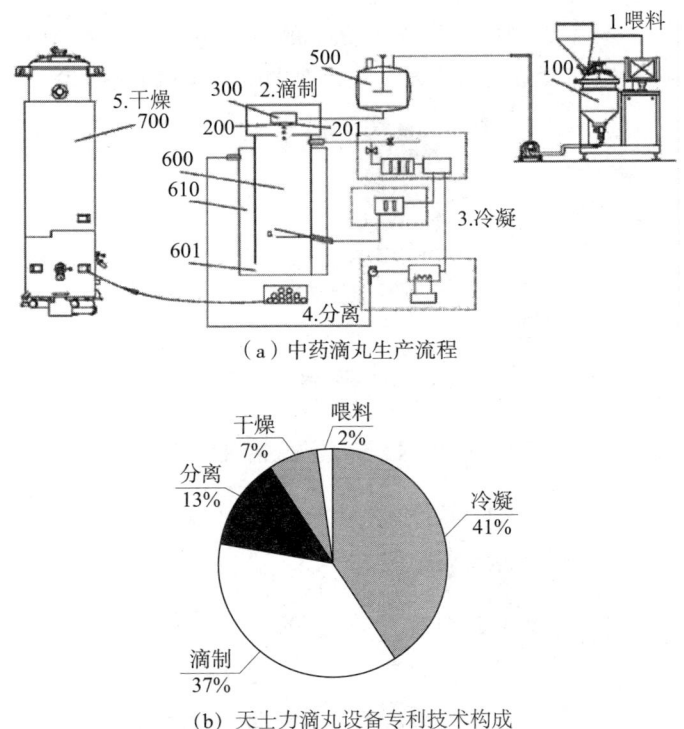

（a）中药滴丸生产流程

（b）天士力滴丸设备专利技术构成

图8 中药滴丸生产流程及天士力滴丸设备专利技术构成

图9进一步通过文字云展示了天士力滴丸设备专利技术效果。天士力主要围绕《药品生产质量管理规范》（GMP）相关规定，对中药滴丸设备存在的清洁死角、交叉污染、溶剂残留等问题进行改进；此

外，还对中药滴丸设备的高速滴制、成型效果、圆整度进行技术改进，以提高中药滴丸设备的效能。

图 9　天士力滴丸设备专利解决的技术问题或产生的技术功效

注：图中文字的大小代表其出现在专利文献中的次数多少，文字越大表示出现的次数越多。

（2）专利布局策略

从专利布局策略来看，自 2006 年以来，天士力围绕其核心产品"复方丹参滴丸"制备，以滴制和冷凝系统为核心技术，分离、干燥、喂料系统为外围技术，采取分阶段、递进式的布局策略构建滴丸设备专利组合（参见图 10）。值得一提的是，在 2014 年，天士力以滴丸的"振动滴制"工艺为技术突破点，带动了其设备创新，围绕该工艺形成了多项外围专利。

在冷凝系统方面，2006 年，天士力对液冷循环冷媒装置进行了专利保护；2007 年，重点改进冷却管道内外的气冷部件，实现了从管外冷阱到管内气冷再到管外冷阱＋管内冷风气冷的技术变更，简化了滴丸冷凝操作工序，降低了滴丸制备成本；2014 年，通过气冷配合振动滴头改进滴丸设备［参见图 11（a）］。图 11（b）进一步通过文字云展示了天士力滴丸设备冷凝系统专利所解决的技术问题或产生的技术功效，其中减少清洁死角、防止药剂粘连、避免交叉污染和溶剂残留、满足 GMP 要求相关的专利最多；此外，简化工序、提高自动化程度、节省冷媒等方面的专利也占有一定比例。

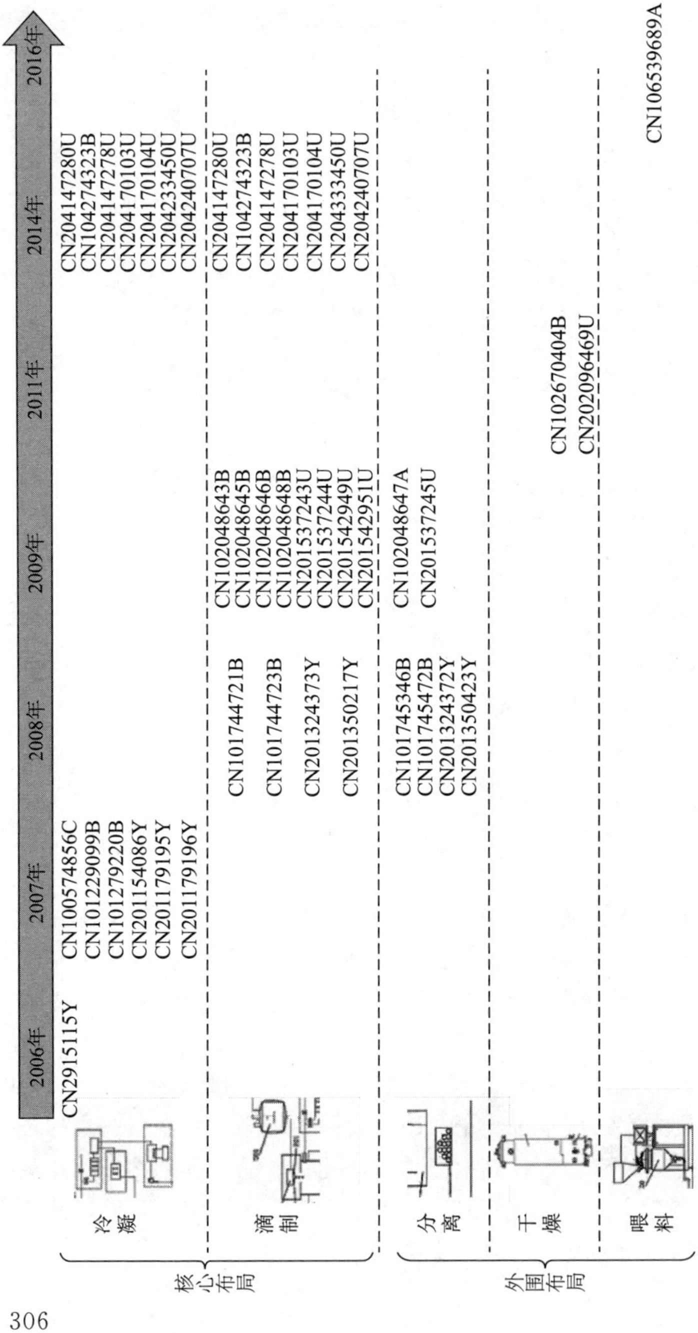

	2006年	2007年	2008年	2009年	2011年	2014年	2016年
冷凝	CN2915115Y	CN100574856C CN101229099B CN101279220B CN201154086Y CN201179195Y CN201179196Y				CN204147280U CN104274323B CN204147278U CN204170103U CN204170104U CN204233450U CN204240707U	
滴制			CN101744721B CN101744723B CN201324373Y CN201350217Y	CN102048643B CN102048645B CN102048646B CN102048648B CN201537243U CN201542949U CN201542951U		CN204147280U CN104274323B CN204147278U CN204170103U CN204170104U CN204233450U CN204240707U	
分离			CN101745346B CN101745472B CN201324372Y CN201350423Y	CN102048647A CN201537245U			
干燥					CN102670404B CN202209469U		
喂料							CN106539689A

核心布局 / 外围布局

图 10 天士力滴丸设备专利技术布局

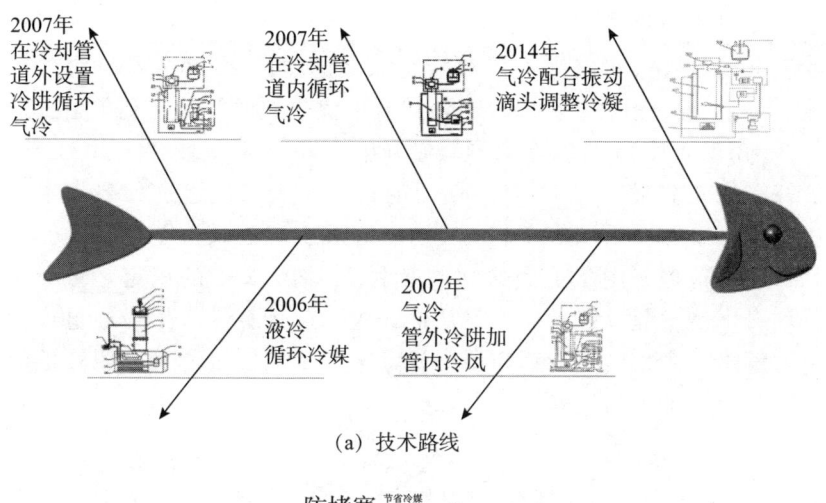

图 11 天士力滴丸设备冷凝系统专利技术路线及技术效果

在滴制系统方面，2008 年，天士力对滴盘环状多边形安装孔及滴头变径通道进行了专利布局；2009 年，对滴头滴制距离调节装置和滴罐分离清洗装置进行了专利布局；2014 年，对振动滴头进行了专利布局［参见图 12（a）］。图 12（b）进一步通过文字云展示了天士力滴丸设备滴制系统专利所解决的技术问题或产生的技术功效，可见提高滴丸圆整度、成型效果、滴制速度和载药量是天士力专利技术聚焦的重点。

（3）专利申请策略

由于药品研发、审批周期漫长，天士力在构建其核心产品"复方丹参滴丸"的生产设备的专利组合时，为充分保护其市场，利用了本国优先权。其为技术方案"气冷滴丸生产线"和"液冷滴丸生产线"分别要求了专利号为 CN201310290968.8 和 CN201310291464.8 的滴丸制备工艺本国优先权,形成 10 余项同族专利(参见表 1 和表 2)。由表 1 和表 2 可以看出,被要求优先权的两件专利申请日都是 2013 年 7 月 11 日;在后同族专利申请日均为 2014 年 7 月 11 日,恰好在优先权规定的 12 个月期限的最后一天。通过这种要求本国优先权、申请在后同族专利的方法,客观上"延长"了一年的保护期,因为根据《中华人民共和国专利法》第 42 条的规定,专利期限均自申请日起计算,而不是从优先权日起计算。天士力通过这种申请策略,既抢占了专利申请先机,又"延长"了专利期限,值得国内其他申请人借鉴。

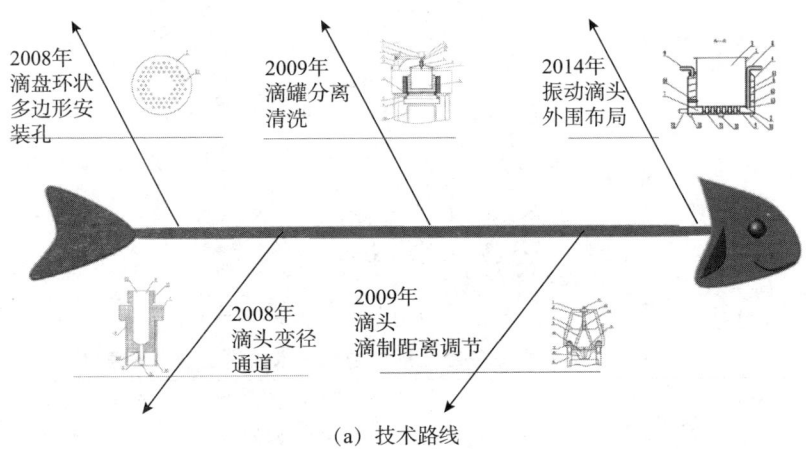

(a) 技术路线

(b) 技术效果

图 12 天士力中药滴丸设备滴制系统专利技术路线及技术效果

表1　CN201310290968.8 及同族专利

类型	申请号	名称	申请日
本国优先权	CN201310290968.8	—	2013-07-11
国内同族	CN201420387451.0	气冷滴丸生产线	2014-07-11
国内同族	CN201410334580.8	气冷滴丸生产线	2014-07-11
国内同族	CN201410330970.8	气冷滴丸生产线	2014-07-11
国内同族	CN201410331055.0	气冷滴丸生产线	2014-07-11
国内同族	CN201420384495.8	气冷滴丸生产线	2014-07-11
国内同族	CN201410330551.4	气冷滴丸生产线	2014-07-11

表2　CN201310291464.8 及同族专利

类型	申请号	名称	申请日
本国优先权	CN201310291464.8	—	2013-07-11
国内同族	CN201410330553.3	液冷滴丸生产线	2014-07-11
国内同族	CN201410333565.1	液冷滴丸生产线	2014-07-11
国内同族	CN201420383998.3	液冷滴丸生产线	2014-07-11

（三）干燥设备

1. 技术发展路线

干燥是中药材粗加工和中成药生产过程中的重要工序之一，其目的是除去物料中大部分水分，以便后期加工、贮存。在中药制药过程中，干燥设备的使用率较高，需进行干燥的物料涉及药材、浸膏、湿颗粒等。多年来，该领域技术发展路线为"提高干燥设备工作效率—节能环保绿色化—集成化与智能化"（参见图13）。

2. 知名干燥设备企业专利分析

综合文献调研和企业信息，筛选出9家全球知名干燥设备企业，包括2家丹麦企业（Niro、Atlas）、2家德国企业（GEA、Glatt）、2家日本企业（大川原、共和真空）、2家中国企业（楚天科技、东富龙）以及1家美国企业（Hull）。以下对上述企业地域分布和专利布局特点进行分析。

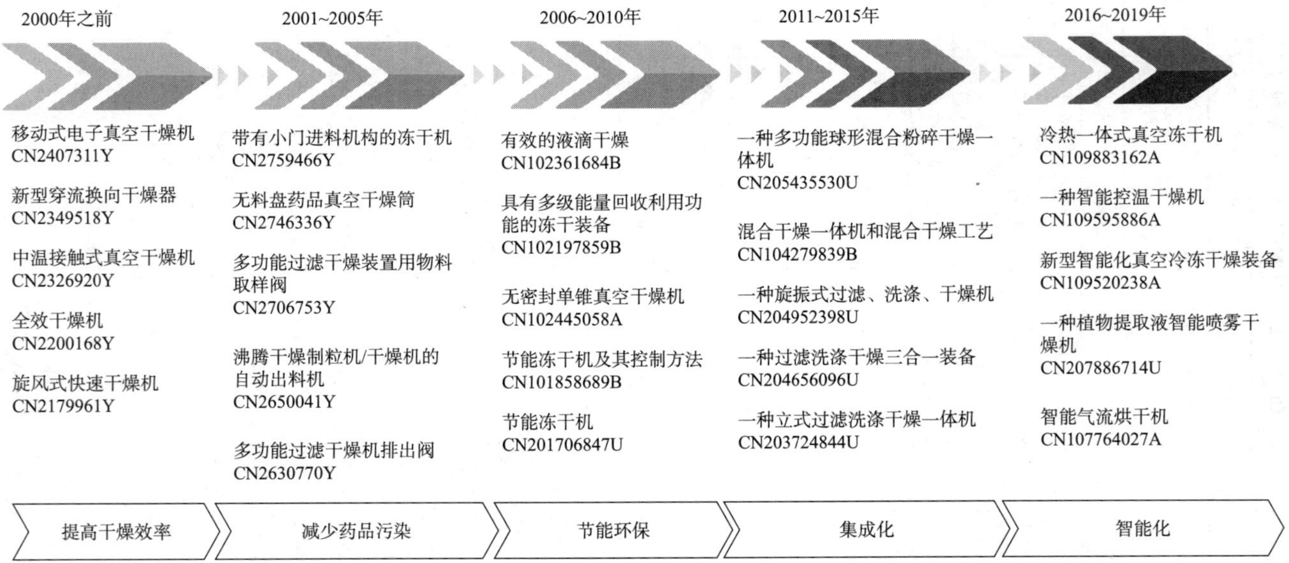

2000年之前	2001~2005年	2006~2010年	2011~2015年	2016~2019年
移动式电子真空干燥机 CN2407311Y	带有小门进料机构的冻干机 CN2759466Y	有效的液滴干燥 CN102361684B	一种多功能球形混合粉碎干燥一体机 CN205435530U	冷热一体式真空冻干机 CN109883162A
新型穿流换向干燥器 CN2349518Y	无料盘药品真空干燥筒 CN2746336Y	具有多级能量回收利用功能的冻干装备 CN102197859B	混合干燥一体机和混合干燥工艺 CN104279839B	一种智能控温干燥机 CN109595886A
中温接触式真空干燥机 CN2326920Y	多功能过滤干燥装置用物料取样机 CN2706753Y	无密封单锥真空干燥机 CN102445058A	一种旋振式过滤、洗涤、干燥机 CN204952398U	新型智能化真空冷冻干燥装备 CN109520238A
全效干燥机 CN2200168Y	沸腾干燥制粒机/干燥机的自动出料阀 CN265041Y	节能冻干机及其控制方法 CN101858689B	一种过滤洗涤干燥三合一装备 CN204656096U	一种植物提取液智能喷雾干燥机 CN207886714U
旋风式快速干燥机 CN2179961Y	多功能过滤干燥机排出阀 CN2630770Y	节能冻干机 CN201706847U	一种立式过滤洗涤干燥一体机 CN203724844U	智能气流烘干机 CN107764027A

| 提高干燥效率 | 减少药品污染 | 节能环保 | 集成化 | 智能化 |

图 13 干燥设备全球专利技术发展路线

(1) 地域分布

对 9 家全球知名企业的干燥设备专利申请地区和技术来源进行分析,可知:中国、日本和美国吸引了较多国外企业前来专利布局,是重要的干燥设备市场国;中国、丹麦和德国在本国之外的专利布局数量较多,在该领域的国际技术竞争力较强。

(2) 重点技术领域专利布局

从 9 家全球知名干燥设备企业在喷雾干燥设备、流化床干燥设备、微波干燥设备、冷冻干燥设备四个重点技术领域的专利布局可以看出,该领域技术竞争激烈(参见图 14)。其中,Niro 和 GEA 主要涉及喷雾干燥设备技术研发;楚天科技、东富龙、共和真空和 Atlas 更重视冷冻干燥设备技术研究;大川原和 Glatt 侧重于流化床干燥设备专利布局;Hull 专利申请量虽不多,但在微波干燥设备领域具有一定技术优势。

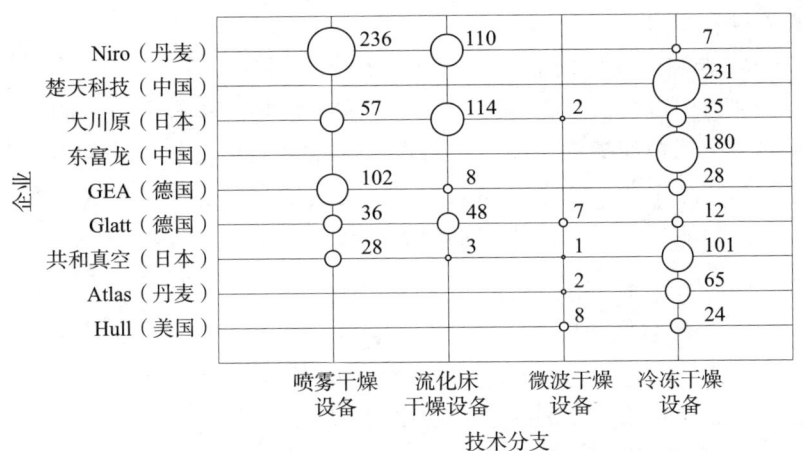

图 14 9 家全球知名干燥设备企业重点技术领域专利布局

注:图中数字代表申请量,单位为件。

(3) Niro 专利布局

丹麦 Niro 作为全球干燥设备巨头,自 1933 年创立以来,其在干燥设备领域已有较长的发展历史,并布局大量专利。但从其干燥设备专利地域布局来看,该公司极为重视在美国、德国和日本干燥设备市场的专利保护，其在中国布局专利较少（9件），仅占其干燥设备专利申请总量的2.5%。Niro的中国专利布局最早始于1991年，布局了2件喷雾干燥设备专利，均已失效；1994～2000年布局了4件集成流化床的喷雾干燥设备专利；2000～2006年，布局了3件过滤气体装置、空气扩散器及凝聚装置外围专利（参见图15）。

（四）提取设备

1. 专利技术构成

全球中药提取设备专利申请以单一型提取设备改进为主，占比高达74%；集成型提取设备和提取设备相关部件专利申请量相对较少，分别占申请总量的14%和12%。进一步分析发现，中药单一型提取的主流设备为煎煮提取设备、蒸馏提取设备、多功能/动态提取罐；超临界流体、超声波等提取技术虽然已经相对成熟，但新型单一型提取设备在中药提取领域的应用尚不够成熟，相关专利申请相对较少（参见图16）。

2. 专利运营案例

江西中医药大学作为提取设备专利申请量全国排名第三的申请人，在中药精油提取设备、中药提取浓缩集成化设备领域布局了较多专利，其中药精油提取相关专利已通过产学研合作模式成果实施转化为智能中药精油提取设备产品（参见图17）。

（五）分离纯化设备

1. 专利技术构成

如图18所示，在中药分离纯化设备领域，滤过设备为该领域国内外热点技术，专利申请量占比为42%；其次是膜分离设备、离心设备和柱色谱设备，占比分别为28%、18%和8%。此外，沉降设备、醇沉设备和分子蒸馏设备占比较少，三者专利申请量合并占比仅4%。

如表3所示，中国在各主要技术分支的专利储备量均占有绝对优势。其中，滤过设备的专利申请量最多，为3661件，占比为46%；离心设备次之，为1730件，占比为22%；接下来是膜分离设备、柱色谱设备、沉降设备、醇沉设备、分子蒸馏设备，占比分

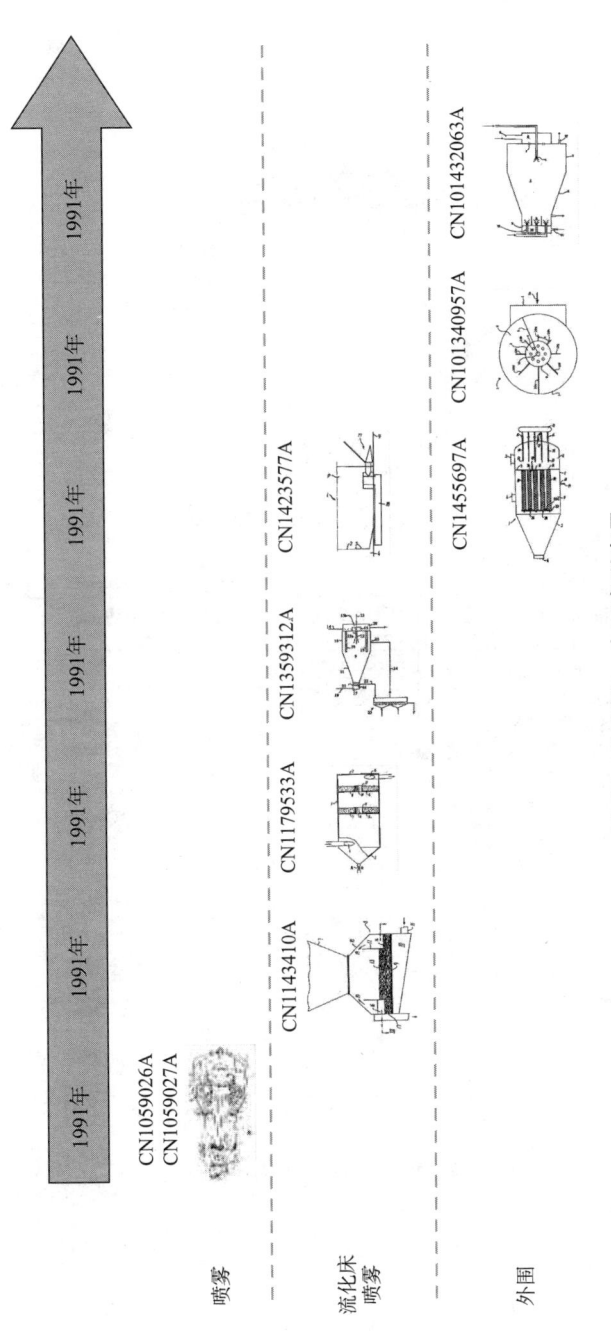

图 15 丹麦 Niro 中国专利布局

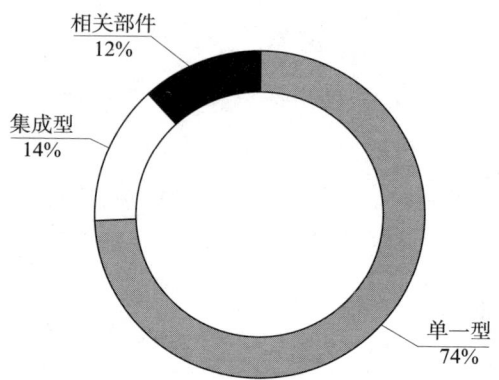

(a) 全球提取设备专利技术分布

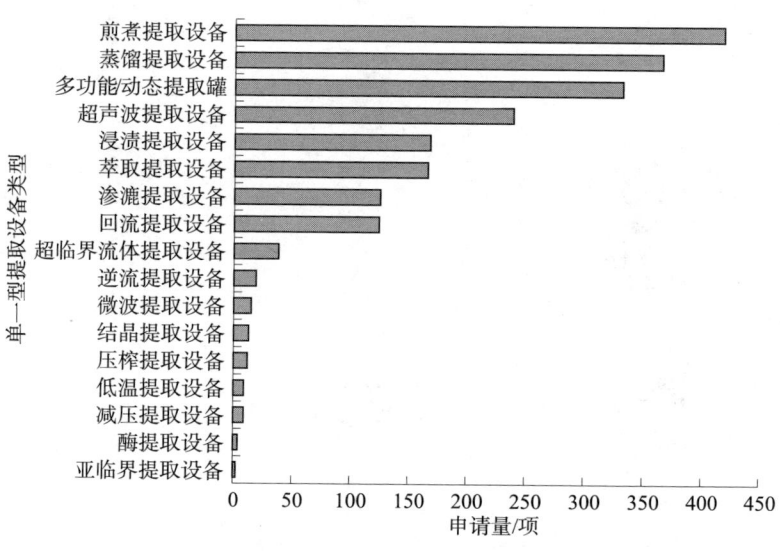

(b) 单一型提取设备技术分支分布

图 16 提取设备专利技术构成

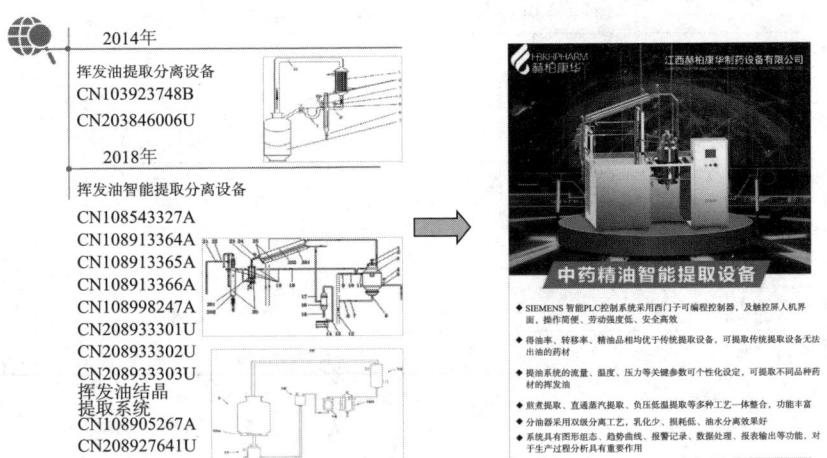

图17　江西中医药大学中药精油提取专利及产学研转化成果

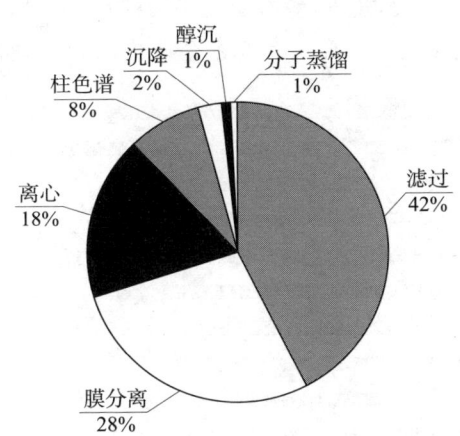

图18　分离纯化设备全球专利技术构成

别为20%、6%、4%、1%和1%。与中国不同的是，美国、日本、德国和韩国研发重点集中在滤过设备、膜分离设备、离心设备和柱色谱设备技术分支，其中美国和日本专利申请更集中于膜分离设备，德国和韩国专利申请更集中于滤过设备；美国、德国对分子蒸馏设备有少量布局，但该四国均尚未对沉降设备、醇沉设备进行专利布局。

表3 分离纯化设备技术主要来源国/地区专利技术构成

国家	滤过		膜分离		离心		柱色谱		沉降		醇沉		分子蒸馏	
	申请量/件	占比	申请量/件	占比	申请量/件	占比	申请量/件	占比	申请量/件	占比	申请量/件	占比	申请量/件	占比
中国	3661	45.8%	1598	20.0%	1730	21.6%	516	6.4%	306	3.8%	116	1.4%	75	0.9%
美国	573	32.6%	788	44.8%	125	7.1%	266	15.1%	0	0	0	0	5	0.3%
日本	237	23.9%	583	58.9%	119	12.0%	51	5.2%	0	0	0	0	0	0
德国	234	48.8%	129	26.9%	74	15.4%	41	8.5%	0	0	0	0	2	0.4%
韩国	185	49.2%	143	38.0%	23	6.1%	25	6.6%	0	0	0	0	0	0

2. 主要申请人

全球排名前10位的申请人（参见图19）主要来自中国、美国和日本。中国有3家企业、1家研究机构和1位个人申请人进入全球排名前10位，分别是安徽普源分离、中国石化、江苏赛德力、中国科学院和高云芝❶。美国有3家企业进入分离纯化设备排名前

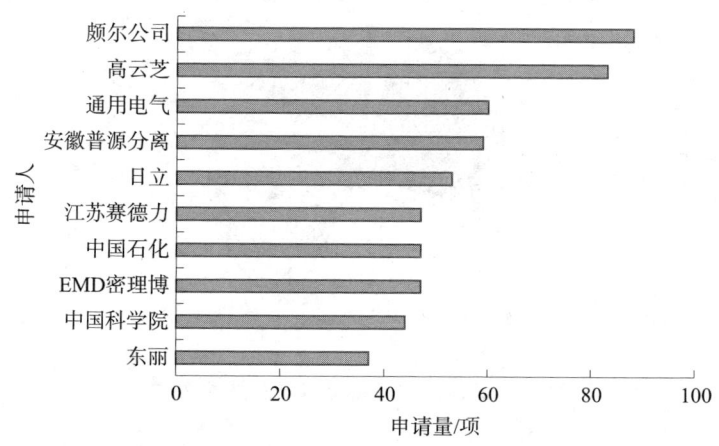

图19 分离纯化设备全球专利重要申请人申请量

---

❶ 高云芝是安徽四德节能设备制造有限公司的执行董事兼总经理。该公司成立于2010年12月9日，专业从事智能化叶滤机、大型冷冻过滤机组离心机的研发、设计、制造、销售。

10位，分别是颇尔公司（Pall Corporation）、通用电气和EMD密理博，其中颇尔公司排名第一，通用电气排名第三。日本重要申请人包括日立和东丽，二者也都是世界知名的高科技公司；该国企业的技术综合实力较强。整体而言，中国分离纯化设备重点申请人相较于美国和日本申请人来说，在企业规模、技术研发实力和研发资金支持方面还存在较大差距。

五、代表企业专利分析

1. 国外企业

20世纪60年代，随着世界药品市场的扩大和制药工业的发展，欧美等发达国家和地区的制药装备行业技术开始快速发展。20世纪80年代后，国际制药装备市场逐步形成了以德国博世、意大利IMA等知名企业为主导的竞争格局，这些企业在全球布局大量专利（参见图20）。20世纪90年代以来，随着中国等亚洲地区的市场逐步放开，国外企业尤其重视其专利海外布局。以博世为例，在中国实施药品GMP之初，其就已经在中国投资建厂，后随着其产品（胶囊填充机、包装机）在中国的问世及其规模化发展，其一直以持续的在华专利布局为市场开拓保驾护航。博世的在华发展历程及专利布局参见图21。

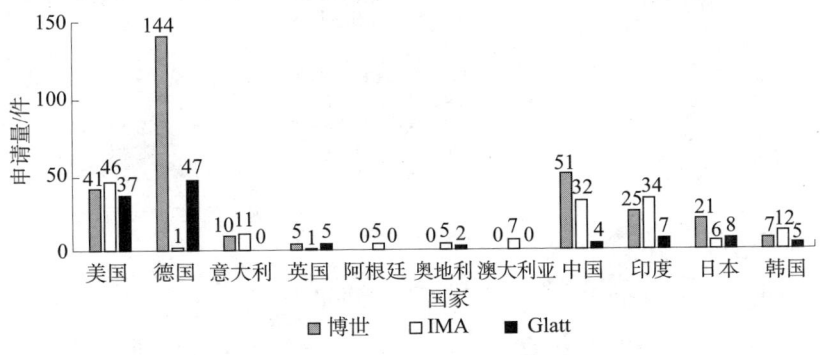

图20 博世、IMA、Glatt全球专利布局

2. 国内企业

20世纪90年代末，随着我国制药企业大规模GMP改造的实行，

国内制药装备企业迎来了快速发展的良好时机。楚天科技、新华医疗、东富龙等企业逐步打破了国际知名企业对国内市场的垄断，凭借其在自主创新和成本上的优势，在冷冻干燥、药品包装设备技术领域成为国际市场上强有力的竞争者。以楚天科技为例，为提高药品包装效率及生产稳定性，2002~2018年，其在药品灌装、封装、外包装等药品包装细分领域进行了大量技术改进并布局专利（参见图22）。

企业技术、产品发展历程	年份	专利布局
	2000年	CN00104030.8 用于分体式胶囊的封装机器里的胶囊件支座及一种封装机 CN00105383.3 对粉状灌装物进行配量并灌装进容器的装置 CN00800653.9 药剂容器、特别是灌装设备中安瓿头部段定心的装置
2002年 第一台制药胶囊填充机器顺利下线	2002年	
2003年 生产第一台袋充填成型包装机	2003年	
2005年 开始研发生产包装机械	2005年	
2006年 为了大量提高产能，搬迁至杭州经济技术开发区	2006年	2006年中国实行药品GMP CN200680044894.8 包装机的称量辅助设备
2007年 灭菌液体线投产	2007年	CN200780045900.6 用于灌装容器的节拍式工作的机器
	2008年	CN200880010773.0 包装机
	2009年	CN200980108279.2 用于充填及封口机的胶囊承载装置 CN200980114186.0 用于容器的装填和封口机 CN200980114894.4 用于压片机的材料供给装置和压片机
2010年 厂房扩建，全线满足制药机械市场的发展需求	2010年	CN201080022148.5 组合式灌装站用于灌装液体 CN201080029899.X 容器的设备 CN201080047580.X 用于填充和封闭尤其由硬胶制成的胶囊的机器和方法 CN201080047268.0 用于构造为胶囊填充和封阀机的包装机或用于胶囊控制装置的传感器装置

图 21　博世在华发展历程及专利布局

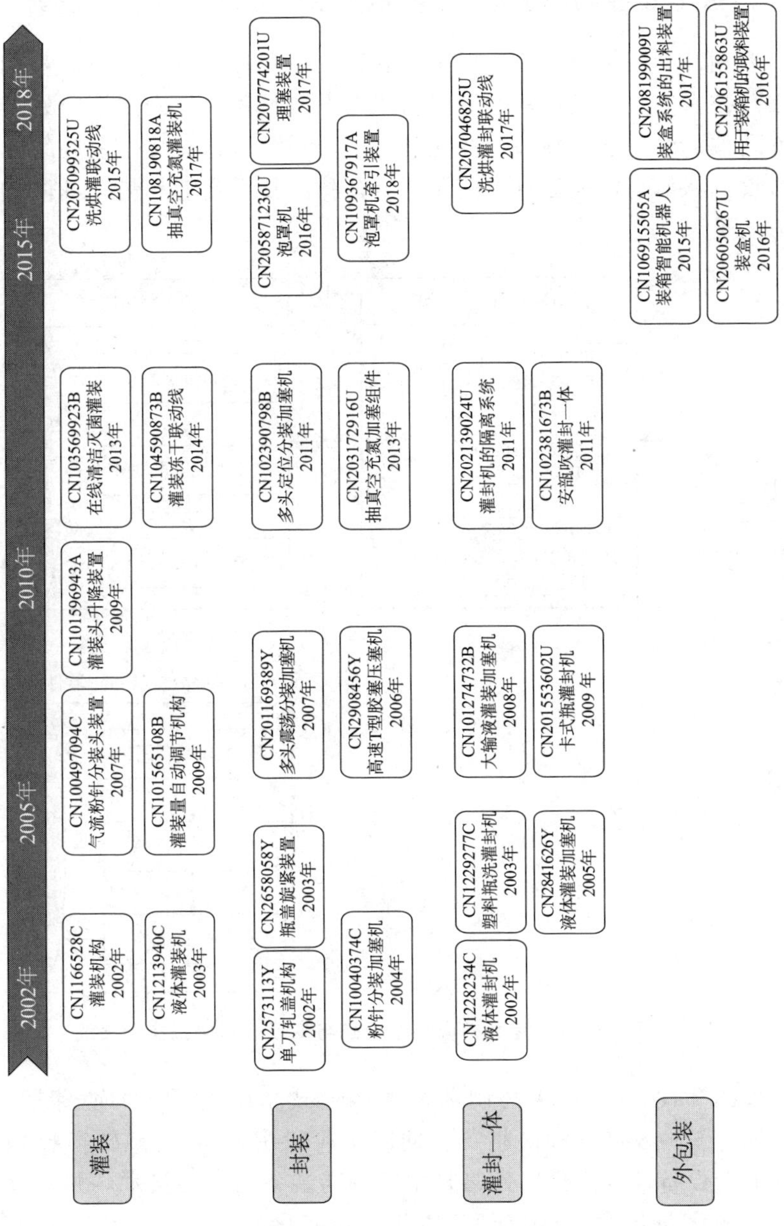

图 22　楚天科技药品包装设备专利布局

六、基于社会网络分析的专利核心技术识别与变迁趋势

利用社会网络分析法,以中药制药装备专利的 IPC 分类号表征其细分技术领域,通过构建 IPC 分类号共现网络,识别网络中处于核心地位的细分技术领域。在此基础上,加入该行业技术发展的时间维度,从而直观地显示中药制药装备核心技术变迁趋势。具体分析方法见图 23。

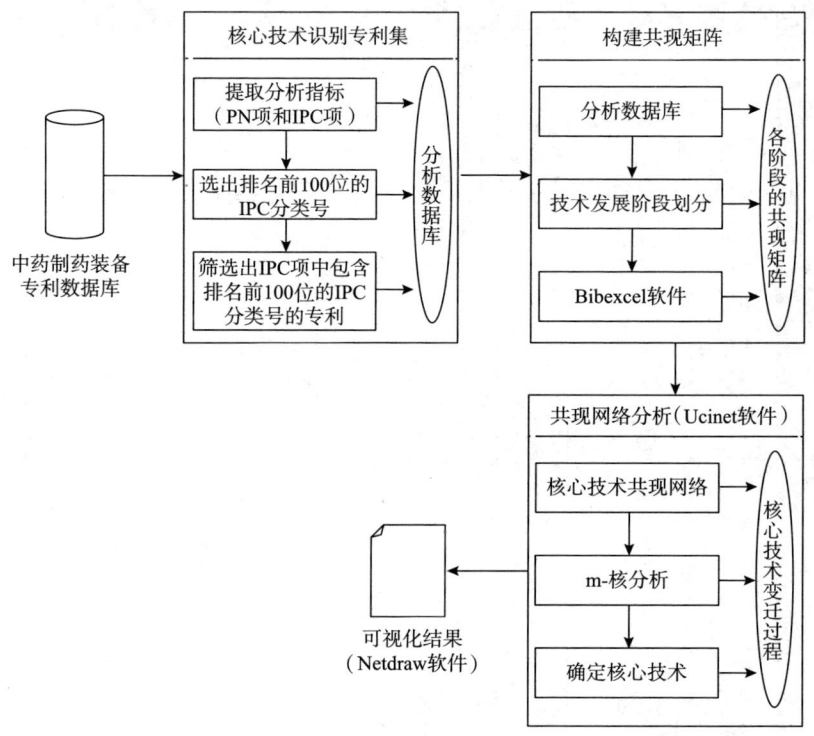

图 23 中药制药装备专利核心技术识别与变迁趋势研究技术路线

如图 24 所示:在中药制药装备产业技术发展历经的萌芽期、起步期、平稳发展期和快速发展期四个阶段中,"具备旋转搅拌功能的混合设备及其附件"始终是中药制药装备的核心技术,并从单纯的机械化混合设备逐步向模块化、智能化的多功能混合设备变

迁；同时，制粒设备、制丸设备和压片设备在经历前三个阶段的发展之后，已经逐渐退出中药制药装备的核心技术领域。值得注意的是，干燥设备、粉碎设备、筛析设备等成为快速发展期备受关注的核心技术领域，也是未来中药制药装备领域的技术研究重点和热点领域。

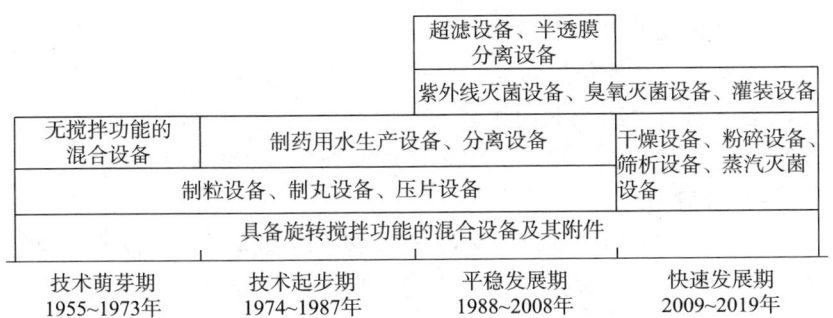

图 24　中药制药装备产业核心技术领域变迁趋势

七、中药制药装备产业发展建议

国家重视中药制药装备产业发展，已发布多项政策鼓励产业发展。《医药工业发展规划指南》指出："引导企业重组整合，构建分工协作、绿色低碳、智能高效的先进制造体系，提高产品集中度和生产集约化水平。"《产业结构调整指导目录（2019年本）》中将"高端制药设备开发与生产……中药高效提取设备，药品连续化生产技术及设备"列为鼓励发展的产业。基于上述中药制药装备产业专利分析及政策环境，以下从政府和企业两个层面提出发展建议。

（一）政府层面

（1）加大对专利侵权行为的惩处力度，改变专利维权周期长、赔偿低、执行难的问题。此举有助于规范中药制药装备市场秩序，增强中药制药装备创新主体对专利保护的信心，推动产业技术创新与技术进步。

（2）深入推进中药审评审批制度改革，建立符合中药特点的独立评价、审批等监管体系。此举有利于释放中药新药研发活力，改善我国中药新药上市数量持续低迷的情况，促进中药制药企业技术创新，带动中药制药装备产业发展。

(二) 企业层面

(1) 炮炙设备为中药制药装备领域的关键和独特设备，应加强炮炙设备的原始创新，推动炮炙设备从"工业1.0"迈向"工业3.0"，使其发展成为中药制药装备优势产业。

(2) 结合产业情况，开发"产地加工和炮制一体化"的先进设备，推动国内中药企业向中药材产地延伸产业链，降低加工成本，提升药材质量，进一步推进中药材产地加工规模化、标准化、集约化，打造品牌中药材。

(3) 从中药制药关键工艺技术创新为切入点，促使技术引领设备研发、设备支撑技术优化，实现与国外产品的差异化竞争优势。天士力滴丸设备研究案例说明，高利润的畅销中药产品是刺激设备创新的关键。建议国内企业从心血管疾病等高发疾病入手，加快研发培育中药大品种，或改进现有中药制剂工艺，从技术和设备高效、高质、低耗、绿色等角度持续开展更加深入的研究，满足现代化发展需要。

(4) 在竞争激烈的干燥设备领域，充分利用行业巨头前期尚未进入中国或已经失效的专利技术，在避免重复研发、缩短研发周期、节省研发经费、提高技术研发起点的基础上，进行二次开发，形成新的技术和专利；同时针对行业巨头在中国的重点专利布局，加强国内企业知识产权风险防范意识。

(5) 中药制药专用设备无国外技术借鉴，促成产学研结合与跨专业合作是创制现代化中药制药设备的有效手段。建议以国内中医药大学为依托，结合中药生产特点，致力于开发智能高效、节能降耗的设备，突破专利壁垒，加快实现中药制药装备的升级换代。以江西赫柏康华为例，其依托江西中医药大学"创新药物与高效节能降耗制药设备国家重点实验室""中药固体制剂制造技术国家工程研究中心"两个国家级创新平台作为研发机构，积极落实科研成果转化，推广高效节能技术，集成世界先进制造技术在中药制造装备上的具体应用。

（6）顺应国家中药制药装备政策导向，国内企业创新主体应把握中药制药装备领域绿色、智能化发展方向，加强核心技术领域相关设备技术创新，切实提升我国中药制药装备水平。

（7）提升我国龙头中药制药装备企业专利申请质量，培育具有全球竞争力的高价值专利。如国内以楚天科技、新华医疗等为代表的中药制药装备产业上市龙头企业在结合自身技术优势、加强特定技术领域的研发工作、增加科技成果的产出、遴选优质技术创新成果的同时，调整专利申请策略，放弃部分低质量的实用新型专利申请，提升发明专利申请的数量和质量，积极防范国外企业在华专利壁垒。建议企业加强外部专利代理机构遴选评价工作，加强对专利代理机构专利文件撰写质量的监督与把控，促成两方对接培育高价值专利。

（8）积极扩展海外专利布局。国内中药制药装备申请人可借鉴天士力滴丸设备布局策略，采用核心专利与外围专利分阶段进行专利申请的布局方式，加强对日本、美国、德国等国的专利布局，提升通用制药装备的国际竞争力。

（9）加强中药制药装备标准体系建设，积极推进行业内实施标准。中药制药装备技术标准是保障中药制药装备质量的基石，其实施的广度和深度决定了我国中药制药装备质量的高低。建议支持楚天科技、东富龙、新华医疗等中药制药装备龙头企业瞄准国际领军企业对标、采标、提标，鼓励创新型龙头企业、产学研联盟、协同创新中心等科创平台开展标准创新体系建设，将技术创新成果转化为先进标准。